山东省技能型特色名校建设工程成果 系列教材

# 公路工程识图与绘图


主　编　沈　磊

副主编　董春晖　梅传波

编　委　沈　磊　董春晖　梅传波

　　　　马　铭　程文静

主　审　崔　磊



山东大学出版社

**图书在版编目(CIP)数据**

公路工程识图与绘图/沈磊主编. —济南:山东大学出版社,2015.5

山东省技能型特色名校建设工程成果系列教材

ISBN 978-7-5607-5277-8

Ⅰ.①公… Ⅱ.①沈… Ⅲ.①道路工程—工程制图—识别—高等职业教育—教材 Ⅳ.①U412.5

中国版本图书馆 CIP 数据核字(2015)第 107883 号

责任策划:刘 彤

责任编辑:宋亚卿

封面设计:牛 钧

---

出版发行:山东大学出版社

社 址 山东省济南市山大南路 20 号

邮 编 250100

电 话 市场部(0531)88364466

经 销:山东省新华书店经销

印 刷:泰安金彩印务有限公司

规 格:787 毫米×1092 毫米 1/16

13.5 印张 312 千字

版 次:2015 年 5 月第 1 版

印 次:2015 年 5 月第 1 次印刷

定 价:35.00 元

---

# 总 序

为加强对山东省内高等学校的分类指导，强化内涵和特色发展，提高人才培养质量，发挥名校带动作用，增强高等教育服务我省经济社会发展的能力，2011年，山东省教育厅、财政厅联合组织实施了“山东省高等教育名校建设工程”。山东交通职业学院是山东省技能型特色名校首批立项建设单位之一，共有汽车运用技术、道路桥梁工程技术、物流管理、机械设计与制造、工程机械运用与维护、轮机工程技术6个专业成为省财政重点支持建设专业和工程造价、公路运输与管理、机电一体化、航海技术4个专业列入非省财政重点支持建设专业。

项目建设初期，学院牵头成立了山东省交通运输职业教育专业建设指导委员会，邀请省内外教育专家和行业企业的技术骨干，对名校工程10个专业的建设方案及任务书进行了充分论证。我院项目建设期间，各专业主动适应行业企业加快经济发展方式转变、产业结构调整和优化升级的需要，主动服务山东半岛蓝色经济区和黄河三角洲高效生态经济区两个国家战略的实施，以提高质量为核心，不断创新校企合作体制机制，大力推进人才培养模式转型，优化课程体系构建，全面提升了学校的专业建设水平和人才培养质量。

经过三年建设，10个专业积累形成了一批紧密结合生产实际、独具行业企业特色的专业教材，成为“山东省高等教育名校建设工程”建设项目的重要成果之一，也是“课程体系构建与核心课程建设”内容的重要载体。为了该系列教材的出版，各专业多次召开教材编写会议，组织各课程负责人及参编人员认真学习领会“山东省高等教育名校建设工程”建设精神，深入行业企业进行专业调研和分析，以培养适应区域经济社会发展的高素质技能型人才和我省行业企业急需的高级技能型人才。根据各专业实际需求，重新架构、设计教材体系，以力求做到理论知识学习和职业技能训练的合二为一。

衷心希望名校工程的建设成果，能为我省交通运输主干专业建设和人才培养起到积极的推动和引导作用。

2014年7月

# 前 言

《公路工程识图与绘图》不仅是道路桥梁类专业学生必修的一门专业技能课，更是该专业的核心基础课，担负着培养学生空间想象能力、绘制和阅读工程图样的能力等重要任务。工程图样被喻为“工程界的技术语言”，在工程类人才培养中起着极其重要的作用。本课程对后续专业课程的学习以及学生的课程设计和毕业设计的效果和质量都起着至关重要的作用。

在当前各高职高专院校道路桥梁类专业人才培养模式的转变以及教学质量考核方法改革、教学课时普遍减少的大环境下，本着“以应用为目的，以必需、够用为度”的原则，我们与企业合作，在充分收集企业资料、征求企业专家建议的基础上，完成了本教材的编写。

本教材有以下几个特点：

1. 在执行《道路工程制图标准》(GB 50162—92)的基础上，紧密结合国家现行的最新规范与技术标准，注重理论与实践相结合，循序渐进地培养学生的空间想象能力和思维能力、空间表达能力和读图、绘图能力。

2. 沿用了传统的画法几何的内容，并从人的认知规律出发，对画法几何部分的内容进行了精简，对各章节的次序进行了调整。力求做到循序渐进、由浅入深地进行叙述，减少在学习中的难度和跨越性。

3. 充分考虑高职教育的特点，在案例及文字的处理上，力求浅显易懂，简明扼要，对难度较大的部分，加大对方法和步骤的总结、归纳，帮助读者理解。

4. 充分利用现代教育技术，配套建成了三维电子模型库，帮助提高学生空间想象能力和空间思维能力。

本教材由山东交通职业学院沈磊担任主编并统稿，山东交通职业学院董春晖、潍坊永华工程造价咨询有限公司梅传波担任副主编，潍坊市路桥工程一处马铭、山东交通职业学院程文静参与编写，山东交通职业学院崔磊担任主审。参与本教材编写人员的具体分工：第一章由潍坊市路桥工程一处马铭编写，第二章由潍坊永华工程造价咨询有限公司梅传波编写，第三章、第五章、第六章由山东交通职业学院程文静编写，第四章、第七章由董春晖编写，第八章、第九章、第十章由沈磊编写。同时，在教材编写过程中，引用了许多专家、学者在教学、科研、试验中积累的资料，在此一并表示感谢。

由于作者水平有限，书中难免存在不足之处，恳请读者批评指正。

编 者

2015 年 4 月

# 目 录

# 第一章　制图的基本知识与技能

## 知识目标

1. 认识常用的手工绘图工具，掌握绘图工具的性能和使用方法。
2. 熟悉工程制图的国家标准，掌握工程图绘制的一般方法。

## 能力目标

1. 能够熟练地使用手工绘图工具。
2. 能够正确地应用国家道路工程制图相关标准。

**课堂引入**

1. 道路、桥梁、涵洞等工程构筑物是如何表达的？
2. 工程师们施工的依据是什么？
3. 不同的设计人员如何确保所设计图纸规格的一致？

## 第一节　手工绘图工具的使用

"工欲善其事，必先利其器"。手工绘制工程图必须借助绘图工具来进行，要使图样的质量好、绘制速度快，就必须正确、熟练地掌握绘图工具的使用方法。

传统的绘图工具种类繁多，常用的有图板、铅笔、丁字尺、三角板和圆规等(见图 1-1-1)。

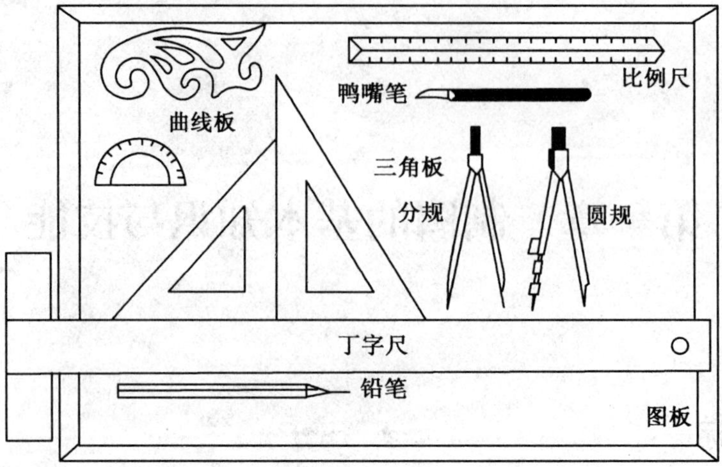


图 1-1-1　常用手工制图工具和仪器

现将主要绘图工具的用途简述如下：

## 一、图板

图板通常用胶合板制成，四周镶以硬木边条，以防翘曲，主要用作画图的垫板。图板板面应质地松软、光滑平整、有弹性，图板两端要平整，四角要互相垂直，图板的左侧为工作边，又称导边。图板不能受潮或暴晒，以防变形。使用时，应将图纸的四个角用胶带固定到图板上，待图形绘制完成后，再将图纸取下。

图板的大小有 0 号、1 号、2 号等各种不同规格，可根据所画图幅的大小而选定。

## 二、丁字尺

丁字尺多用有机玻璃制成，使用完毕后，应将尾端挂起，防止变形。丁字尺由相互垂直的尺头和尺身构成。丁字尺与图板配合主要用来画水平线。

用丁字尺画水平线时，铅笔应沿着尺身工作边从左画到右，如水平线较多，则应由上而下逐条画出。丁字尺每次移动位置都要注意尺头是否紧靠图板，画线时应防止尺身移动。

为保证图线的准确，不允许用丁字尺的下边画线，也不许把尺头靠在图板的上边、下边或右边来画铅垂线或水平线。图 1-1-2 所示为丁字尺与图板配合使用的正确做法和错误做法。

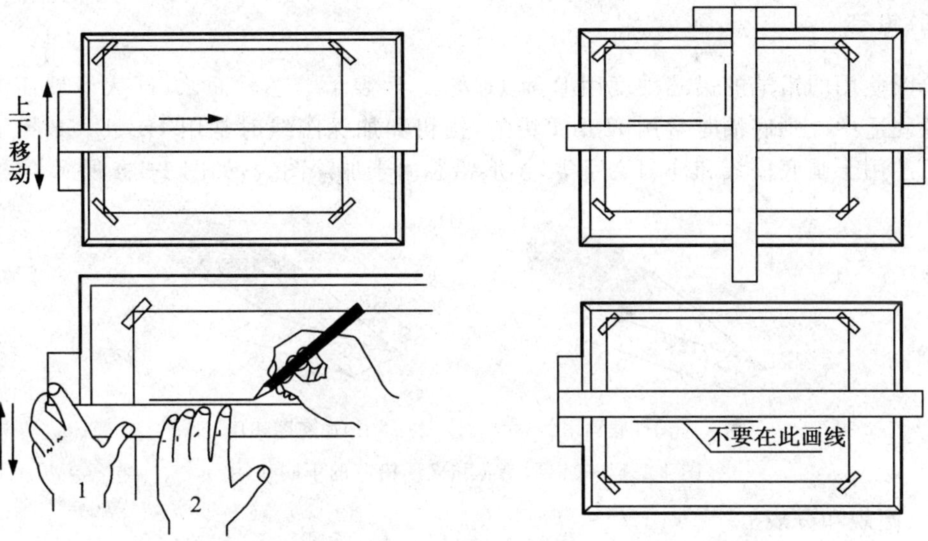


(a)正确的做法　　(b)错误的做法

图 1-1-2　丁字尺与绘图板配合绘制水平线

## 三、三角板

三角板主要与丁字尺配合，用来画铅垂线和某些角度的斜线。一副三角板包括 30°、60°、90°和 45°、45°、90°的两块。它的每一个角度都必须十分准确，各边都应平直光滑。

使用三角板画铅垂线时，应使丁字尺尺头靠紧图板的工作边，以防产生滑动，三角板的一直角边紧靠在丁字尺的工作边上，再用左手轻轻按住丁字尺和三角板，右手持铅笔，自下而上画出铅垂线。

用一副三角板和丁字尺配合可画出与水平线成 15°及其倍数角（30°、45°、60°、75°）的斜线，也可以画出任意水平线和垂直线。图 1-1-3 所示为三角板与丁字尺配合绘制竖直线、15°及其倍数角斜线、平行线及垂直线。

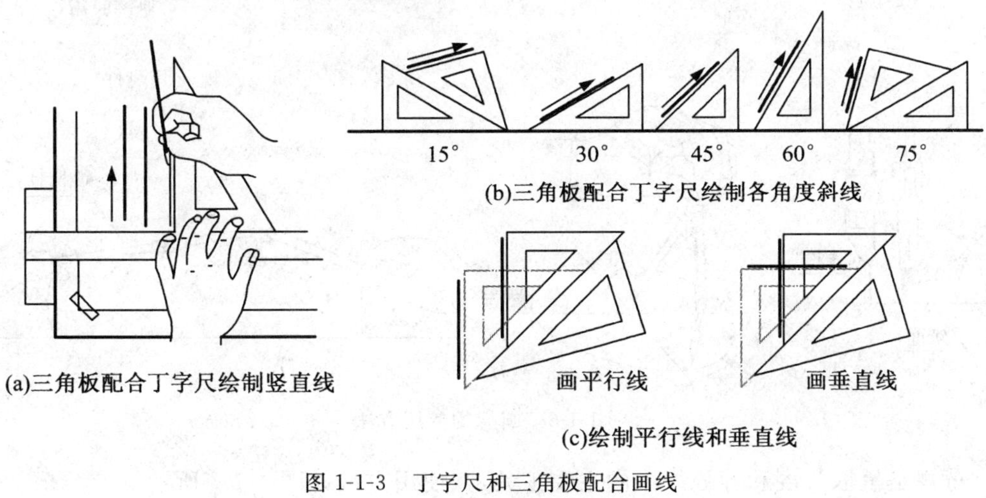


(a)三角板配合丁字尺绘制竖直线

(b)三角板配合丁字尺绘制各角度斜线

(c)绘制平行线和垂直线

图 1-1-3　丁字尺和三角板配合画线

## 四、铅笔

绘图使用的铅笔的铅芯硬度用 B 和 H 表示，B 表示笔芯软而浓，H 表示硬而淡，HB 表示软硬适中。画底稿时常用 H、2H 铅笔，描粗和加深图线时常用 HB、B、2B 铅笔。尖锥形铅芯用于画底稿线和注写文字等，楔形铅芯用于加深图线，如图 1-1-4 所示。

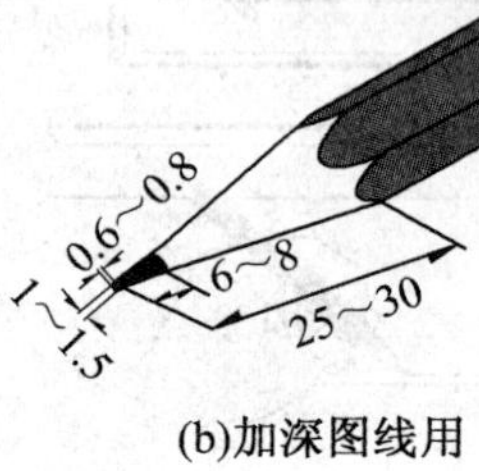


图 1-1-4　尖锥形铅芯和楔形铅芯的不同作用

## 五、圆规和分规

圆规是用来画圆或圆弧的仪器，在一腿上附有插脚，换上不同的插脚可作不同的用途。其插脚有三种：钢针插脚、铅芯插脚和鸭嘴插脚，如图 1-1-5 所示。

画圆时，圆规应稍向前倾斜，圆或圆弧应一次画完；画较大的圆弧时，应使圆规两脚与纸面垂直；画更大的圆弧时，要接上延长杆。圆规铅芯应磨成楔形，并使斜面向外，其硬度应比所画同种直线的铅笔软一号，以保证图线深浅一致。圆规的使用方法如图 1-1-6 所示。

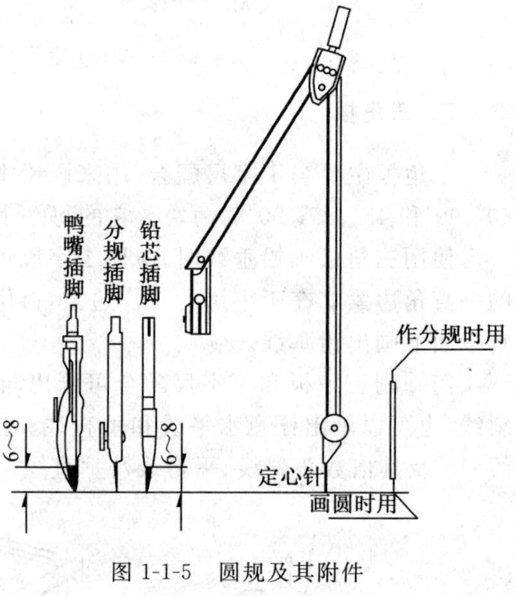


图 1-1-5　圆规及其附件

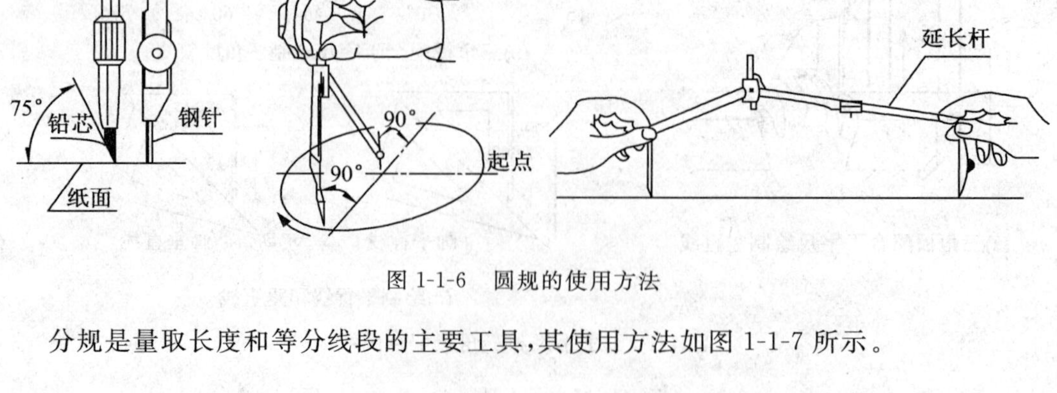


图 1-1-6　圆规的使用方法

分规是量取长度和等分线段的主要工具，其使用方法如图 1-1-7 所示。

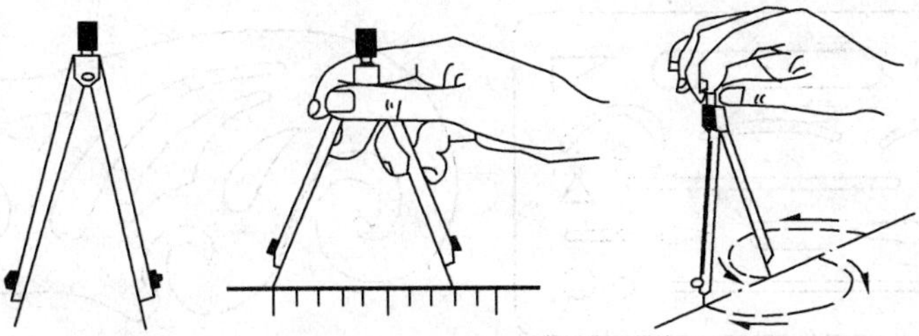

(a)分规　(b)量取长度　(c)等分线段

图 1-1-7　分规的使用方法

六、比例尺

刻有不同比例的直尺称为比例尺。常用的比例尺通常呈三棱柱形状，又称“三棱尺”（见图 1-1-8），它的三个面上刻有六个不同比例。比例尺上刻度所注数字单位为米（m）。

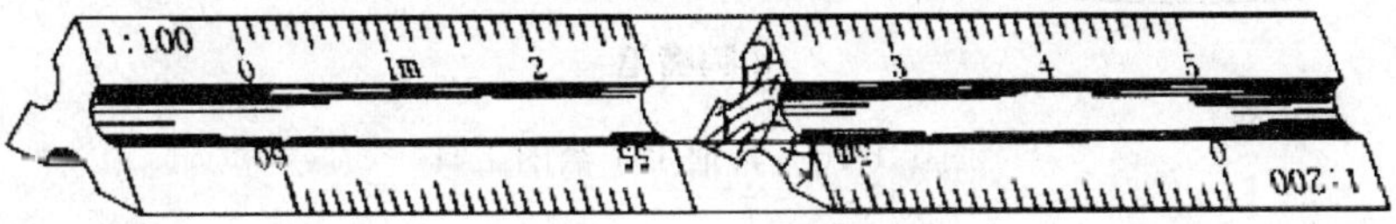


图 1-1-8　三棱尺

**特别提示**

图形上所注的尺寸是物体的实际大小，它与图形的比例无关。绘图时不必通过计算，可直接将物体的实际长度按所选用比例刻度，用三棱尺直接画出，如图 1-1-9 所示。

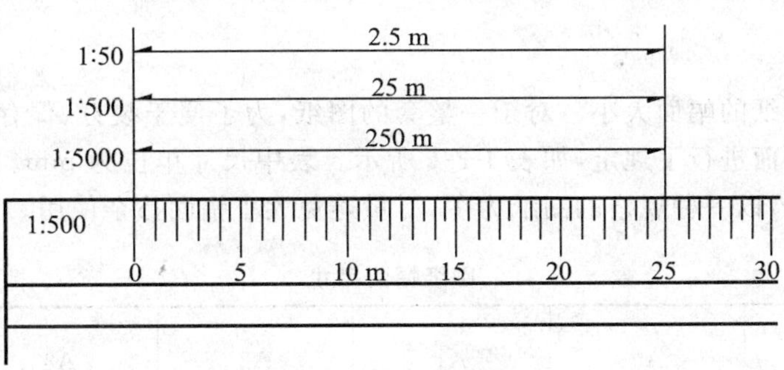


图 1-1-9　比例尺的用法

**知识拓展**

传统的绘图工具还有擦图片、曲线板、鸭嘴笔、绘图墨水笔等，如图 1-1-10 所示。随着计算机绘图技术以及复印技术的发展，许多传统手工作图工具已逐渐退出历史舞台。

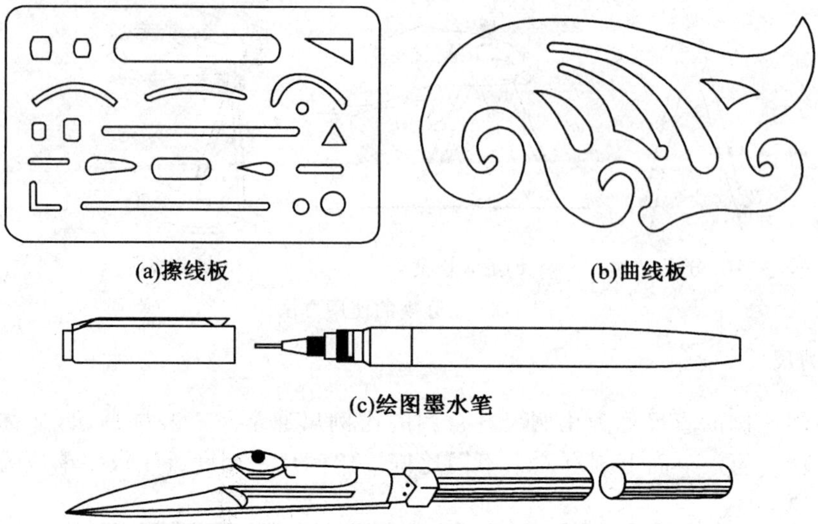

(a)擦线板　(b)曲线板

(c)绘图墨水笔

(d)鸭嘴笔

图 1-1-10　其他手工绘图工具

## 第二节　制图国家标准的相关规定

工程图样是设计和施工过程中的重要技术资料和重要依据，是一种特殊的技术交流语言。为保证工程图样图形准确、图纸清晰，满足生产要求和便于技术交流，要求工程图样要基本统一。《道路工程制图标准》中对图幅的大小、图线的线型、尺寸标注、图例以及字体等作了统一的规定。

### 一、图幅

图幅是指图纸的幅面大小。对于一整套的图纸，为了便于装订、保存和合理使用，国家标准对图纸幅面进行了规定，如表 1-2-1 所示。表中尺寸单位为 mm。在选用图幅时，应根据实际情况，以一种规格的图纸为主，尽量避免大小幅面掺杂使用。

**表 1-2-1　图纸幅面尺寸**

| 图幅代号 / 尺寸代号 | A0 | A1 | A2 | A3 | A4 |
|---|---|---|---|---|---|
| $b \times l$ | 841×1189 | 594×841 | 420×594 | 279×420 | 210×297 |
| $a$ | 35 | 35 | 35 | 35 | 25 |
| $c$ | 10 | 10 | 10 | 10 | 10 |

图纸幅面的长边是短边的$\sqrt{2}$倍，即 $l=\sqrt{2}b$，且 A0 幅面的面积为1 $m^2$。A1 幅面是沿 A0 幅面长边的对裁，A2 幅面是沿 A1 幅面长边的对裁，其他幅面类推。

图幅的格式如图 1-2-1 所示。

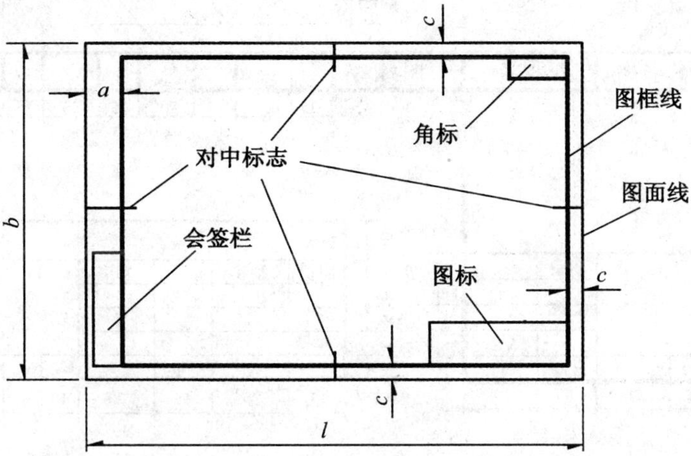


图 1-2-1 图纸幅面格式

根据需要，图纸幅面尺寸中长边可以加长，但短边不得加宽，长边加长的尺寸应符合有关规定（见表 1-2-2）。长边加长时图幅 A0、A2、A4 应为150 mm的整倍数，图幅 A1、A3 应为210 mm的整倍数。

**表 1-2-2** **幅面尺寸加长表** 单位：mm

| 幅面代号 | 长边尺寸 | 长边加长后尺寸 |
|---|---|---|
| A0 | 1189 | 1486 1635 1783 1932 2080 2230 2378 |
| A1 | 841 | 1051 1261 1471 1682 1892 2102 |
| A2 | 594 | 743 891 1041 1189 1338 1486 1635 1783 1932 2080 |
| A3 | 420 | 630 841 1051 1261 1471 1682 1892 |

对中标志应画在幅面线中点处，线宽应为0.35 mm，伸入图框内约5 mm。

图框内右下角应绘图纸标题栏，简称“图标”。国家标准规定的图标的格式有三种，如图 1-2-2 所示。

图框线线宽宜为0.7 mm，图标内分格线线宽宜为0.25 mm。会签栏绘制在图框外左下角，如图 1-2-3 所示，其外框线线宽宜为0.5 mm，内分格线线宽宜为0.25 mm。

当图纸要绘制角标时，应布置在图框内右上角，如图 1-2-4 所示。角标线线宽宜为0.25 mm。

图框线、标题栏的线宽关系如表 1-2-3 所示。

**表 1-2-3** **图框线、标题栏线宽关系表** 单位：mm

| 图幅代号 | 图框线 | 标题栏外框线 | 标题栏分格线 |
|---|---|---|---|
| A0、A1 | 1.4 | 0.7 | 0.35 |
| A2、A3、A4 | 1.0 | 0.5 | 0.25 |

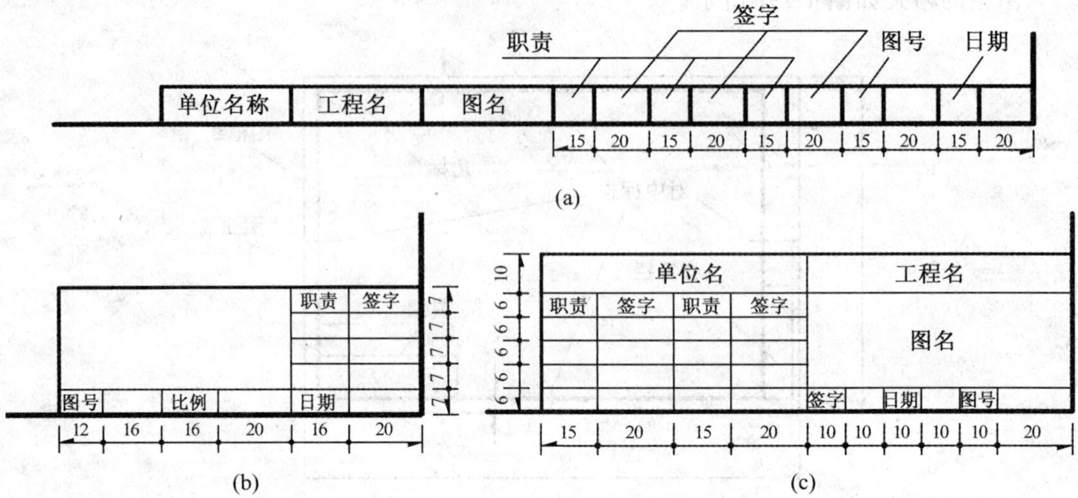


图 1-2-2　图标(尺寸单位:mm)

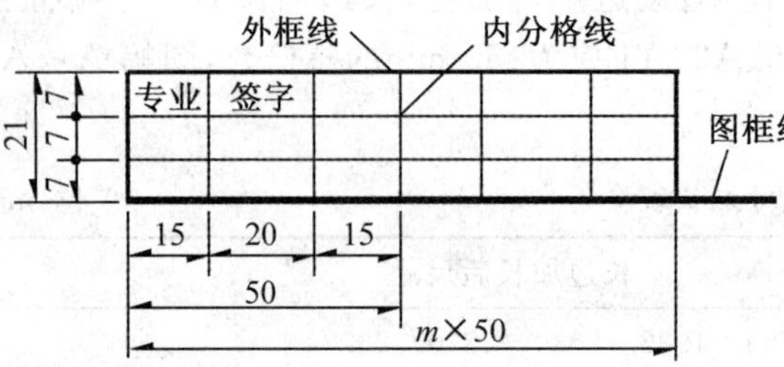


图 1-2-3　会签栏(尺寸单位:mm)

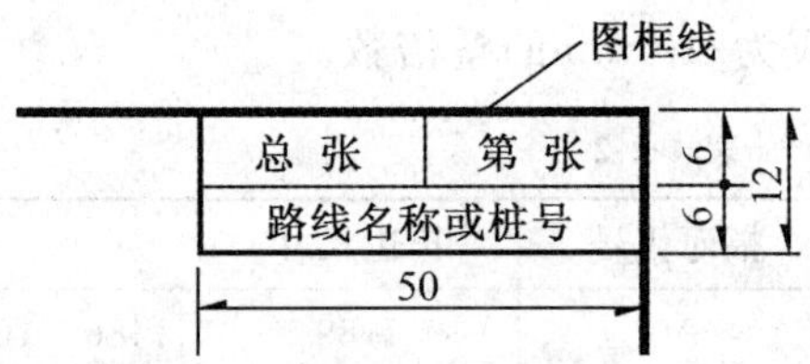


图 1-2-4　角标(尺寸单位:mm)

## 二、字体

文字、数字、字母或符号是工程图的重要组成部分。若字体潦草,会影响图面整洁美观,导致辨认困难,或引起读图错误,造成工程事故,给国家和社会带来巨大损失。因此,要求字体端正、笔画清晰、排列整齐、标点符号清楚正确,且要采用规定的字体和按规定的大小书写。

1. 汉字

《道路工程制图标准》(GB 50162—92)中规定,汉字应采用长仿宋体字(工程字),并采用国家正式公布的简化字,除有特殊要求外,不得采用繁体字。汉字的宽度与高度的比例约为 $1:\sqrt{2}$(见表 1-2-4),汉字书写要求采用从左向右、横向书写的格式,且汉字高度最小不宜小于3.5 mm。

书写长仿宋体字的要领是:横平竖直,起落分明,排列匀称,填满方格,如图 1-2-5 所示。

表 1-2-4　　长仿宋体字的高度与宽度尺寸　　单位:mm

| 字高(即字号) | 20 | 14 | 10 | 7 | 5 | 3.5 |
|---|---|---|---|---|---|---|
| 字宽 | 14 | 10 | 7 | 5 | 3.5 | 2.5 |

图 1-2-5　长仿宋体字示例

2.数字和字母

图纸中所涉及的阿拉伯数字、外文字母、汉语拼音字母笔画宽度宜为字高的 1/10。大写字母的宽度宜为字高的 2/3,小写字母的宽度宜为字高的 1/2。

数字与字母的字体有直体和斜休两种形式,直体笔画的横与竖应为 90°;斜体的字头向右倾斜,与水平线接近 75°。同一册图纸中的数字和字母一般应保持一致,数字与字母若与汉字同行书写,其字高应比汉字的高小一号。数字与字母示例如图 1-2-6 所示。

(a)阿拉伯数字

(b)大写拉丁字母

图 1-2-6　数字和字母示例

当图纸中有需要说明的事项时,宜在每张图纸的右下角图标上方处加以注释。该部分文字应采用"注"字标明,"注"应写在叙述事项的左上角,每条注释的结尾应标以句号。

如果说明事项需要划分层次时,第一、二、三层次的编号应分别用阿拉伯数字、带括号的阿拉伯数字及带圆圈的阿拉伯数字标注。当表示数量时,应采用阿拉伯数字书写,如五千零五十毫米应写成5050 mm,二十四小时应写成24 h。分数不得用数字与汉字混合表示,如三分之一应写成 1/3,不得写成 3 分之 1。不够整数位的小数数字,小数点前应加 0 定位。

## 三、图线

1.线型

工程图是由不同种类的线型所构成,这些图线可表达图样的不同内容,以及分清图中的主次。国家标准对线型及线宽作了规定。工程图中的图线的线型、画法和适用范围如表 1-2-5 所示。

2. 线宽

图线的宽度应根据所绘工程图的复杂程度及比例大小，从国家标准中规定的线宽系列中选取：0.18 mm、0.25 mm、0.35 mm、0.5 mm、0.7 mm、1.0 mm、1.4 mm、2.0 mm。每个图样一般使用三种线宽，即粗线（线宽为 $b$）、中粗线、细线，比例规定为 $b$ : 0.5$b$ : 0.35$b$。绘图时，应根据图样的不同情况，选用不同的线宽组合，如表 1-2-6 所示。

**表 1-2-5　　图线的线型、画法和适用范围**

| 名称 | 线型 | 线宽 | 一般用途 |
|---|---|---|---|
| 粗实线 | | $b$ | 可见轮廓线、钢筋线 |
| 中实线 | | 0.5$b$ | 较细的可见轮廓线、钢筋线 |
| 细实线 | | 0.25$b$ | 尺寸线、剖面线、引出线、图例线等 |
| 加粗实线 | | 1.4～2.0$b$ | 图框线、路线设计线、地平线等 |
| 粗虚线 | | $b$ | 地下管线或建筑物 |
| 中虚线 | | 0.5$b$ | 不可见轮廓线 |
| 细点画线 | | 0.25$b$ | 中心线、对称线、轴线等 |
| 双点画线 | | 0.25$b$ | 假想轮廓线 |
| 波浪线 | | 0.25$b$ | 断开界线 |
| 折断线 | | 0.25$b$ | 断开界线 |

**表 1-2-6　　线宽组合**　　单位：mm

| 线宽比 | 线宽系列 | | | | |
|---|---|---|---|---|---|
| $b$ | 1.4 | 1.0 | 0.7 | 0.5 | 0.35 |
| 0.5$b$ | 0.7 | 0.5 | 0.35 | 0.25 | 0.25 |
| 0.25$b$ | 0.35 | 0.25 | 0.18 | 0.13 | 0.13 |

在绘制比较简单或者比例较小的图时，可以只采用两种线宽，其线宽比为 $b$ : 0.25$b$，即不采用中粗线。在同一张图纸内，相同比例的各图形应采用相同的线宽组合。

3. 相交图线的规定画法

图样中图线相交是常有的现象，而相交图线的绘制则应符合下列规定：

（1）当虚线和虚线或者虚线与实线相交时，相交处不应留有空隙，应交于小短线处，如图 1-2-7(a)所示。

（2）当实线的延长线为虚线时，应留空隙，如图 1-2-7(b)所示。

（3）当点画线自身相交或点画线与其他线相交时，交点应设在线段处，如图 1-2-7(c)所示。

(4)图线不得与文字、数字或符号重叠、交叉,不可避免时,应首先保证文字、数字和符号的清晰。

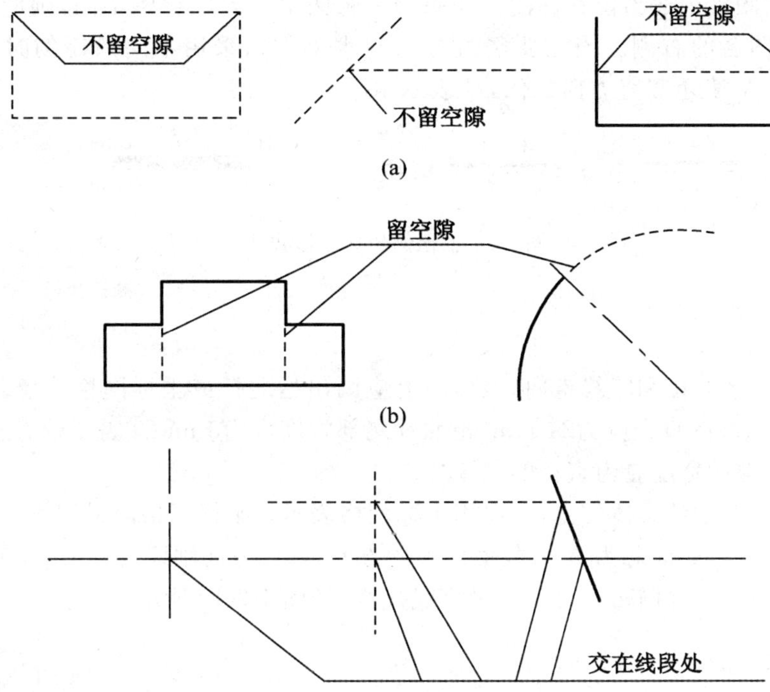


(a)

(b)

(c)

图 1-2-7　图线相交时的画法

## 四、比例

比例是指图样中图形与实物相应线性尺寸之比。绘图的过程中,一般应遵循布图合理、均匀、美观的原则,应根据图形大小和图面复杂程度来选择相应的比例。常用绘图比例如表 1-2-7 所示。

表 1-2-7　绘图所用的比例

| | |
|---|---|
| 常用比例 | 1∶1　1∶2　1∶5　1∶10　1∶20　1∶50 |
| | 1∶100　1∶200　1∶500　1∶1000 |
| | 1∶2000　1∶5000　1∶10000　1∶20000 |
| | 1∶50000　1∶100000　1∶2000000 |
| 可用比例 | 1∶3　1∶15　1∶25　1∶30　1∶40　1∶60 |
| | 1∶150　1∶250　1∶300　1∶400　1∶600 |
| | 1∶1500　1∶2500　1∶3000　1∶4000 |
| | 1∶6000　1∶15000　1∶30000 |

比例应采用阿拉伯数字表示，且标注在视图图名的右侧或下方，字高应比图名字体小一号或二号，如图 1-2-8 所示。当一张图纸采用的比例相同时，可在图标中的比例一栏中注明，也可以在图纸中适当位置标注。如果同一张图纸中各图比例不同，则应分别标注，其位置应在各图名的右侧。当需要竖直方向与水平方向采用不同的比例时，可采用图 1-2-8所示形式，V 表示竖直方向比例，H 表示水平方向比例。

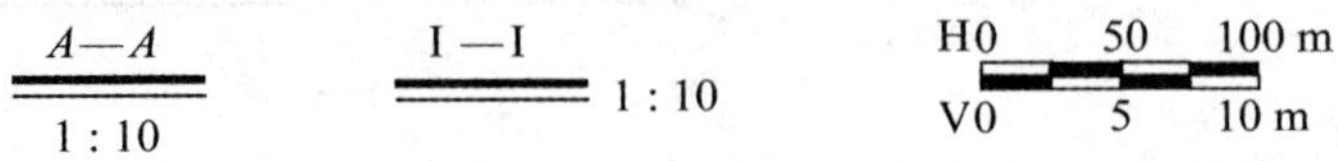


图 1-2-8 比例的标注形式

**五、坐标**

为了表示地区方位和路线走向，地形图上应画出指北针或坐标网格。指北针的形状如图 1-2-9 所示，圆的直径应为24 mm，指北针尾部宽度应为3 mm。需要较大直径绘制指北针时，指针尾部的宽度应为直径的 1/8。

为确定地形图中的具体位置，可以用坐标网格表示。坐标网格应采用细实线绘制，南北方向轴线代号为 $X$，向北为 $X$ 轴数值增大的方向；东西方向轴线代号为 $Y$，向东为 $Y$ 轴数值增大的方向。坐标网格也可采用十字线代替，如图 1-2-10 所示。

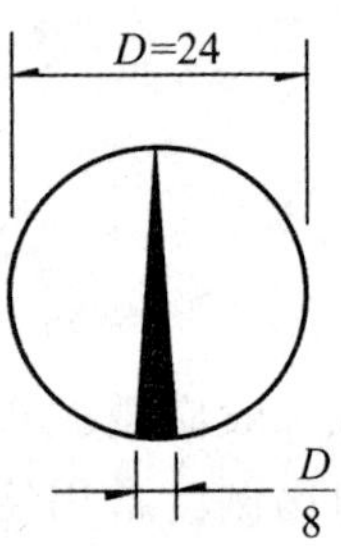


图 1-2-9 指北针

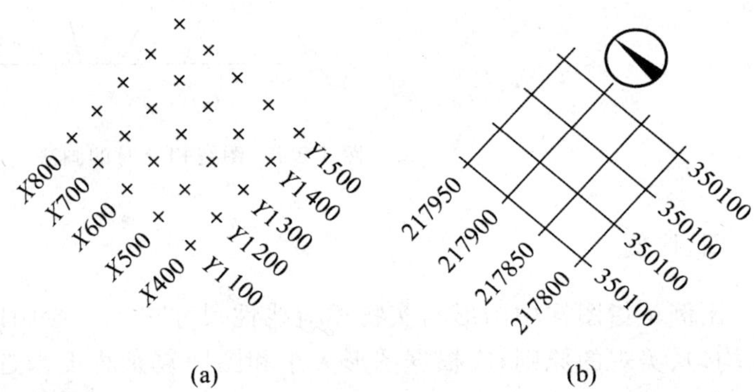


图 1-2-10 坐标网格

当需要标注的控制坐标点不多时，宜采用引出线的形式标注。水平线上、下应分别标注 $X$ 轴、$Y$ 轴的代号及数值，如图 1-2-11 所示。当需要标注的控制坐标点较多时，图纸上可仅标注点的代号，坐标数值可在适当位置列表示出。

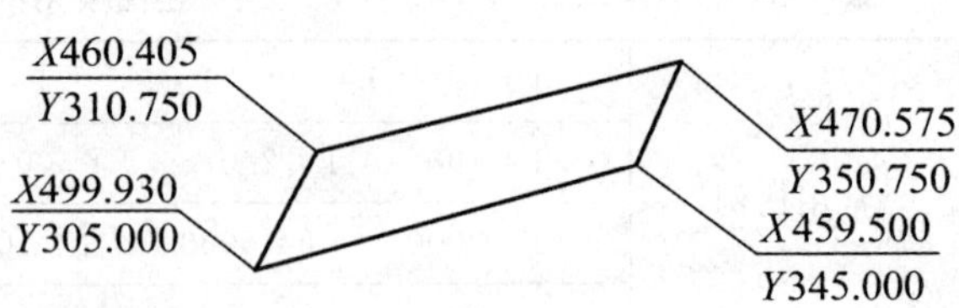


图 1-2-11 控制点坐标的标注

坐标数值的计量单位应采用“m”，并精确至小数点后三位。例如：$\frac{X550.615}{Y1220.113}$表示该点距离坐标原点向北550.615 m，向东1220.113 m处。

## 六、尺寸标注

工程图上除了要画出构造物的形状外，还必须准确、完整、清晰地标注出构造物的实际尺寸，作为施工的依据。如果尺寸有遗漏和错误，就会给生产带来困难和损失。因此，尺寸标注是图样必不可少的组成部分。

1.尺寸的组成

尺寸由尺寸界线、尺寸线、尺寸起止符和尺寸数字四部分组成，如图 1-2-12 所示。

(1)尺寸线

尺寸线用细实线绘制，应与被标注长度平行，且不应超出尺寸界线。任何图线都不能作为尺寸线。

相互平行的尺寸线应从被标注的轮廓线由近向远排列，并且小尺寸在内，大尺寸在外。所有平行尺寸线间的间距一般为 5～15 mm。同一张图纸上的这种间距应当保持一致，如图 1-2-13 所示。

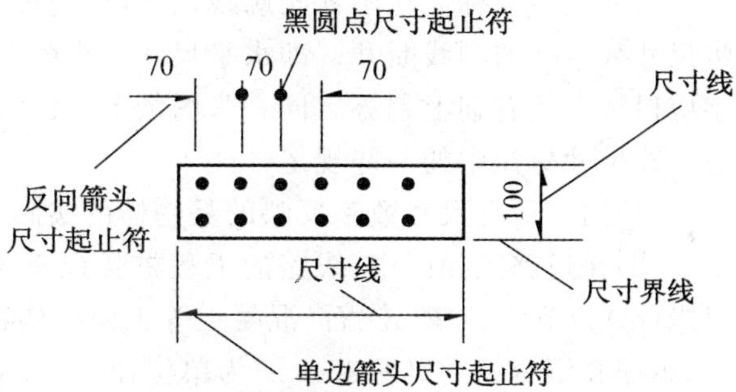


图 1-2-12　尺寸要素的标注

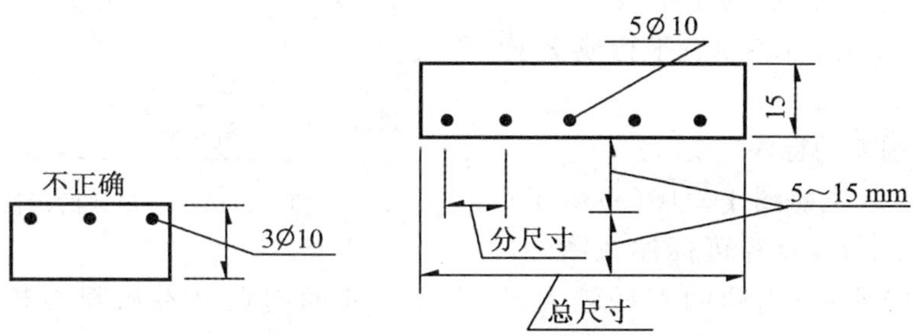


图 1-2-13　尺寸线的标注

(2)尺寸界线

尺寸界线用细实线绘制，由一对垂直于被标注长度的平行线组成，其间距等于被标注线段的长度；当标注困难时，也可不垂直于被标注长度，但尺寸界线应互相平行。尺寸界线一端应靠近所注图形轮廓线，另一端应超出尺寸线 1～3 mm。图形轮廓线、中心线也可作为尺寸界线，如图 1-2-14所示。

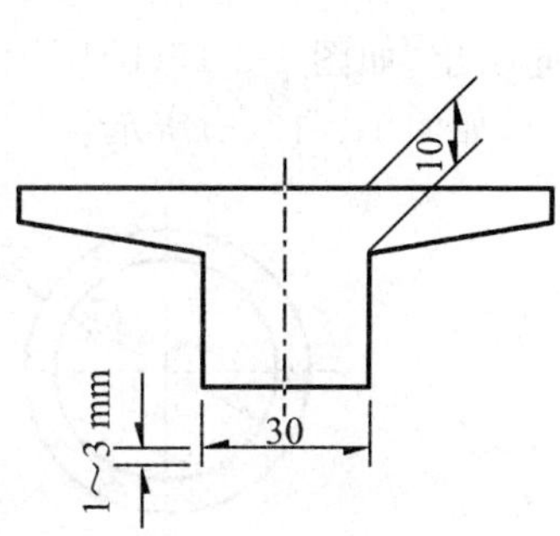


图 1-2-14　尺寸界线的标注

(3)尺寸起止符

尺寸线与尺寸界线的相交起止点上应画尺寸起止符。尺寸起止符宜采用单边箭头表示，箭头在尺寸界线的右边时，应标注在尺寸线之上；反之，应标注在尺寸线之下。同一张图纸上应采用同一种尺寸起止符，道路工程制图中一般采用单边箭头。在连续标注的小尺寸中，也可在尺寸界线同一水平的位置，用黑圆点表示中间部分的尺寸起止符，如图1-2-12所示。

（4）尺寸数字

尺寸数字一般标注在尺寸线上方中部，离尺寸线应不大于1 mm。当没有足够的注写位置时，可采用反向箭头，最外边的尺寸数字可注写在尺寸界线外侧箭头的上方，中间相邻的尺寸数字可错开注写，也可引出注写，如图 1-2-12 所示。

尺寸数字应标注在图样轮廓线以外，任何图线不得穿过尺寸数字，当不可避免时，应将尺寸数字处的图线断开。即水平尺寸字头朝上，垂直尺寸字头朝左，倾斜尺寸的尺寸数字应保持字头有朝上趋势。同一张图纸上，尺寸数字的大小应相同。

2. 尺寸标注中的一些规定

（1）图上所有尺寸数字反映的是物体的实际大小，与图的比例无关。

（2）在道路工程图中，线路的里程桩号以千米（km）为单位；标高、坡长和曲线要素均以米（m）为单位；一般砖、石、混凝土等工程结构物及钢筋和钢材的长度以厘米（cm）为单位；钢筋和钢材长度以厘米（cm）为单位，断面以毫米（mm）为单位。图上尺寸数字之后不必注写单位，但在注解及技术要求中要注明尺寸单位。

（3）引出线的斜线与水平线应采用细实线绘制，其交角 $\alpha$ 可按 90°、120°、135°、150°绘制。当图形需要文字说明时，可将文字说明标注在引出线的水平线上。当斜线为一条以上时，各斜线宜平行或交于一点（见图 1-2-15）。

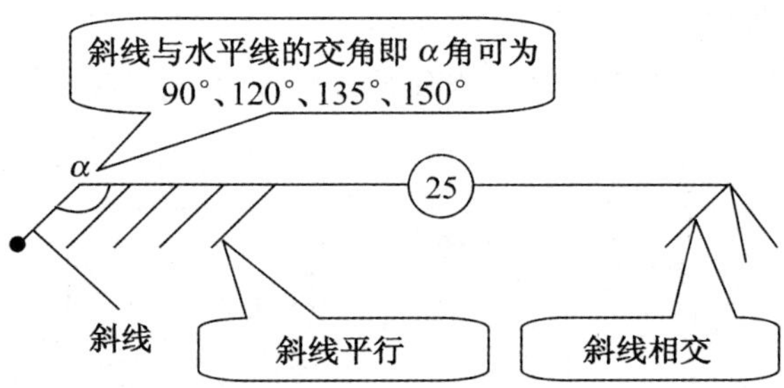

图 1-2-15　引出线的标注

（4）圆与圆弧的标注

圆的直径标注如图 1-2-16（a）所示；当圆的直径较小时，直径可标注在圈外，如图 1-2-16（b）所示；当圆的直径较大时，半径尺寸的起点可不从圆心开始，如图 1-2-16（c）所示。半径和直径的标注要在数字前加“$r(R)$”或“Φ”、“$d(D)$”。

圆弧尺寸一般按图 1-2-17（a）所示标注；当弧长需要分段标注时，尺寸界线也可沿径向引出，如图 1-2-17（b）所示；对弧线的弦长标注时，弦长的尺寸界线应垂直于该圆弧的弦，如图 1-2-17（c）所示。

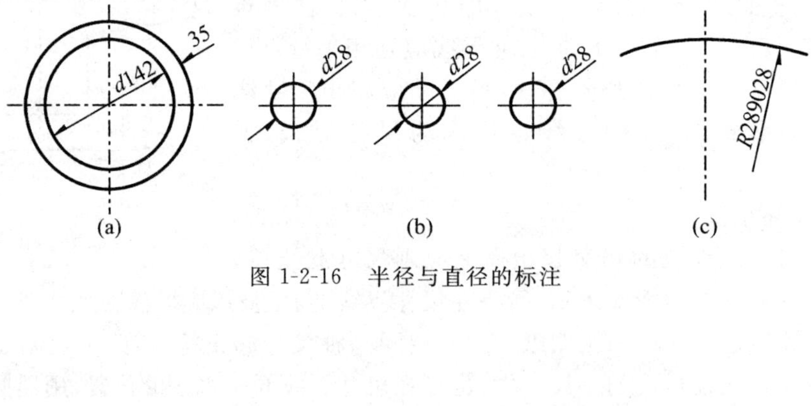

图 1-2-16　半径与直径的标注

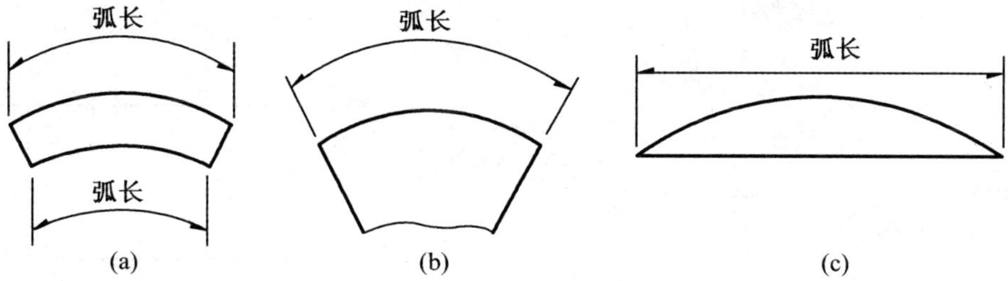


图 1-2-17　圆弧与弦长的标注

(5)角度的标注

角度的标注应以角的顶点为圆心的圆弧为尺寸线，以角的两边为尺寸界线来表示，角度的起止符应以箭头表示，角度数字宜写在尺寸线上方中部。当角度太小不便于标注时，可将尺寸线标注在角的两条边的外侧，角度数字应按如图 1-2-18 所示标注。

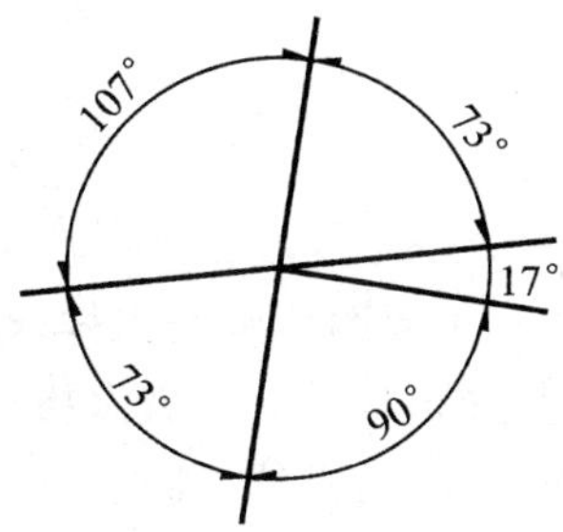


图 1-2-18　角度的标注

(6)标高的标注

标高符号应采用细实线绘制的等腰直角三角形表示，高为 2～3 mm，底角为 45°，顶角应指在需要标注的被注点上，向上、向下均可。标高数字宜标注在三角形的右边。负标高数字前应冠以"－"，正标高(包括零标高)数字前可不冠以"＋"。当图形复杂时，也可采用引出线形式标注，如图 1-2-19(a)所示。水位线标注如图 1-2-19(b)所示。一般道路工程图中除水准点注至小数点后第三位外，其余标高均注至小数点后第二位。

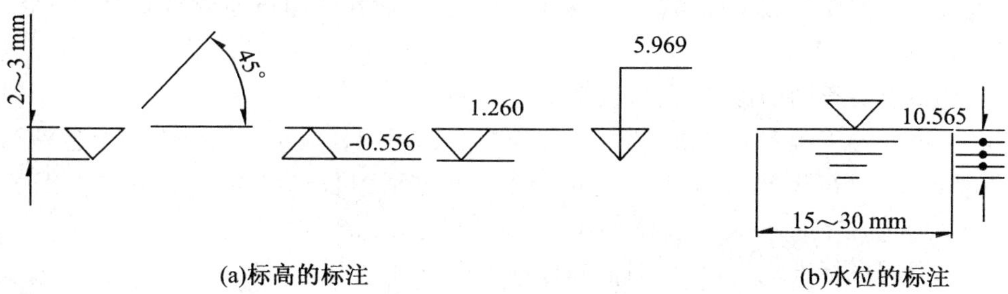


图 1-2-19　标高与水位的标注

(7)坡度的标注

斜面的倾斜度称为坡度，当坡度值较小时，坡度的标注宜用百分率表示，并应标注坡度符号，如图 1-2-20(a)所示。坡度符号应由细实线、单边箭头以及在线上标注的百分数组成。坡度符号的箭头应指向下坡。当坡度值较大时，坡度的标注宜用比例的形式表示，如 1∶$n$，如图 1-2-20(b)所示。坡度也可以用直角三角形的形式来表示，如房顶坡度的表示，如图 1-2-20(c)所示。

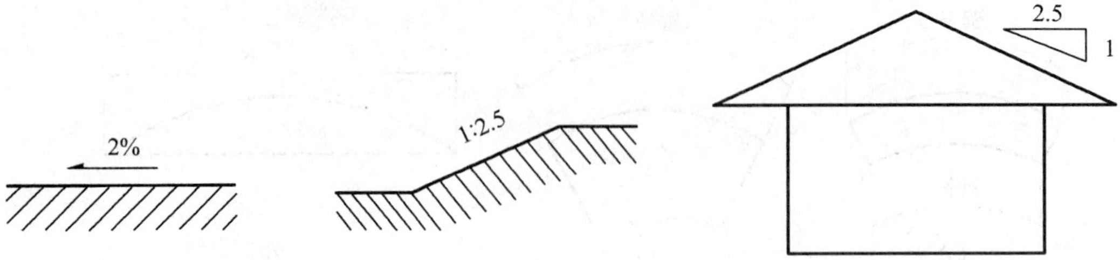


(a)小坡度标注　　(b)大坡度标注　　(c)房顶坡度的标注

图 1-2-20　坡度的标注

# 第三节　手工制图的方法与步骤

工程图样复杂多样，绘制时应做到尺寸齐全，字体工整，图面整洁，符合国家标准，因此，必须从一开始就严格要求，加强平时基本功的训练，掌握正确的制图步骤和方法，力求作图准确、迅速、美观。

## 一、制图的步骤与方法

1.绘图的准备工作

(1)安排合适的绘图工作地点。绘图是一项细致的工作，要求绘图工作地点光线明亮、柔和，应使光线从左前方照来。绘图桌椅高度要配置合适，绘图时姿势要正确。

(2)准备必需的绘图工具。使用之前，应将绘图仪器逐件进行检查校正，将图板擦拭干净，以保证绘图质量和图面整洁。各种绘图工具应放在绘图桌的适当地方，做到使用方便，保管妥当。

(3)准备有关绘图的参考资料，以备随时查阅。

(4)根据所绘工程图的要求，按国家标准规定选用图幅大小。图纸在图板上粘贴的位置尽量靠近左边(离图板边缘 3～5 cm)，图纸下边至图板边缘的距离略大于丁字尺的宽度。

(5)根据国家标准规定，画出图框和标题栏。

2.绘制底稿

(1)布图。在图形绘制之前，应根据图形的大小、比例，合理布置图面，要做到图纸布局合理，图形分布均匀。

(2)画底稿。图面布置之后，根据选定的比例用 H 或 2H 铅笔轻轻画出底稿。底稿必须认真画出，以保证图样的正确性和精确度。一旦发现错误，不要立即就擦，可用铅笔轻轻做上记号，待全图完成之后，再一次性擦干净，以保证图面整洁。

画底稿时，用分规从比例尺上量取长度。相同长度尺寸应一次量取，以保证尺寸的准确和提高画图速度。

(3)图纸的检查。画完底稿之后，必须认真逐图检查，看是否有遗漏和错误的地方，切不可匆忙加深或上墨。

3. 加深图纸

在检查底稿确定无误之后，即可加深图纸。

(1)加深之前，应先确定标准实线的宽度，再根据线型标准确定其他线型。同类图线应粗细一致。一般粗度在 $b$ 以上的图线用 B 或 2B 铅笔加深；更细的图线和尺寸数字、注解等可用 H 或 HB 铅笔绘写。

(2)为使图线粗细均匀，色调一致，铅笔应该经常修磨。加深粗实线一次不够时，则应重复再画，切不可来回描粗。

(3)加深图线的步骤：同类型的图线一次加深；先画细线，后画粗线；先画曲线，后画直线；先画图，后标注尺寸和注解；最后加深图框和标题栏。这样不仅可加快绘图速度和提高精度，而且可减少丁字尺与三角板在图纸上的摩擦，保持图面清洁。

(4)全部加深之后，再仔细检查。若有错误，应即时改正。

## 课后思考

1. 简述各种常用的手工作图工具的使用及保养方法。
2. 国家标准中对图幅是怎样规定的？你最常用的是哪种图纸？
3. 国家标准中规定的尺寸由哪几部分组成？尺寸标注有哪些规定？

## 本章小结

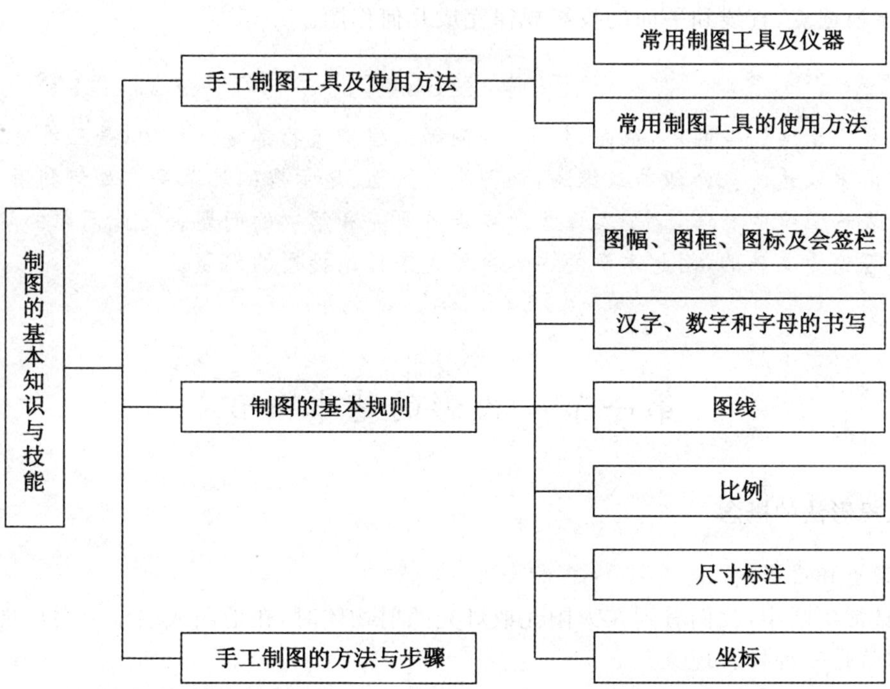

# 第二章　形体基本元素的投影

## 知识目标

1. 了解投影的概念、分类和应用，以及正投影的特性。
2. 掌握三面投影图的形成和三面投影规律。
3. 掌握点、直线和平面的投影规律和识读方法。
4. 掌握判断两直线相对位置关系的方法。

## 能力目标

1. 能判断出简单形体与其投影的对应关系。
2. 能判断出立体中点、直线和平面的位置。
3. 能根据点、直线和平面的投影规律完成几何作图。

**课堂引入**

在我们生活的空间中，道路、桥梁、涵洞等工程构筑物都是立体的，是三维的。而我们通常用来表达的媒介却是二维的，如图纸的纸面、显示器的屏幕等。如何利用二维的媒介来表达三维的物体，这是本课程所要着重研究和解决的问题。而此问题的解决，是以投影理论为基础的，因此本章的内容主要是来讨论投影的问题。

## 第一节　投影的基本知识

### 一、投影法的概念

1. 影子和投影

在日常生活中，我们看到在太阳光或灯光照射物体时，在地面或墙壁上会出现物体的影子，这就是一种投影现象。

投影法与自然投影现象类似，就是投影线通过物体向选定的投影面投射，并在该面上得到图形的方法。用投影法得到的图形称作投影图或投影。

产生投影时必须具备的三个基本条件是投影线、被投影的物体和投影面。

需要注意的是,生活中的影子和工程制图中的投影是有区别的。我们按照投影的方法,把形体的所有内、外轮廓和内、外表面交线全部表示出来,且依投影方向凡可见的轮廓线画实线,不可见的轮廓线画虚线。这样,形体的影子就发展成为能满足生产需要的投影图,简称“投影”。图 2-1-1 所示为影子和投影。

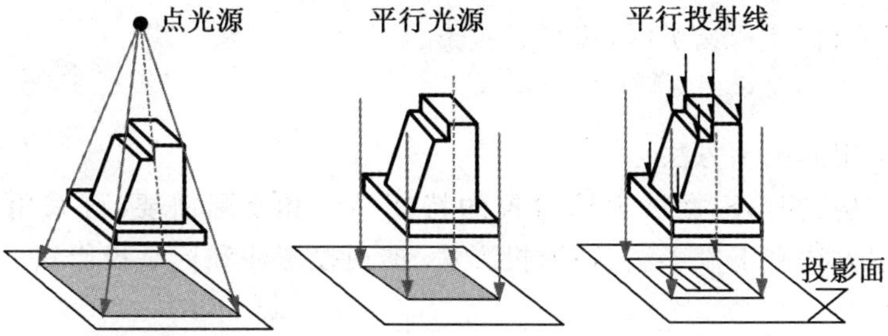


(a)影子　(b)影子　(c)投影

图 2-1-1

**课堂思考**

1. 影子和投影有什么区别?
2. 医院的无影灯是否没有影子?

2. 投影的分类

按投射线的不同情况,投影可分为两大类:

(1)中心投影

所有投射线都从一点(投影中心)引出的称为中心投影。如图 2-1-2(a)所示,若投影中心为 $S$,把投射线与投影面 $H$ 的各交点相连,即得三角板的中心投影。

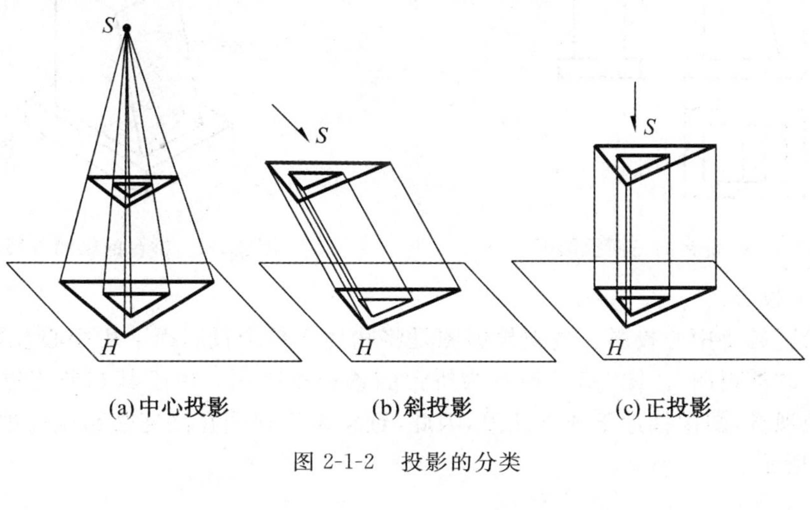


(a) 中心投影　(b) 斜投影　(c) 正投影

图 2-1-2　投影的分类

(2)平行投影

所有投射线互相平行的则称为平行投影。若投射线与投影面斜交,称为斜交投影或斜投影,如图 2-1-2(b)所示;若投射线与投影面垂直,则称为直角投影或正投影,如图 2-1-2(c)所示。

**特别提示**

大多数的工程图,都是采用正投影法来绘制的。正投影法是本课程研究的主要内容,本课程中凡未作特别说明的,都属正投影。

3. 工程上常用的图示方法

图示工程结构物时,根据被表达对象的特征不同和实际需要,可采用不同的图示方法。常用的图示方法有正投影法、轴测投影法、透视投影法和标高投影法。

(1)正投影

正投影是一种多面投影。空间几何体在两个或两个以上互相垂直的投影面上进行正投影,然后将这些带有几何体投影图的投影面展开在一个平面上,从而得到几何体的多面正投影图。图 2-1-3 所示为桥台的三面投影图。

正投影的优点是作图较简便,能反映出平面的实形,有很好的度量性,在工程上应用最广。其缺点是无立体感,直观性较差。

(2)轴测投影

轴测投影采用单面投影图,是平行投影之一,它是把物体按平行投影法投射至单一投影面上所得到的投影图。图 2-1-4 所示为桥台的轴测投影图。

轴测投影的优点是可以同时反映出几何体长、宽、高三个方向上的形状;富有立体感,直观性较好。其缺点是不够悦目和自然;不能完整地表达物体的形状;作图复杂、度量性差。因此,轴测投影图只能作为工程上的辅助视图。

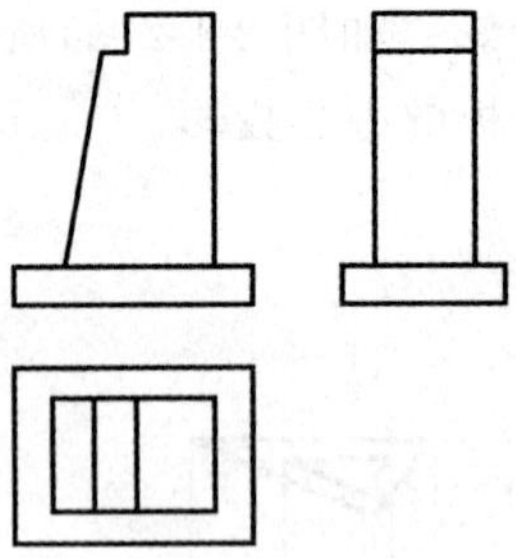

图 2-1-3 桥台的三面投影图

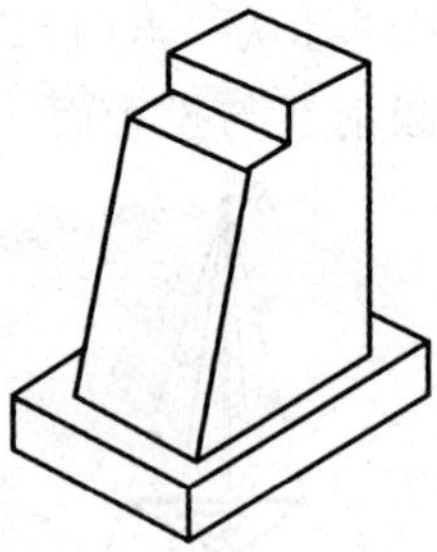

图 2-1-4 桥台的轴测投影图

(3)透视投影

透视投影属于中心投影。透视投影图是将物体在单个投影面上用中心投影法得到的投影图,简称“透视图”。图 2-1-5 所示为桥台的透视投影图。由于其与照相原理相似,更符合人们的视觉,图像接近于视觉映象,因此,近年来透视图在高速公路设计中应用甚广,如图 2-1-6 所示。

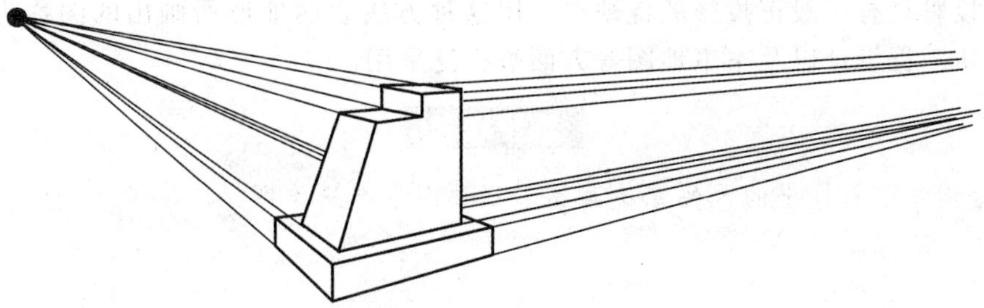

图 2-1-5 桥台的透视投影

图 2-1-6 公路透视图

透视投影图的优点是逼真、悦日，直观性很强。其缺点是绘制较烦琐，且不能直接反映物体的真实大小，不方便度量。

(4)标高投影

标高投影是一种带有数字标记的单面正投影，常用来表示不规则曲面。假定某一山峰被一系列水平面所截割(见图 2-1-7)，用标有高程数字的截交线(等高线)来表示地面的起伏，这就是标高投影法。

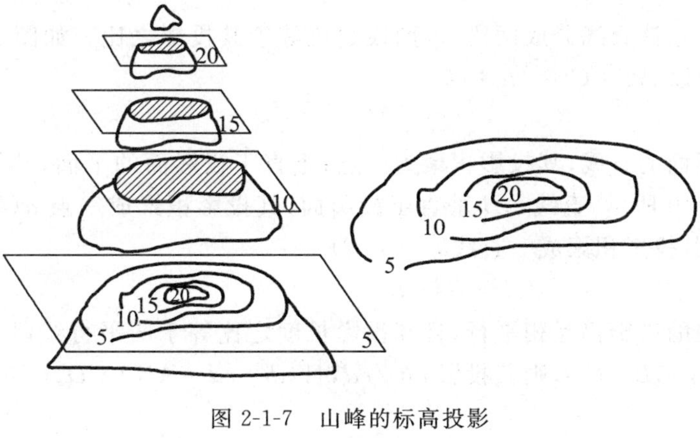


图 2-1-7 山峰的标高投影

标高投影具有一般正投影的优缺点。用这种方法表达地形所画出的图称为地形图，在土木建筑工程设计以及军事地图等方面被广泛采用。

**课堂思考**

楼盘销售中心挂出的大幅宣传画属于哪种图示方法作图？

## 二、正投影的特性

正投影有以下投影特性：

1. 类似性

(1)点的投影仍是点。

(2)直线的投影在一般情况下仍为直线，当直线段倾斜于投影面时，其正投影短于实长，如图 2-1-8 所示，通过直线 $AB$ 上各点的投射线，形成一平面 $ABba$，它与投影面的交线 $ab$ 即为 $AB$ 的投影。

(3)平面的投影在一般情况下仍为平面，当平面倾斜于投影面时，其正投影小于实形，如图 2-1-8 所示。

2. 从属性

若点在直线上，则点的投影必在该直线的投影上。如图 2-1-9 所示，点 $C$ 在直线 $AB$ 上，投射线 $Cc$ 必与 $Aa$、$Bb$ 在同一平面上，因此点 $C$ 的投影 $c$ 一定在 $ab$ 上。

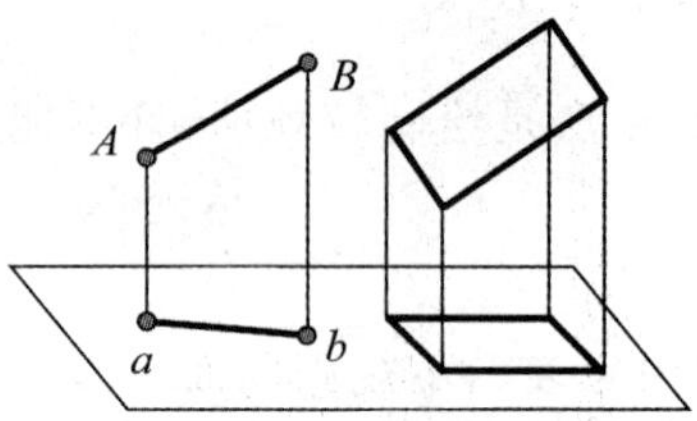

图 2-1-8　类似性

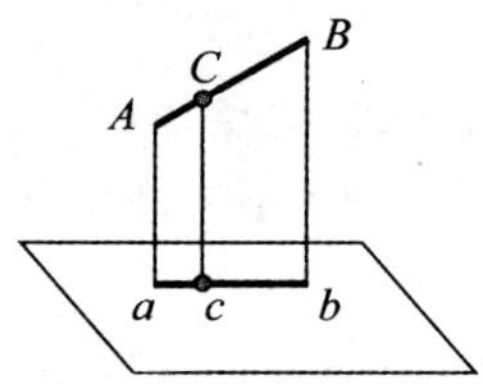

图 2-1-9　从属性和定比性

3. 定比性

直线上一点把该直线分成两段，该两段之比等于其投影之比。如图 2-1-9 所示，由于 $Aa /\!/ Cc /\!/ Bb$，所以 $AC : CB = ac : cb$。

4. 积聚性

垂直于投影面的直线，其投影积聚为一点；垂直于投影面的平面，其投影积聚为一条直线。如图 2-1-10 所示，直线 $AB$ 垂直于投影面，其投影积聚成一点 $a(b)$。平面 $ABCD$ 垂直于投影面，其投影积聚成一直线 $a(b)c(d)$。

5. 平行性

两平行直线的投影仍互相平行，且其投影长度之比等于两平行线段长度之比。如图 2-1-11 所示，由于 $AB /\!/ CD$，则其投影 $ab /\!/ cd$，且 $ab : cd = AB : CD$。

6. 实形性

平行于投影面的直线和平面，其投影反映实长和实形。如图 2-1-12 所示，直线 $AB$ 平行于投影面，其投影 $ab=AB$，即反映 $AB$ 的真实长度。三角形 $ABC$ 平行于投影面，其投影 $abc$ 反映三角形 $ABC$ 的真实大小。

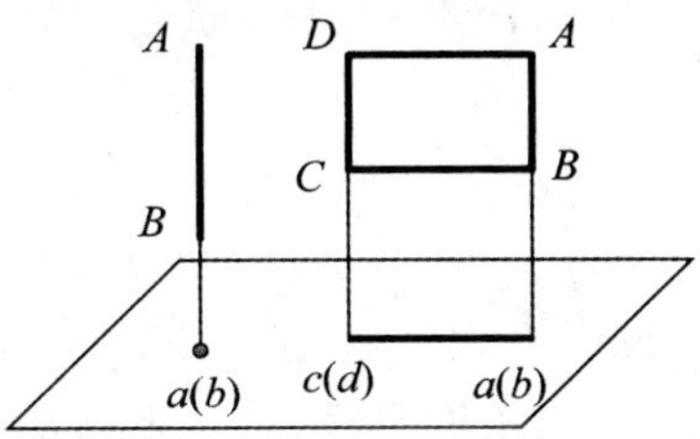


图 2-1-10　直线和平面的积聚性

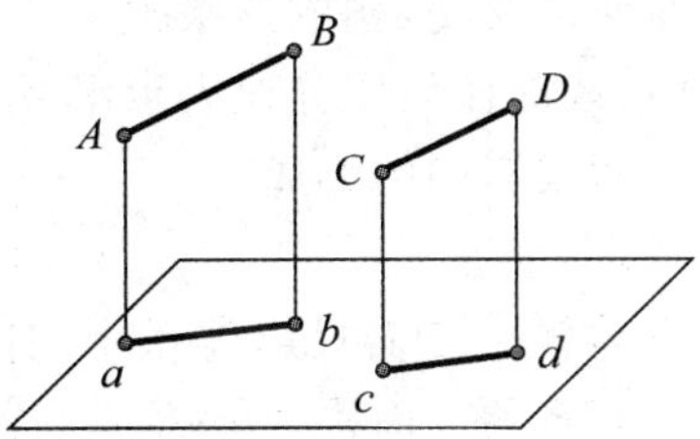


图 2-1-11　直线的平行性

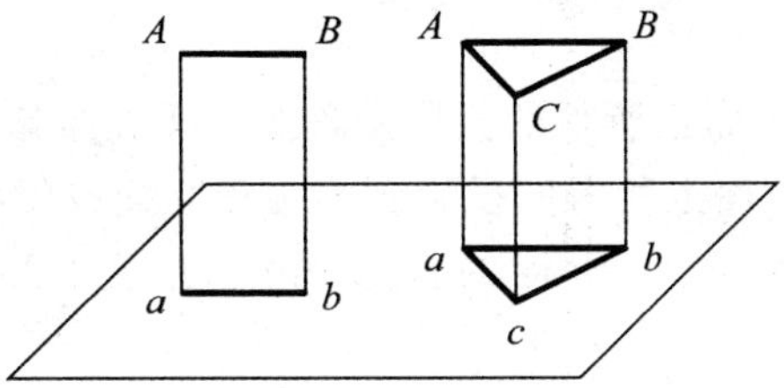


图 2-1-12　直线和平面的实形性

**课堂思考**

如果点的投影在直线的投影上，则空间点是否一定在直线上？

### 三、形体的三面投影图

工程上绘制图样的方法主要是正投影法。但用正投影法绘制一个投影图来表达物体的形状往往是不够的。如图 2-1-13 所示，四个形状不同的物体在投影面上具有相同的正投影，单凭这个投影图来确定物体的唯一形状，是不可能的。

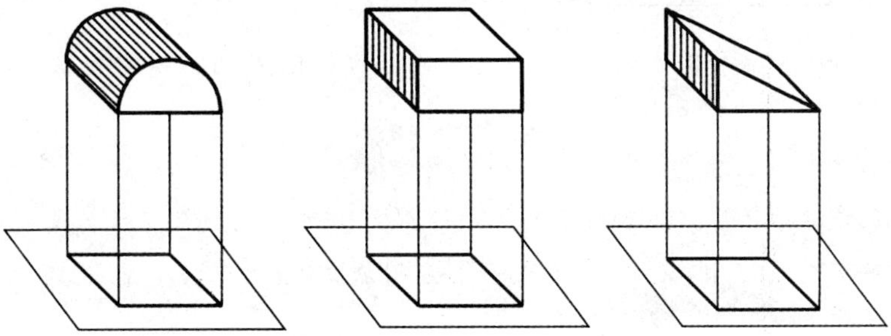

图 2-1-13　不同形体的单面正投影相同

1. 三面投影体系的建立

在公路工程图中，一般采用三面正投影的画法，如图 2-1-14 所示，将三个互相垂直的平面作为投影面，组成一个三面投影体系。在三面投影体系中，水平放置的平面称为水平投影面，用字母“$H$”表示，简称为“$H$ 面”；正对观察者的平面称为正立投影面，用字母“$V$”表示，简称“$V$ 面”；观察者右侧的平面称为侧立投影面，用字母“$W$”表示，简称“$W$ 面”。三投影面两两相交，构成三条投影轴 $OX$、$OY$ 和 $OZ$，三轴的交点 $O$ 称为原点。只有在这个体系中，才能比较充分地表示出形体的空间形状。

2. 三面投影图的形成

(1)投影过程

将形体置于三面投影体系中，且形体在观察者和投影面之间。如图 2-1-15 所示，形体靠近观察者的一面称为前面，反之称为后面。由观察者的角度出发，定出形体的左、右、上、下四个面。由安放位置可知，形体的前、后两面均与 $V$ 面平行，顶、底两面则与 $H$ 面平行。用三组分别垂直于三个投影面的投射线对形体进行投影，就得到该形体在三个投影面上的投影。

①由上而下投影，在 $H$ 面上所得的投影图称为水平面投影图，简称“$H$ 面投影”。

②由前向后投影，在 $V$ 面上所得的投影图称为正立面投影图，简称“$V$ 面投影”。

③由左向右投影，在 $W$ 面上所得的投影图称为(左)侧立面投影图，简称“$W$ 面投影”。

上述所得的 $H$、$V$、$W$ 三个投影图就是形体最基本的三面投影图。

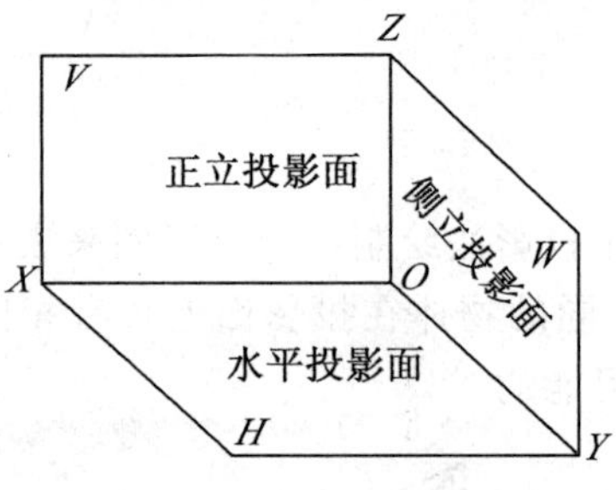


图 2-1-14　三面投影体系

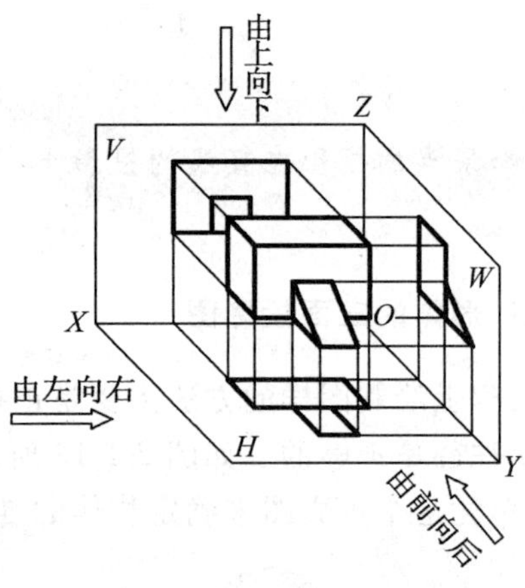


图 2-1-15　三面投影图的形成

**知识拓展**

在三面投影图中，可见的线画实线，不可见的线画虚线，不可见的点用对应字母加括号表示。根据观察方向，投影图中的可见性判别为“上遮下、左遮右、前遮后”。

(2)投影面的展开

按以上步骤投影后的图，仍然是立体的。为了能够在二维的纸面上表达出来，还必须把三个投影面展开，使之摊平在同一个平面上，完成从空间到平面的过程。国家标准规定：$V$ 面不动，$H$ 面绕 $OX$ 轴向下旋转 90°，$W$ 面绕 $OZ$ 轴向右旋转 90°，使它们转至与 $V$

面同在一个平面上，如图 2-1-16 所示，这样就得到在同一平面上的三面投影图。这时 $Y$ 轴出现两次，一次是随 $H$ 面旋转至下方，与 $Z$ 轴在同一铅垂线上，标以 $Y_H$；另一次是随 $W$ 面转至右方，与 $X$ 轴在同一水平线上，标以 $Y_W$。摊平后的三面投影图如图 2-1-17(a)所示。

为了使作图简化，在三面投影图中不画投影图的边框线，投影图之间的距离可根据需要确定，三条轴线也可省去，如图 2-1-17(b)所示。

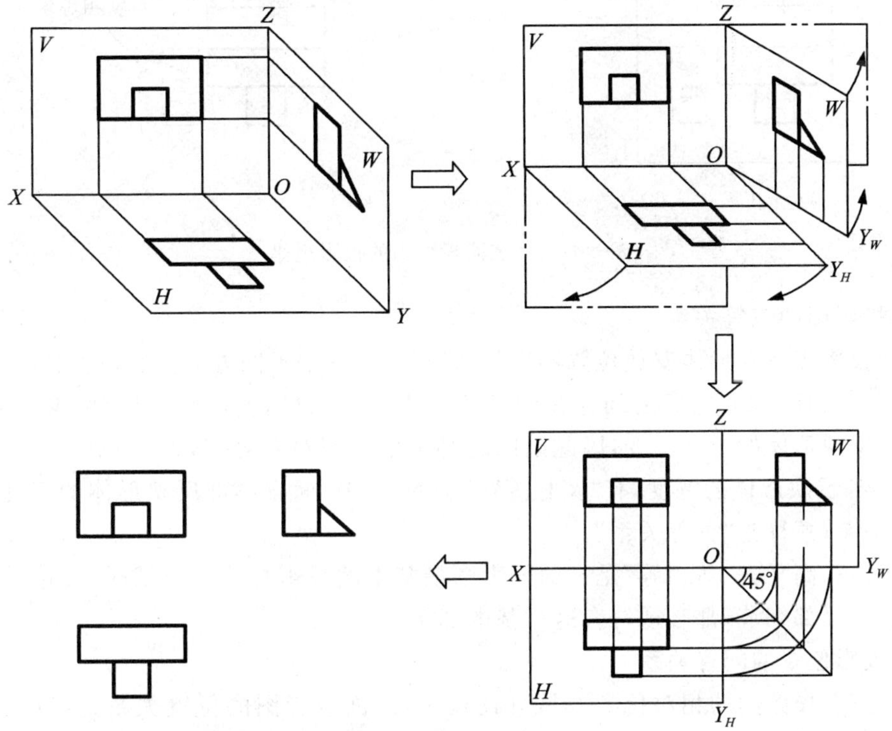


图 2-1-16　形体三面投影图的展开过程

3. 三面投影图的投影关系

(1)投影图中的长、宽、高和方位关系

每个形体都有长度、宽度、高度或左右、前后、上下三个方向的形状和大小变化。形体左右两点之间平行于 $OX$ 轴的距离称为长度；上下两点之间平行于 $OZ$ 轴的距离称为高度；前后两点之间平行于 $OY$ 轴的距离称为宽度。

每个投影图能反映其中两个方向关系：$H$ 面投影反映形体的长度和宽度，同时也反映左右、前后位置；$V$ 面投影反映形体的长度和高度，同时也反映左右、上下位置；$W$ 面投影反映形体的高度和宽度，同时也反映上下、前后位置，如图 2-1-17 所示。

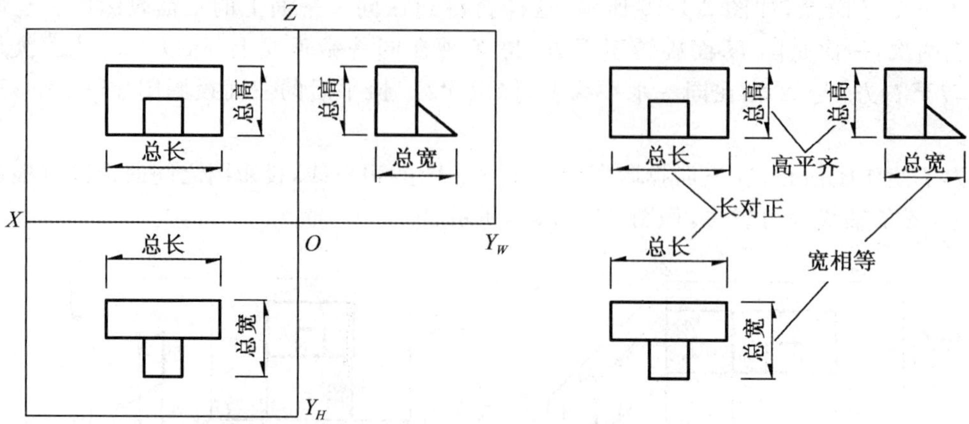


(a) (b)

图 2-1-17 三面投影图的投影规律

(2)投影图的三等关系

三面投影图是在形体安放位置不变的情况下，从三个不同方向投影所得到的，它们共同表达同一形体，因此它们之间存在着紧密的关系。$V$、$H$ 两面投影都反映形体的长度，展开后所反映形体的长度不变，因此画图时必须使它们左右对齐，即“长对正”；同理，$H$、$W$ 面投影都反映形体的宽度，有“宽相等”的关系；$V$、$W$ 面投影都反映形体的高度，有“高平齐”的关系，总称为“三等关系”。

“长对正、高平齐、宽相等”是三面投影图最基本的投影规律。绘图时，无论是形体总的轮廓还是局部细节，都必须符合这一基本规律。

(3)投影位置的配置关系

根据三个投影面的相对位置及展开的规定，三面投影图的位置关系是：以立面图为准，平面图在立面图的正下方，侧面图在立面图的正右方。这种配置关系不能够随意改变，如图 2-1-17 所示。

**特别提示**

1. 投影位置的配置关系不能随意改变。

2. 画三面投影图时，投影线和坐标轴用细实线绘制，物体的轮廓线用中粗线绘制，这样层次分明，画出的图形较为美观。

## 第二节 点的投影

点、直线、平面是构成空间形体最基本的几何元素，在学习空间形体的投影方法之前，必须先学习点、直线、平面的投影方法。

## 一、点的三面投影

1. 投影的形成

在三面投影体系中，有一个空间点 $A$，由 $A$ 分别向三个投影面 $V$、$H$ 和 $W$ 作投射线（垂线），交得的三个垂足 $a'$、$a$、$a''$ 即为空间点 $A$ 的三面投影，如图 2-2-1 所示。

按标准规定，空间点用大写字母表示，如 $A$、$B$、$C$ 等，其水平投影（$H$ 面投影）用相应的小写字母表示，如 $a$、$b$、$c$ 等；正面投影（$V$ 面投影）用相应的小写字母加撇表示，如 $a'$、$b'$、$c'$ 等；侧立面投影（$W$ 面投影）用相应的小写字母加两撇表示，如 $a''$、$b''$、$c''$ 等。

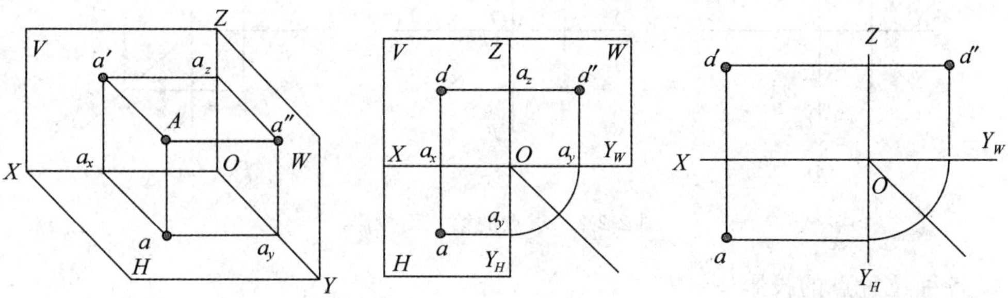


(a)立体图 (b)投影图 (c)简化后的投影图

图 2-2-1 点的三面投影图的形成

2. 投影规律

(1)垂直规律

点在任意两投影面上的投影之连线垂直于相应的投影轴。即点的 $V$ 面投影和 $H$ 面投影的连线垂直于 $OX$ 轴（$a'a \perp OX$）；点的 $V$ 面投影和 $W$ 面投影的连线垂直于 $OZ$ 轴（$a'a'' \perp OZ$）。

(2)等距规律

空间点的投影到相应的投影轴的距离，反映该点到相应的投影面的距离。即：

$Aa=a'a_x=a''a_y$，反映 $A$ 点至 $H$ 面的距离；

$Aa'=aa_x=a''a_z$，反映 $A$ 点至 $V$ 面的距离；

$Aa''=a'a_z=aa_y$，反映 $A$ 点至 $W$ 面的距离。

此投影规律即是“长对正，宽相等，高平齐”的根据所在。根据上述投影规律，只要已知点的任意两面投影，即可求其第三面投影。

**特别提示**

为了能更直接地看到 $a$ 和 $a''$ 之间的关系，在以后的作图中，我们将从原点 $O$ 作一条 45°的辅助线来实现 $a$ 和 $a''$ 的联系。

**【例题 2-2-1】** 如图 2-2-2(a)所示，已知点 A 的两个投影 $a$ 和 $a'$，求 $a''$。

［作图步骤］

①过原点 $O$ 画 45°斜线［见图 2-2-2(b)］。

②根据点的垂直规律，过 $a'$ 向右作 $Z$ 轴的垂线，$a''$ 必在该垂线上。

③过 $a$ 作 $Y_H$ 轴的垂线与 45°斜线相交，并由交点向上引铅垂线，与过 $a'$ 的水平线的交点即为所求点 $a''$［见图 2-2-2(c)］。

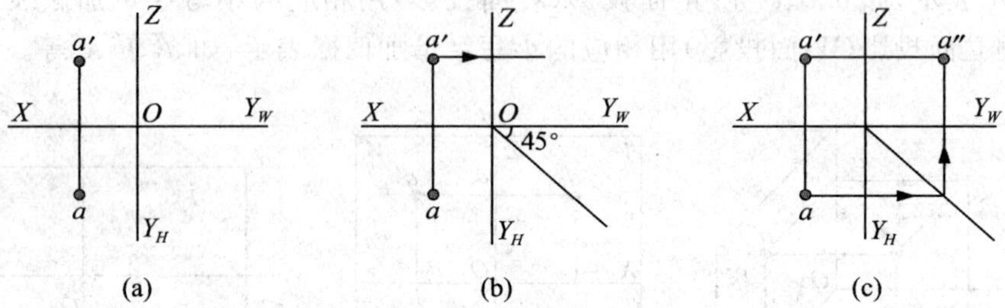


图 2-2-2 求点的第三面投影

3. 各种位置点的投影

点的位置有在空间、在投影面上、在投影轴上以及在原点上四种情况，各有不同的投影特征。

(1)在空间的点

点的三个投影都在相应的投影面上，不可能在轴及原点上，如图 2-2-1(a)所示。

(2)在投影面上的点

一个投影与空间点重合，另两个投影在相应的投影轴上。它们的投影仍完全符合上述两条基本投影规律。如图 2-2-3 所示，$A$ 点在 $V$ 面上，$B$ 点在 $H$ 面上，$C$ 点在 $W$ 面上。

(3)在投影轴上的点

两个投影与空间点重合，另一个投影在原点上。如图 2-2-3 所示，$D$ 点在 $OZ$ 轴上。

(4)在原点上的点

点的三个投影与空间点都重合在原点上。

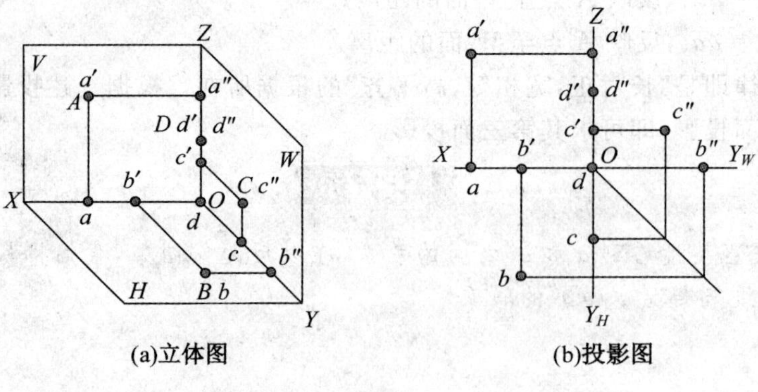


图 2-2-3 特殊位置点的投影

## 二、点的投影与点的空间直角坐标

如果把三面投影体系当作直角坐标系，把各投影面当作坐标面，把各投影轴当作坐标轴，则点到三个投影面的距离，就是点的三个坐标数值。

(1)$A$ 点到 $W$ 面的距离为其 $X$ 坐标，即 $Aa''=aa_y=a'a_z=X_A$；

(2)$A$ 点到 $V$ 面的距离为其 $Y$ 坐标，即 $Aa'=aa_x=a''a_z=Y_A$；

(3)$A$ 点到 $H$ 面的距离为其 $Z$ 坐标，即 $Aa=a'a_x=a''a_y=Z_A$。

则点在空间的位置可用坐标确定，如空间 $A$ 点的坐标可表示为 $A(X_A,Y_A,Z_A)$；而点的每个投影只反映两个坐标，其投影与坐标的关系如下：

(1)$A$ 点的 $H$ 面投影 $a$ 可反映该点的 $X$ 和 $Y$ 坐标；

(2)$A$ 点的 $V$ 面投影 $a'$ 可反映该点的 $X$ 和 $Z$ 坐标；

(3)$A$ 点的 $W$ 面投影 $a''$ 可反映该点的 $Y$ 和 $Z$ 坐标。

因此，如果已知一点 A 的三面投影 $a$、$a'$ 和 $a''$，就可从图中量出该点的三个坐标；反之，如果已知 $A$ 点的三个坐标，就能作出该点的三面投影。

**课堂思考**

如果点在投影面上、点在投影轴上，点的坐标各有什么特点？

**【例题 2-2-2】** 已知点 $A(30,10,20)$，求作点 $A$ 的三面投影图。

[作图步骤]

①作出三个投影轴及原点 $O$，在 $OX$ 轴上自 $O$ 点向左量取 30 个单位，得到 $a_x$ 点，如图 2-2-4(a)所示。

②过 $a_x$ 点作 $OX$ 轴的垂线，由 $a_x$ 向上量取 $Z=20$ 个单位，得 $V$ 面投影 $a'$，向下量取 $Y_H=10$ 个单位，得 $H$ 面投影 $a$，如图 2-2-4(b)所示。

③过 $a'$ 作水平线平行于 $OX$ 轴并与 $OZ$ 轴相交于 $a_z$，量取 $a_za''=Y=a_xa$，得 $W$ 面投影 $a''$，如图 2-2-4(c)所示。$a$、$a'$、$a''$ 即为所求。

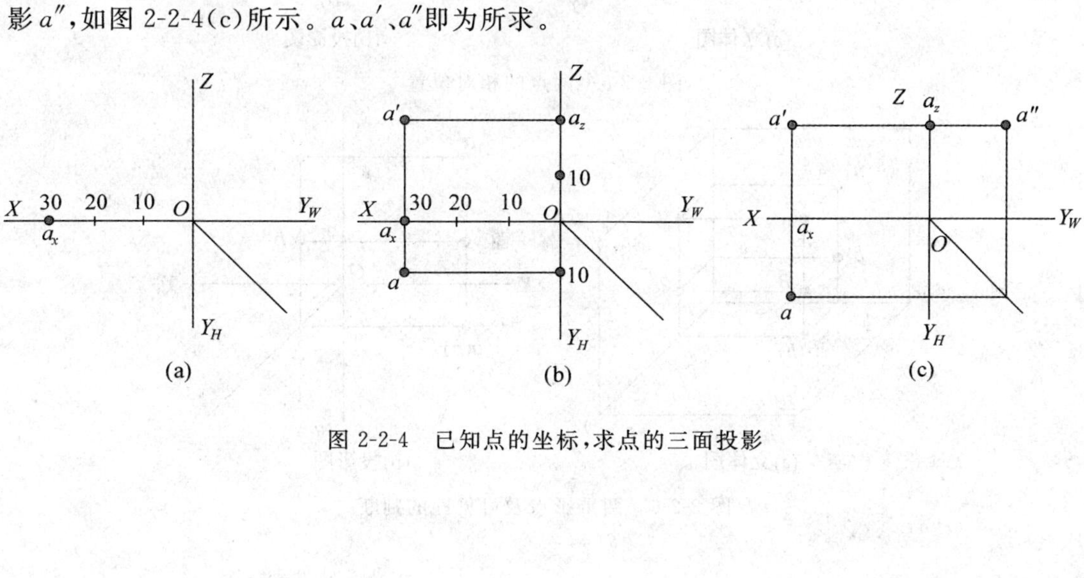


图 2-2-4 已知点的坐标，求点的三面投影

## 三、两点的相对位置

1.两点的相对位置

空间每个点均具有前后、左右、上下六个方位。空间两点的相对位置是以其中某一点为基准来判断另一点在该点的前后、左右、上下的位置，这可用点的坐标值的大小或两点的坐标差来判定。具体地说就是：$X$ 坐标大者在左边，$X$ 坐标小者在右边；$Y$ 坐标大者在前边，$Y$ 坐标小者在后边；$Z$ 坐标大者在上边，$Z$ 坐标小者在下边。

如图 2-2-5 所示，如以 $A$ 点为基准，由于 $X_B < X_A$，$Y_B > Y_A$，$Z_B < Z_A$，所以 $B$ 点在 $A$ 点的右、前、下方。

2.重影点及投影的可见性

当空间两点位于其投影面的同一投影线上时，它们在该投影面上的投影重合为一点，这两点称为该投影面的重影点。如图 2-2-6 所示，$A$、$B$ 两点处在 $H$ 面的同一投影线上，它们的水平投影 $a$ 和 $b$ 重影为一点，因此，空间点 $A$、$B$ 称为水平投影面的重影点。

重影点可见性的判别，一般根据($X$,$Y$,$Z$)三个坐标值中不相同的那个坐标值来判断，其中坐标值大的点投影可见。制图标准规定，在不可见的点的投影上加圆括号。如图 2-2-6 所示，$A$ 点的 $Z$ 坐标值大于 $B$ 点的 $Z$ 坐标值，可知 $A$ 点在 $B$ 点上方，$B$ 点为不可见点，其水平投影应加括号。

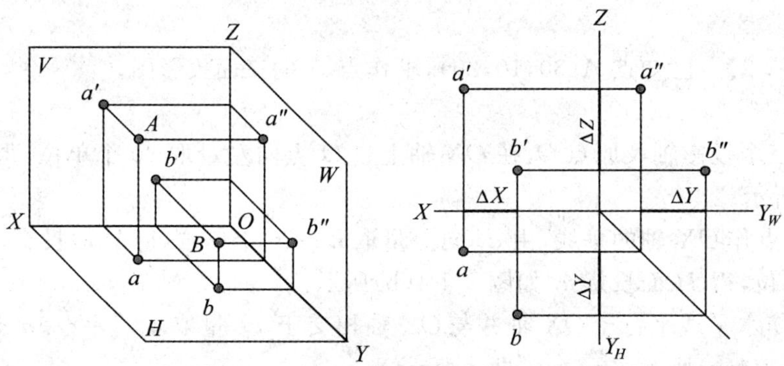


(a)立体图　　(b)投影图

图 2-2-5　两点的相对位置

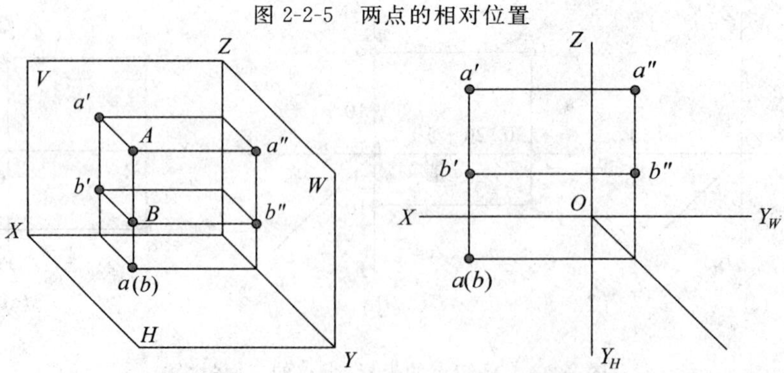


(a)立体图　　(b)投影图

图 2-2-6　两重影点及可见性的判断

**课堂思考**

1. 两重影点能否在两个投影面同时重影？
2. 如果两点重影，那么这两个点的坐标有何特点？

# 第三节　直线的投影

## 一、直线的投影知识

本节所研究的直线是指有长度的直线——直线段。

1. 直线投影的形成

两点确定一条直线，因此要作直线的投影，只需画出直线上任意两点的投影，连接其同面投影，即为直线的投影。对直线段而言，一般用线段的两个端点的投影来确定直线的投影。

2. 直线对于一个投影面的投影特性

空间直线相对于一个投影面的位置有平行、垂直、倾斜三种，各有不同的投影特性(见图 2-3-1)。

(1)实形性

当直线与投影面平行时，则直线的投影为实长。

(2)积聚性

当直线与投影面垂直时，则直线的投影积聚为一点。

(3)类似性

当直线与投影面倾斜时，则直线的投影小于直线的实长。

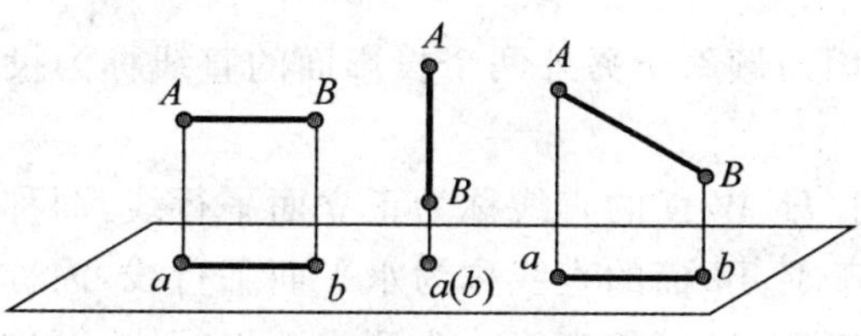


图 2-3-1　直线相对于一个投影面的投影特性

3. 直线对投影面的倾角

直线与投影面的夹角(即直线和它在某一投影面上的投影间的夹角)，称为直线对该投影面的倾角。

在三面投影体系中，直线对 $H$ 面的倾角为 $\alpha$ 角，$\alpha$ 角的大小等于 $AB$ 与 $ab$ 的夹角；直线对 $V$ 面的倾角为 $\beta$ 角，$\beta$ 角的大小等于 $AB$ 与 $a'b'$ 的夹角；直线对 $W$ 面的倾角为 $\gamma$ 角，$\gamma$ 角的大小等于 $AB$ 与 $a''b''$ 的夹角，如图 2-3-2 所示。

### 二、各种位置直线的投影

在三面投影体系中，直线按所处空间位置的不同，也分为三类：一般位置直线、投影面平行线、投影面垂直线。

1. 一般位置直线

对三个投影面都倾斜（不平行也不垂直）的直线称为一般位置直线，简称“一般线”，如图 2-3-2(a)所示。

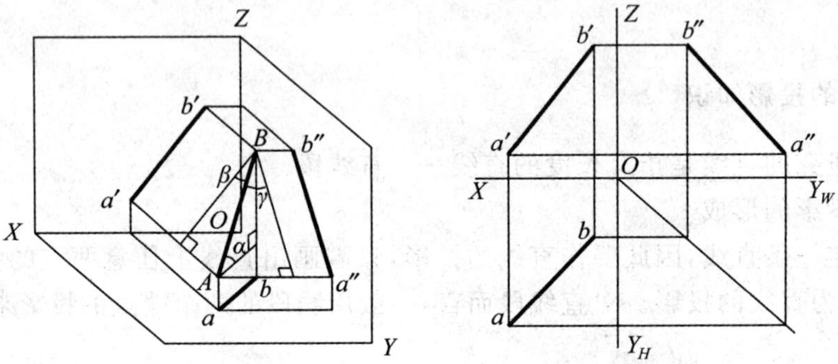


(a)立体图 (b)投影图

图 2-3-2 直线对投影面的倾角

一般位置直线的投影特征：

(1)由图 2-3-2 可知：$ab=AB\cos\alpha$，$a'b'=AB\cos\beta$，$a''b''=AB\cos\gamma$。而对于一般位置直线而言，$\alpha$、$\beta$、$\gamma$ 均不为零，即 $\cos\alpha$、$\cos\beta$、$\cos\gamma$ 均小于 1，则所有一般位置直线的三个投影都小于实长。

(2)一般位置直线的三面投影都倾斜于各投影轴，且各投影与相应的投影轴所成之夹角都不反映直线对相应投影面的真实倾角，如图 2-3-2(b)所示。

2. 投影面平行线

只平行于某一投影面而倾斜于另外两个投影面的直线称为投影面平行线。投影面平行线有三种情况：

与 $V$ 面平行，倾斜于 $H$、$W$ 面的直线称为正立面平行线，简称“正平线”；

与 $H$ 面平行，倾斜于 $V$、$W$ 面的直线称为水平面平行线，简称“水平线”；

与 $W$ 面平行，倾斜于 $H$、$V$ 面的直线称为侧立面平行线，简称“侧平线”。

表 2-3-1 列出了投影面平行线的投影。

表 2-3-1　　投影面平行线的投影

| 投影面平行线 | 立体图 | 投影图 |
|---|---|---|
| 水平线 | 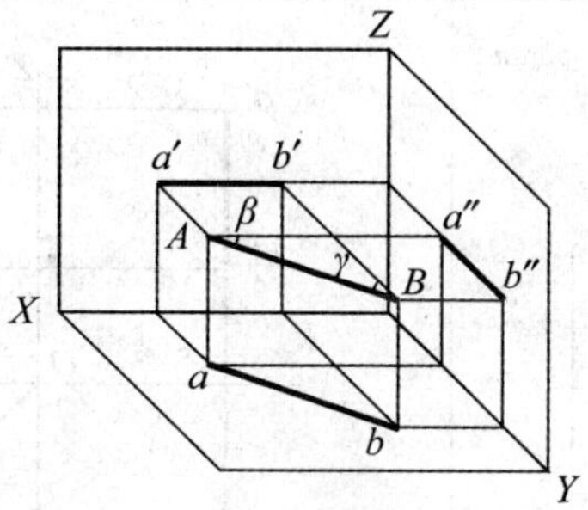 | 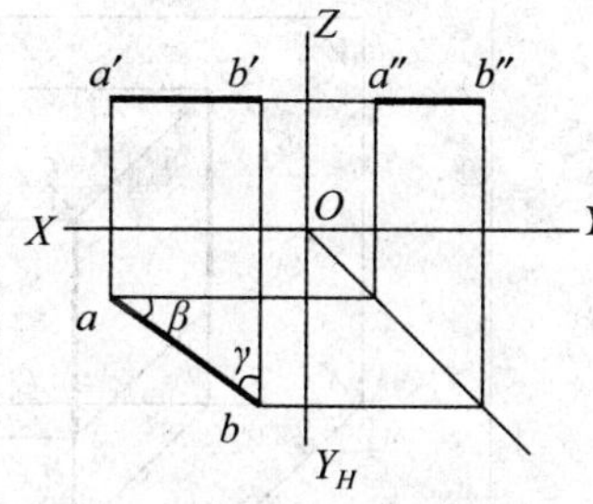 |
| 正平线 | 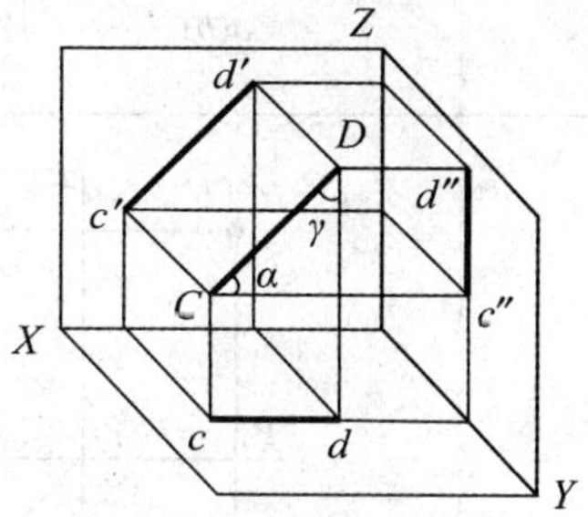 | 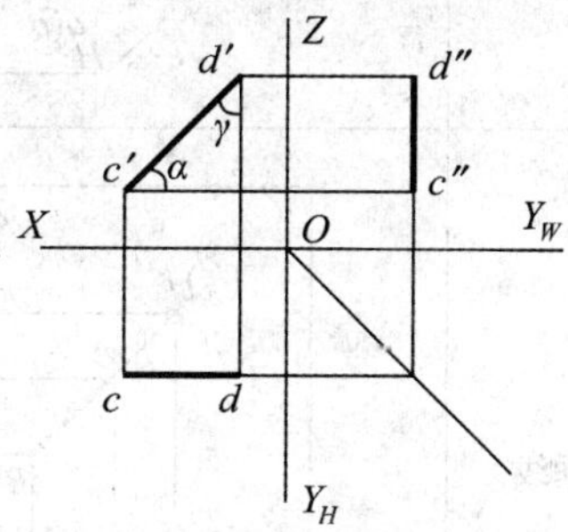 |
| 侧平线 | 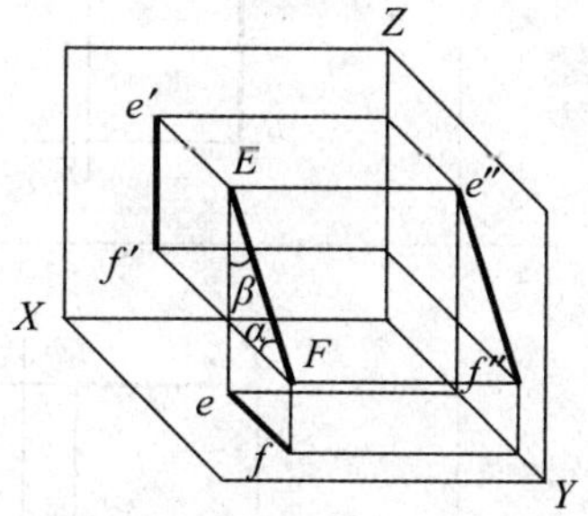 | 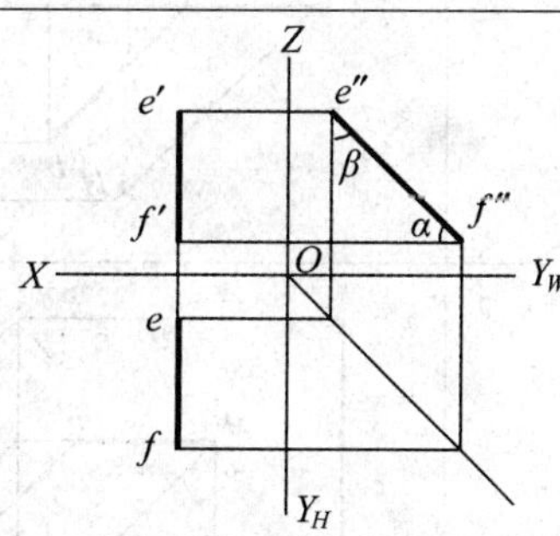 |

由表 2-3-1 可归纳出投影面平行线的投影特征：

①直线在所平行的投影面上的投影反映实长，且该投影与相应投影轴所成之夹角，反映直线对其他两投影面的倾角。

②直线其他两投影均小于实长，且平行于相应的投影轴。

3. 投影面垂直线

垂直于一个投影面的直线称为投影面垂直线。垂直于一个投影面，必平行于另两个投影面。投影面垂直线有三种情况：

垂直于 $H$ 面的称为水平面垂直线，简称“铅垂线”；

垂直于 $V$ 面的称为正立面垂直线，简称“正垂线”；

垂直于 $W$ 面的称为侧立面垂直线，简称“侧垂线”。

表 2-3-2 列出了投影面垂直线的投影。

表 2-3-2　　投影面垂直线的投影

| 投影面垂直线 | 立体图 | 投影图 |
|---|---|---|
| 铅垂线 | 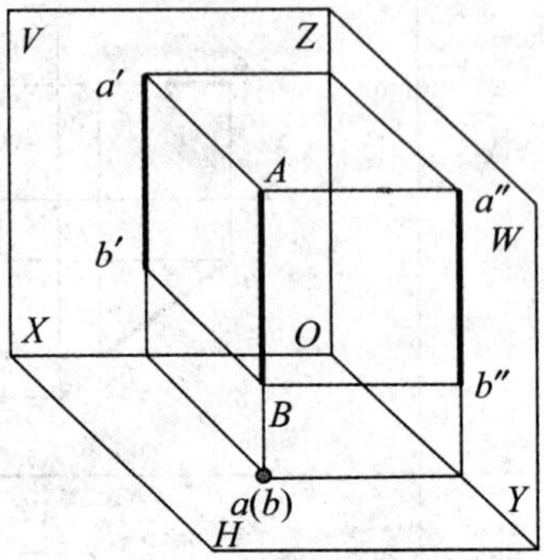 | 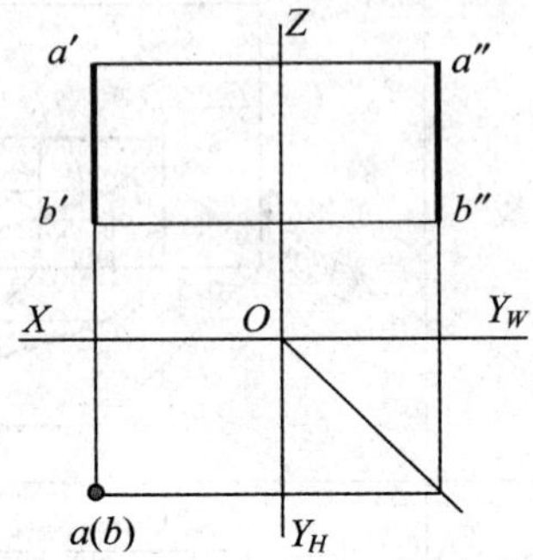 |
| 正垂线 | 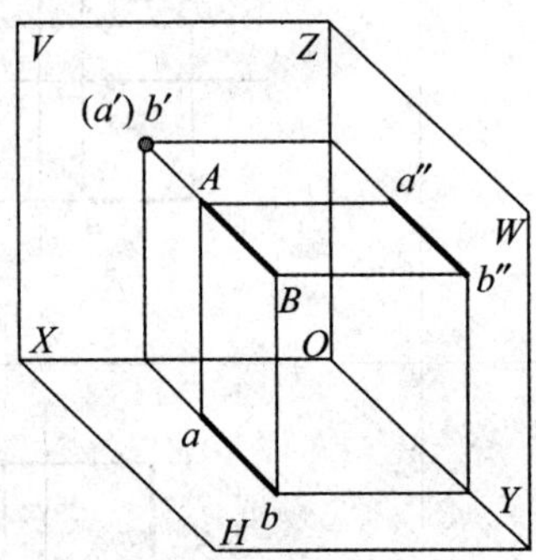 | 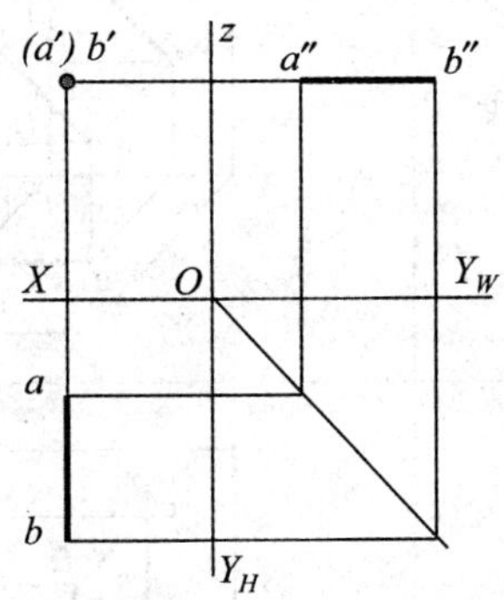 |
| 侧垂线 | 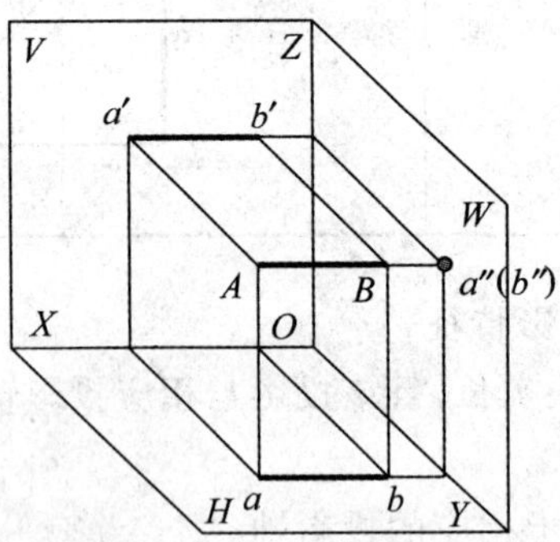 | 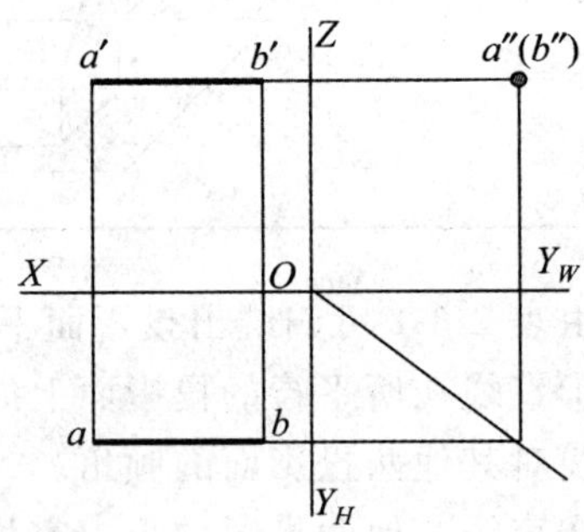 |

由表 2-3-2 可归纳出投影面垂直线的投影特征：

①投影面垂直线在所垂直的投影面上的投影积聚成一点。

②投影面垂直线其他两投影与相应的投影轴垂直，并都反映实长。

**课堂思考**

1. 在三面投影体系中，直线的位置关系从最常见到最特殊的顺序是怎样的？
2. 投影面平行线和投影面垂直线的投影特性有何不同？

### 三、一般位置直线的实长和倾角

特殊位置直线如投影面的垂直线和投影面的平行线可由投影图直接定出直线段的实长和对投影面的倾角。对于一般位置直线而言，其投影图既不反映实长，也不反映倾角，要想求得一般线的实长和倾角，可以采用直角三角形法。

如图 2-3-3(a)所示，在 $ABba$ 所构成的投射平面内，过 $A$ 点作 $ab$ 的平行线，交 $Bb$ 于一点 $A_1$，则$\angle BAA_1$ 就是 $AB$ 直线对 $H$ 面的倾角 $\alpha$。所以只要在投影图上作出直角三角形 $BAA_1$ 的实形，即可求出 $AB$ 直线的实长和倾角 $\alpha$。

其中，直角边 $AA_1=ab$，即 $AA_1$ 为 $AB$ 的 $H$ 面投影，是已知的；另一直角边 $BA_1$ 是直线 $AB$ 两端点的 $Z$ 轴坐标差，即 $BA_1=Z_B-Z_A$，从 $V$ 面投影图中可以量得，也是已知的，则斜边 $AB$ 即为实长。斜边 $AB$ 和直角边 $AA_1$ 的夹角，即是直线 $AB$ 对 $H$ 面的倾角。

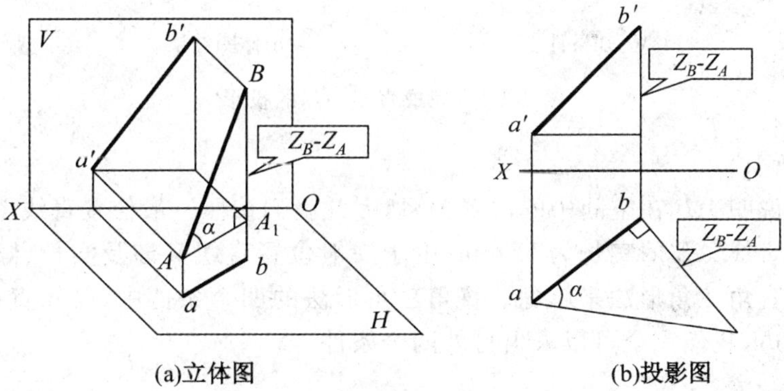

(a)立体图　(b)投影图

图 2-3-3　求直线的实长及倾角

综上所述，这种利用直角三角形求一般位置直线的实长及倾角的方法称为直角三角形法。其作图步骤为：

(1)以直线段的一个投影为第一条直角边。

(2)以直线段两端点相对于该投影面的坐标差为第二条直角边。

(3)所构成的直角三角形的斜边即为直线段的空间实长。

(4)斜边与第一条直角边之间的夹角即为直线对该投影面的倾角。

在直角三角形法中，涉及直线实长、直线的一个投影、直线与该投影所在投影面的倾角及另一投影两端点的坐标差四个参数，只要已知其中的两个，就可作出一个直角三角形，从而求得其余参数。

**特别提示**

求直线对哪个面的倾角，就应该以直线在哪个面的投影作为第一条直角边，并且在该投影面中构建直角三角形。但如果仅仅求直线的实长，则在任何投影面构建直角三角形均可。

**【例题 2-3-1】** 已知直线 $AB$ 的实长为 20 mm，$AB$ 的 $V$ 面投影 $a'b'$ 及 $a$［见图 2-3-4(a)］，求 $b$。

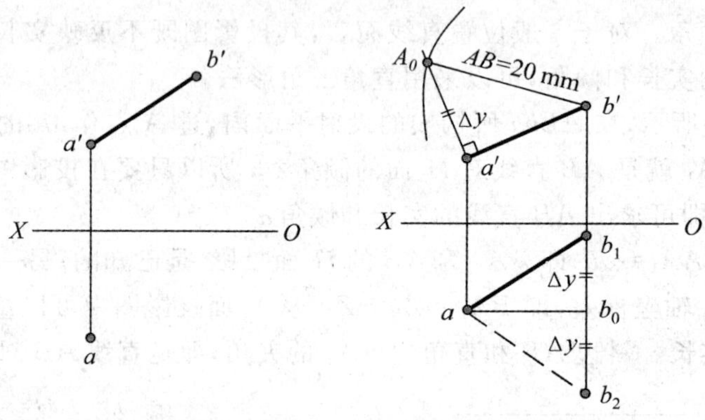


(a)已知条件　　(b)作图结果

图 2-3-4　完成直线 $AB$ 的投影

［思路分析］

本题中未说明 $AB$ 在空间中的位置关系，因此我们按照一般位置直线考虑。另外，本题中提到空间直线 $AB$ 的实长为20 mm，由于一般位置直线又涉及实长、倾角等问题，故我们一般采用直角三角形法来解题。直角三角形法的四个条件中，已知直线的实长和直线的一条直角边，我们完全可以求出另外两个条件。

［作图步骤］

①过 $a'$ 作 $a'b'$ 的垂线，然后以 $b'$ 为圆心，$AB=20$ mm为半径作圆弧，与垂线相交于 $A_0$ 点，连接 $A_0b'$，得直角三角形。

②过 $b'$ 作 $OX$ 轴的垂线，再过 $a$ 作 $OX$ 轴的平行线，两直线相交于 $b_0$，在 $b'b_0$ 线上截取 $\Delta y$ 坐标差，得 $b_1$ 点，边 $ab_1$ 即为所求。

③同理，连接 $ab_2$ 也为所求，所以本题有两解［见图 2-3-4(b)］。

**四、直线上的点**

直线上的点除符合点的三面投影规律(垂直规律和等距规律)外，还具有如下的投影特征：

1. 从属性

点在直线上，则点的各个投影必在直线的同面投影上。

2. 定比性

点分割直线段成定比，其投影也分割线段的投影成相同的比例。

【例题 2-3-2】 已知线段 $AB$ 以及点 $K$ 的 $V$ 面和 $H$ 面投影，判断点 $K$ 是否在线段 $AB$ 上。

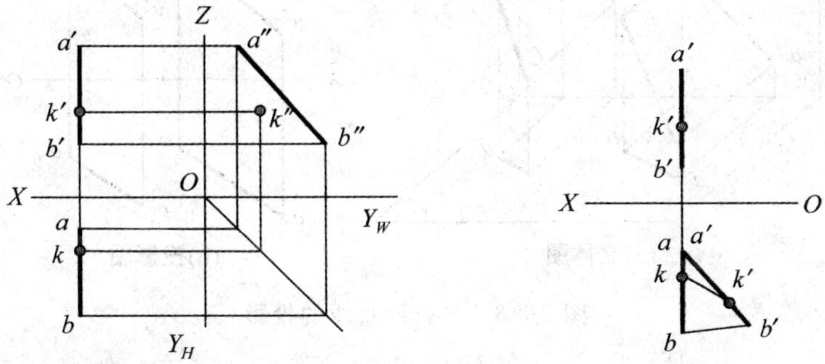


(a)方法一　(b)方法二

图 2-3-5　判断点是否在直线上

［思路分析］

判断点是否在直线上，一般只要观察其两面投影即可。但对于特殊位置直线，如本题中的侧平线 $AB$，只考虑其 $V$、$H$ 两面投影还不行，可作出其 $W$ 面投影来判定，或用定比性来判定。

［作图步骤］

方法一：用从属性来判定。如图 2-3-5(a)所示，作出 $AB$ 和 $K$ 的 $W$ 面投影，由作图结果可知，$k''$在 $a''b''$外面，因此 $K$ 点不在直线 $AB$ 上。

方法二：用定比性来判定。如图 2-3-5(b)所示，将直线 $AB$ 的 $V$ 面投影 $a'b'$，连同 $k'$ 一起移动到直线 $AB$ 的 $H$ 面投影上，使 $a$ 点和 $a'$ 点重合。连接 $kk'$，因 $kk'$不平行于 $bb'$，说明 $K$ 点不在直线 $AB$ 上。

**五、两直线的相对位置关系**

空间两直线的相对位置分为三种情况：平行、相交和交叉。其中，平行两直线和相交两直线称为共面直线，交叉两直线称为异面直线。

1. 两直线平行

(1)投影特征

两直线在空间中互相平行，则其各同面投影互相平行且比值相等。

如图 2-3-6 所示，$AB$、$CD$ 均为一般位置直线，如果 $AB /\!/ CD$，则 $ab /\!/ cd$，$a'b' /\!/ c'd'$，且 $AB : CD = ab : cd = a'b' : c'd'$。

(2)两直线平行的判定

①若两直线的各同面投影都互相平行且比值相等，则此两直线在空间一定互相平行。

②若两直线为一般位置直线，则只要有两组同面投影互相平行，即可判定两直线在空间平行。

③若两直线为某一投影面的平行线，则要用两直线在该投影面上的投影来判定其是否在空间平行。

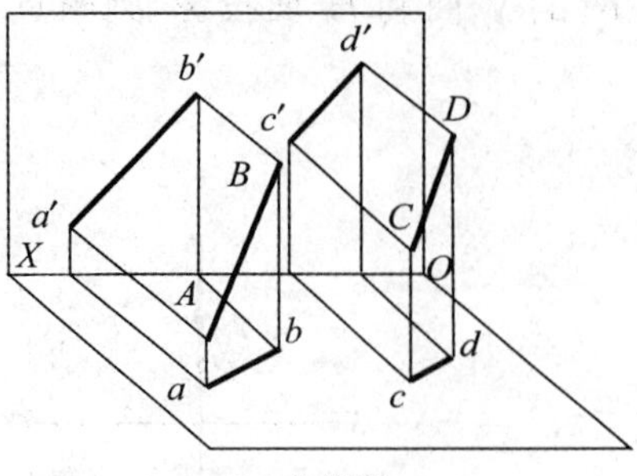


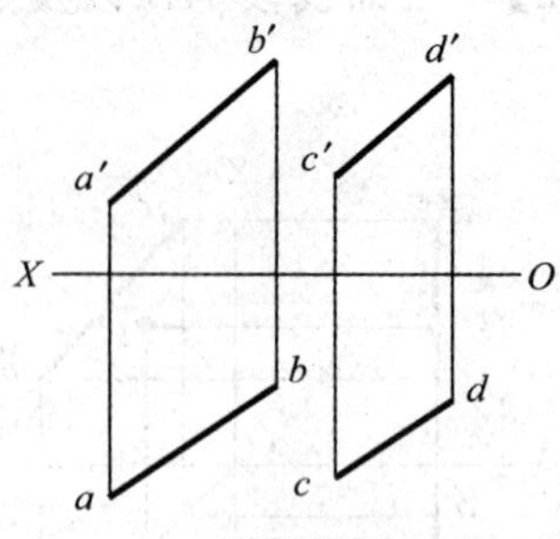


图 2-3-6　平行两直线的投影

**特别提示**

一般情况下，只要知道直线的任意两同面投影互相平行，就可以判定两直线平行。但对于和投影面平行的两直线来说，有时不能肯定，必须求出它们的侧面投影或通过判断比值是否相等才能最后确定。如图 2-3-7 所示，因为直线 $CD$ 和 $EF$ 的侧面投影 $c''d''$ 和 $e''f''$ 不平行，则 $CD$ 和 $EF$ 两直线在空间不平行。

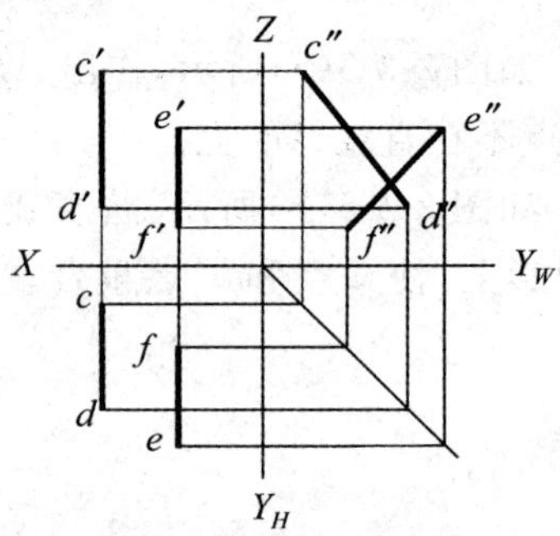


图 2-3-7　判断两直线是否平行

2. 两直线相交

(1)投影特征

相交两直线，其各同面投影必相交，且交点符合点的投影规律，即各投影交点的连线必垂直于相应的投影轴。

如图 2-3-8 所示，$AB$ 和 $CD$ 为相交两直线，其交点 $K$ 为两直线的共有点，它既是 $AB$ 上的一点，又是 $CD$ 上的一点。由于直线上的一点的投影必在该直线的同面投影上，因此，$K$ 点的 $H$ 面投影 $k$ 既应在 $ab$ 上，又应在 $cd$ 上。这样 $k$ 必然是 $ab$ 和 $cd$ 的交点；$k'$ 必然是 $a'b'$ 和 $c'd'$ 的交点；同理，$k''$ 必然是 $a''b''$ 和 $c''d''$ 的交点。

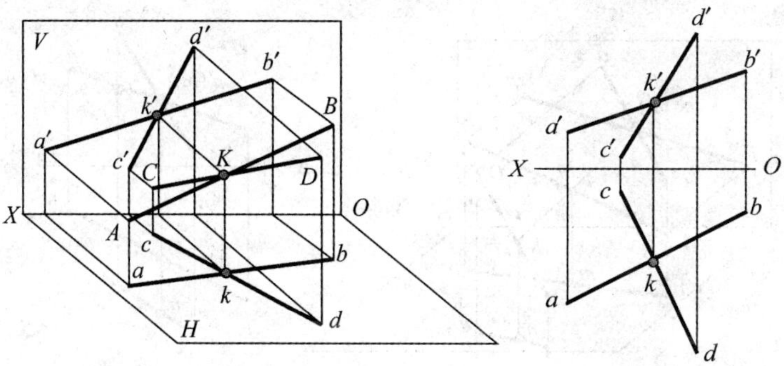


(a)立体图　　(b)投影图

图 2-3-8　相交两直线的投影

(2)两直线相交的判定

①若两直线的各同面投影都相交且交点符合点的投影规律,则此两直线为相交直线。

②对两条一般位置直线而言,只要根据任意两组同面投影即可判断两直线在空间是否相交。

③若两直线之一为投影面平行线,则要看该直线在所平行的那个投影面上的投影是否满足相交的条件,才能判定;也可以用定比性判断交点是否符合点的投影规律来验证两直线是否相交。如图 2-3-9 所示,作出直线 $AB$ 和 $CD$ 的侧面投影 $a''b''$ 和 $c''d''$ 相互平行,则 $AB$ 和 $CD$ 两直线在空间不相交。

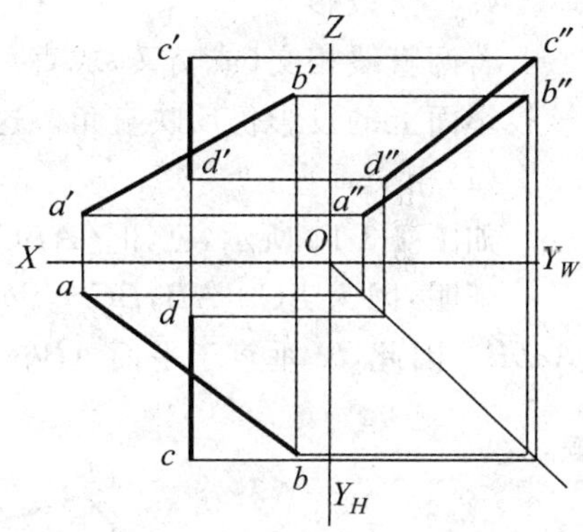


图 2-3-9　判断两直线是否相交

3. 两直线交叉

(1)投影特征

两直线在空间既不平行也不相交称为交叉。其投影特征是:各面投影既不符合平行两直线的投影特征,也不符合相交两直线的投影特征。

(2)两直线交叉的判定

若两直线的同面投影不同时平行,或同面投影虽相交但交点连线不垂直于投影轴,则该两直线必交叉。交叉两直线的投影可能有一对或两对同面投影互相平行,但决不可能三对同面投影都互相平行。交叉两直线的投影可能有一对、两对或三对同面投影相交,但其交点的连线不可能符合点的投影规律。

(3)交叉直线重影点可见性的判别

两直线交叉,其同面投影的交点为交叉两直线对该投影面重影点的投影,可根据其他投影判别其可见性。

如图 2-3-10 所示,$AB$ 和 $CD$ 是两交叉直线,其三面投影都相交,但其交点不符合点的投影规律,即 $a'b'$ 和 $c'd'$ 的交点不是一个点的投影,而是 $AB$ 上的 $M$ 点和 $CD$ 上的 $N$ 点在 $V$ 面上的重影点,$N$ 点在前,$n$ 可见,$M$ 点在后,$m$ 不可见。

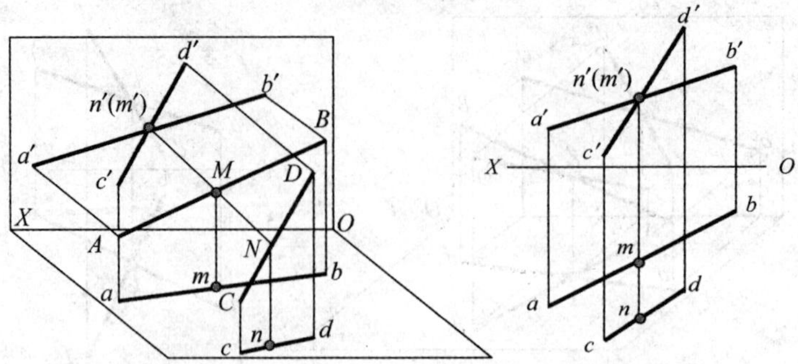


(a)立体图 (b)投影图

图 2-3-10 交叉两直线的投影

4. 直角投影

若两直线相交(或交叉)成直角,且其中有一条直线与某一投影面平行,则此直角仅在该投影面上的投影仍反映直角。这一性质称为直角定理。

(1)相交垂直

如图 2-3-11 所示,已知$\angle ABC=90^\circ$,$BC\parallel H$ 面。求证:$\angle abc=90^\circ$。

证明:因为 $BC\perp AB$,$BC\perp Bb$,则 $BC\perp$平面 $AabB$;又因为 $bc\parallel BC$,所以 $bc\perp$平面 $AabB$。因此,$bc$ 垂直于平面 $ABba$ 上的一切直线,即 $bc\perp ab$,$\angle abc=90^\circ$。

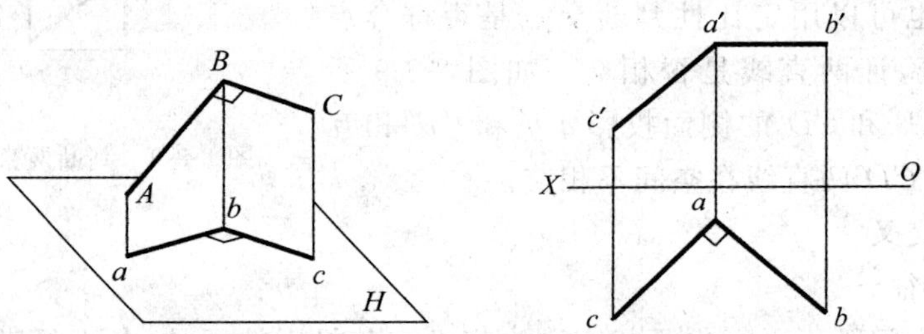


(a)立体图 (b)投影图

图 2-3-11 相交垂直的两直线

(2)交叉垂直

如图 2-3-12 所示,已知 $MN$ 与 $AB$ 成交叉直线,$AB\parallel H$ 面。求证:$mn\perp ab$。

证明:过 $AB$ 上任一点 $A$ 作 $AC\parallel MN$,则 $AB\perp AC$。根据上述证明,已知 $ac\perp ab$,又由 $AC\parallel MN$,故 $ac\parallel mn$,所以 $ab\perp mn$。

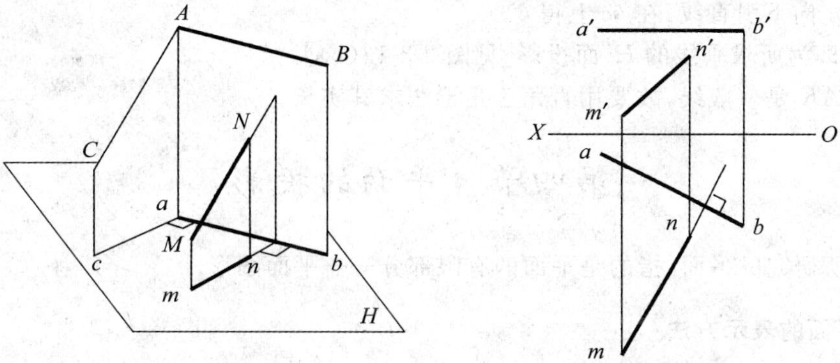


(a)立体图　　(b)投影图

图 2-3-12　交叉垂直的两直线

**课堂思考**

1. 若相交或交叉两直线的某一同面投影成直角，且有一条直线是该投影面的平行线，能否推断出两直线在空间的交角必是直角？

2. 若两直线相交（交叉）成锐角（小于 90°），并且两直线之一平行于某一投影面，则此锐角在这个投影面上的投影能否反映实际角度？

**【例题 2-3-3】** 如图 2-3-13(a)所示，求点 $A$ 到正平线 $BC$ 的距离。

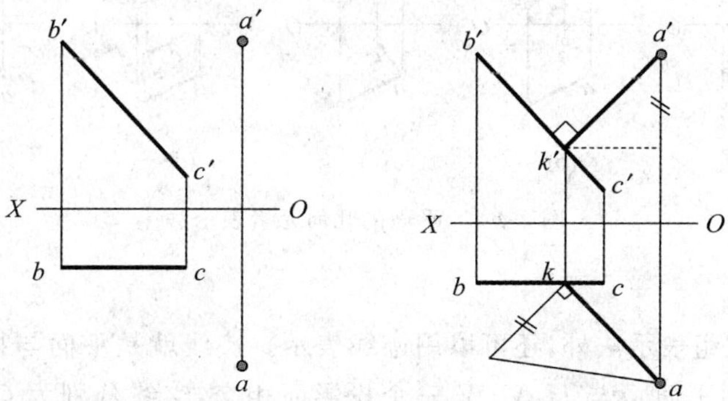


(a)已知条件　　(b)作图结果

图 2-3-13　求点到直线的距离

［思路分析］

求点 $A$ 到直线 $BC$ 的距离，要过 $A$ 点向直线 $BC$ 引垂线，$A$ 点到垂足 $K$ 之间的距离即是所求。由题意，$BC$ 平行于 $V$ 面，且 $AK$ 垂直于 $BC$，根据直角定理，两直线 $AK$ 和 $BC$ 所成直角可以由其 $V$ 面投影反映出来，即 $a'k' \perp b'c'$，由此可以作出 $AK$ 的两面投影。又通过投影判断出 $AK$ 为一般位置直线，最后可通过直角三角形法求出 $AK$ 的实长。

［作图步骤］

根据直角投影定理，其作图步骤如下：

①由 $a'$ 向 $b'c'$ 作垂线，得垂足 $k'$。

②过 $k'$ 向下引直线，在 $bc$ 上得 $k$。

③$ak$ 即为所求垂线的 $H$ 面投影[见图 2-3-13(b)]。

④因 $AK$ 是一般线，故要用直角三角形法求其实长。

# 第四节　平面的投影

本节所研究的平面，指的是平面的有限部分——平面图形。

## 一、平面的表示方法

1. 几何元素表示法

由几何学知识可知，以下任一组几何元素都可以确定一个平面。

(1)不在同一直线上的三点，如图 2-4-1(a)所示。

(2)一直线和直线外一点，如图 2-4-1(b)所示。

(3)相交两直线，如图 2-4-1(c)所示。

(4)平行两直线，如图 2-4-1(d)所示。

(5)任意平面图形，即平面的有限部分，如三角形、圆形和其他封闭平面图形，如图 2-4-1(e)所示。

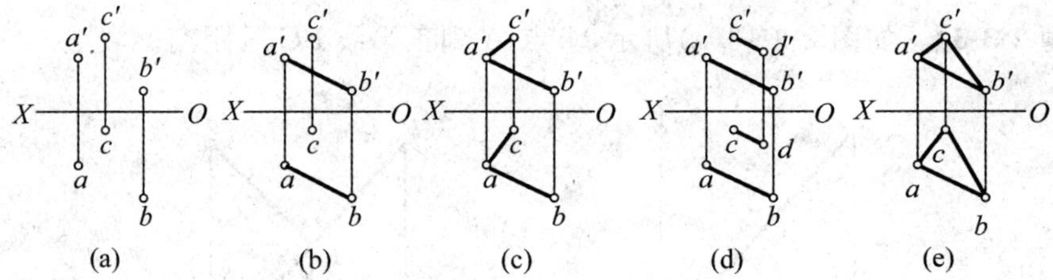


图 2-4-1　平面的几何元素表示法

2. 迹线表示法

平面除上述五组表示法外，还可以用迹线表示。迹线就是平面与投影面的交线。如图 2-4-2 所示，空间平面 $Q$ 与 $H$、$V$、$W$ 三个投影面相交，交线分别为 $Q_H$（水平迹线）、$Q_V$（正面迹线）、$Q_W$（侧面迹线）。

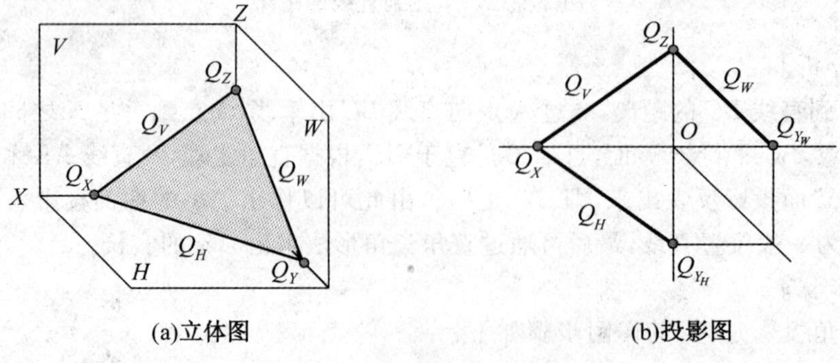


图 2-4-2　平面的迹线表示法

迹线与投影轴的交点称集合点，分别以 $Q_X$、$Q_Y$ 和 $Q_Z$ 表示。用平面三条迹线 $Q_H$、$Q_V$、$Q_W$ 的三面投影来表达平面的空间位置称为平面的迹线表示法。

**二、各种位置平面的投影特性**

平面与投影面的相对位置可分为三种：一般位置平面、投影面垂直面和投影面平行面。

1. 一般位置平面

与三个投影面都倾斜（既不平行也不垂直）的平面称为一般位置平面，简称“一般面”。图 2-4-3 中所示的平面 $ABC$ 即为一个一般位置平面。

一般位置平面的投影特征：三个投影都没有积聚性，均为小于平面实形的类似形。

平面与投影面的夹角称为平面的倾角；平面对投影面 $H$、$V$ 和 $W$ 面的倾角仍分别用 $\alpha$、$\beta$、$\gamma$ 表示。一般位置平面的倾角也不能由平面的投影直接反映出来。

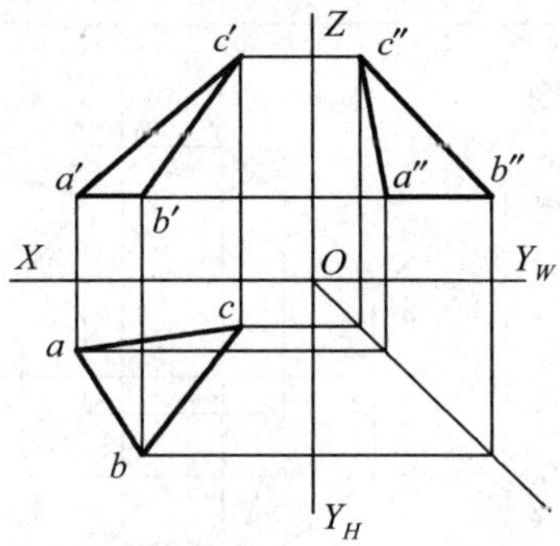

(a)投影图

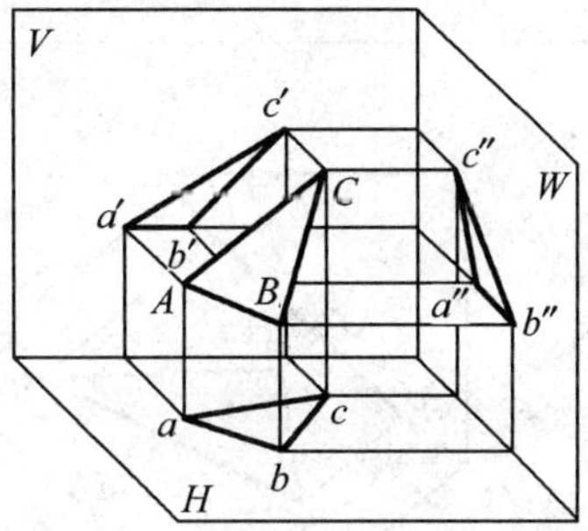

(b)立体图

图 2-4-3　一般位置平面

2. 投影面垂直面

垂直于一个投影面，与另两个投影面都倾斜的平面称为投影面垂直面，简称“垂直面”。如表 2-4-1 所示，投影面垂直面有三种情况：

(1)垂直于 $H$ 面的称为水平面垂直面，简称“铅垂面”。

(2)垂直于 $V$ 面的称为正立面垂直面，简称“正垂面”。

(3)垂直于 $W$ 面的称为侧立面垂直面，简称“侧垂面”。

表 2-4-1　　　　　　　　　　　　**投影面垂直面的投影**

| 投影面垂直面 | 立体图 | 投影图 |
|---|---|---|
| 铅垂面 | 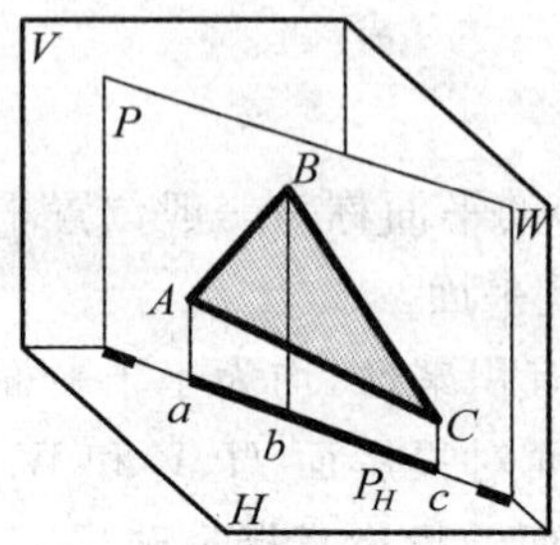 | 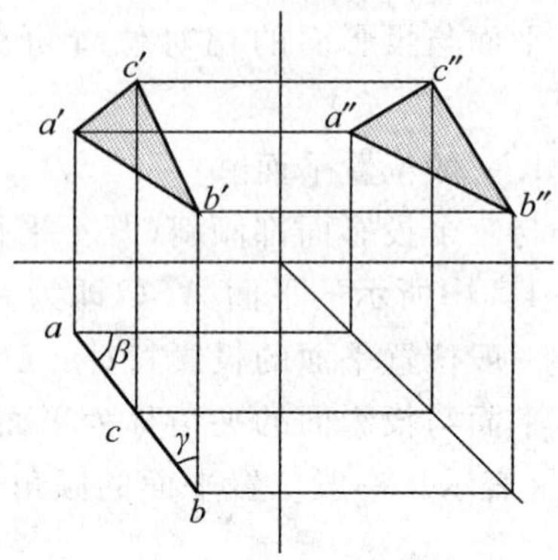 |
| 正垂面 | 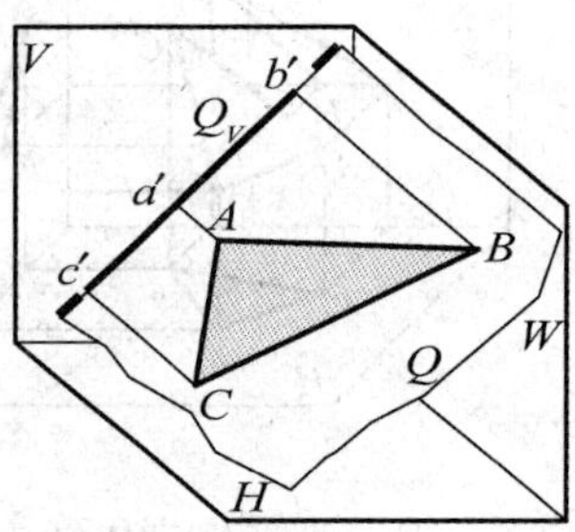 | 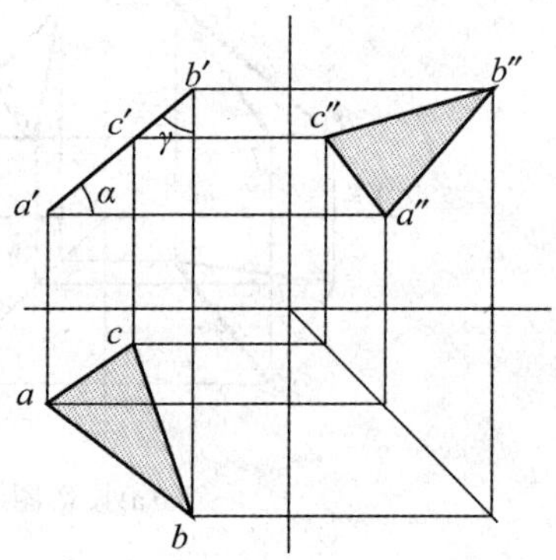 |
| 侧垂面 | 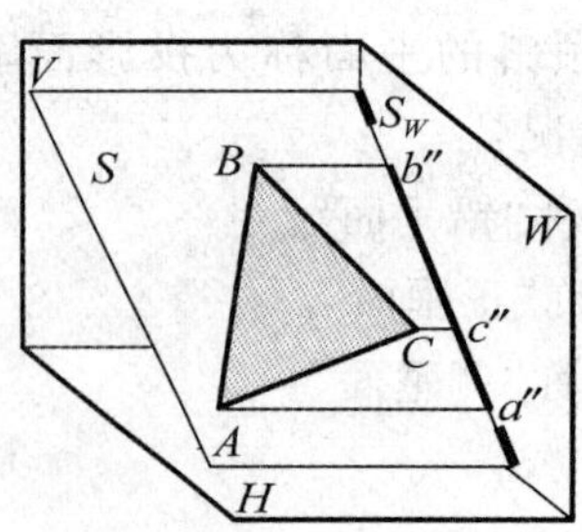 | 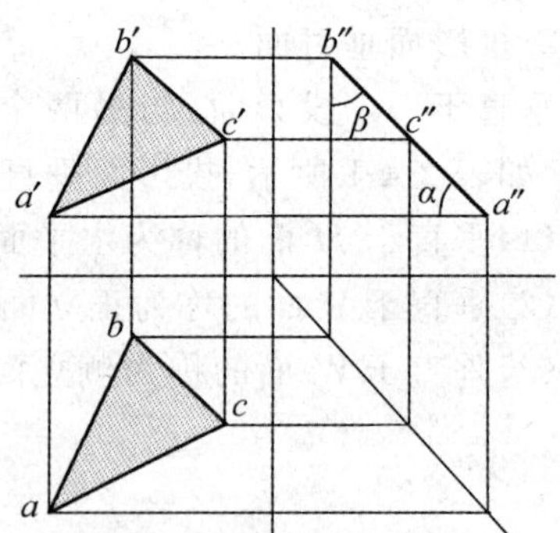 |

由表 2-4-1 可归纳出投影面垂直面的投影特征：

平面在所垂直的投影面上的投影积聚成一直线，且它与相应投影轴所成的夹角即为该平面对其他两个投影面的倾角；另外两个投影为平面的类似图形且小于平面实形。

3. 投影面平行面

平行于某一投影面，与另两个投影面都垂直的平面称为投影面平行面，简称“平行面”。如表 2-4-2 所示，投影面平行面有三种情况：

(1)平行于 $H$ 面的称为水平面平行面，简称“水平面”。

(2)平行于 $V$ 面的称为正立面平行面，简称“正平面”。

(3)平行于 $W$ 面的称为侧立面平行面，简称“侧平面”。

表 2-4-2　　投影面平行面的投影

<table>
<tr><th>投影面平行面</th><th>立体图</th><th>投影图</th></tr>
<tr><td>水平面</td><td>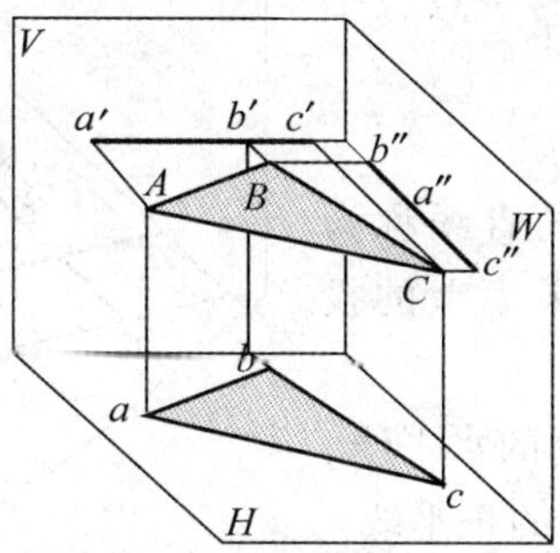
</td><td>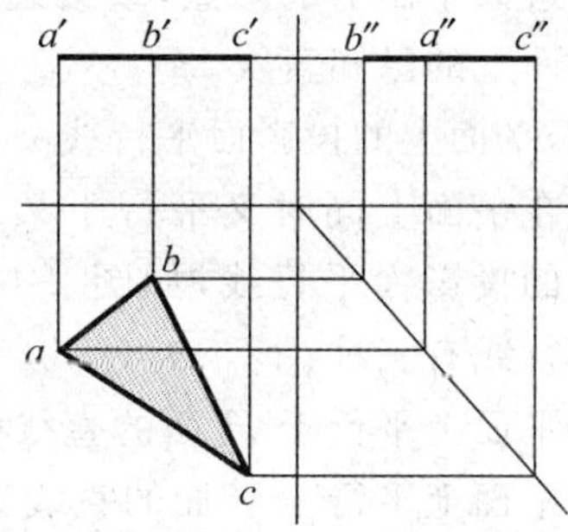
</td></tr>
<tr><td>正平面</td><td>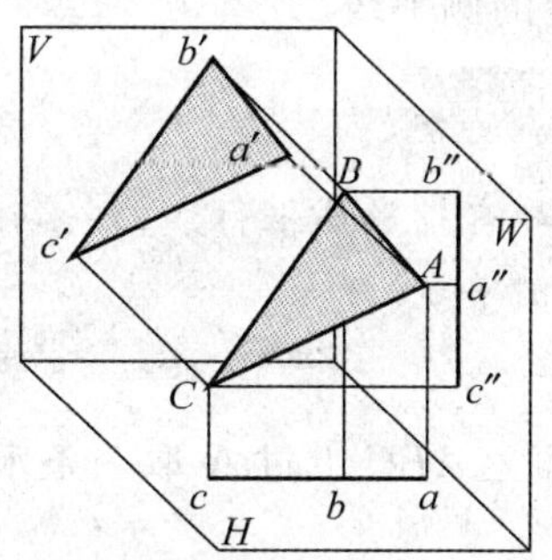
</td><td>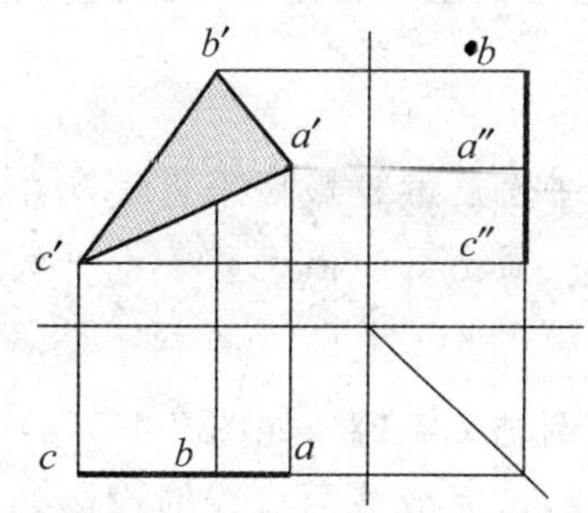
</td></tr>
<tr><td>侧平面</td><td>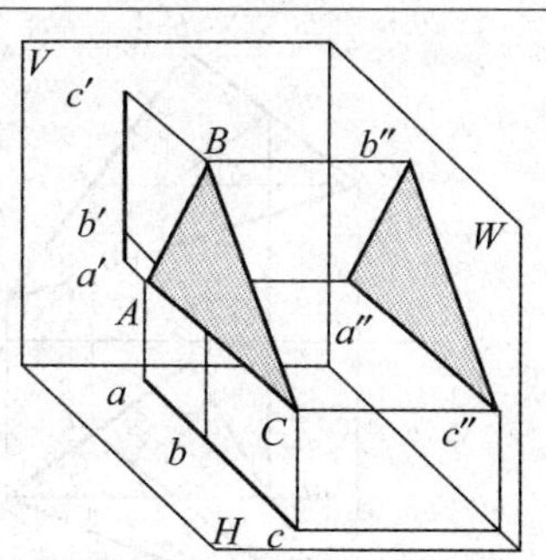
</td><td>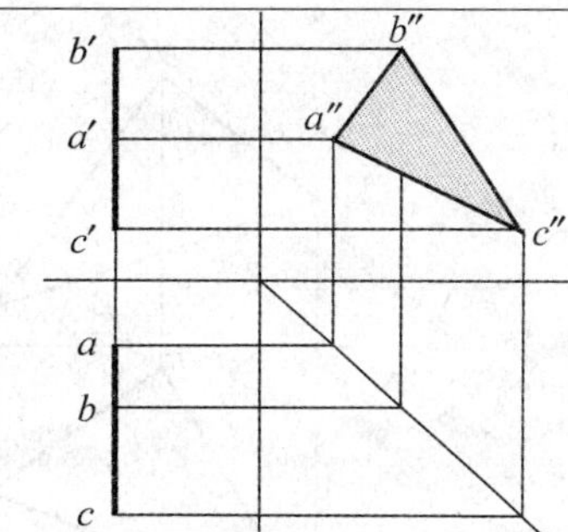
</td></tr>
</table>

由表 2-4-2 可归纳出投影面垂直面的投影特征：

平面在所平行的投影面上的投影反映实形，其他两个投影都积聚成与相应投影轴平行的直线。

**课堂思考**

1. 比较直线的投影特性与平面的投影特性的异同点。

2. 如果三面投影图中，其中两个面的投影为普通三角形，能否判定三角形所确定的平面为一般位置平面？

### 三、平面上的点和直线

1. 平面上的直线

判断直线在平面内的几何条件是：直线在平面上，则必通过该平面上的两点，或者通过平面内的一点且平行于平面上的已知直线。

(1)平面上的投影面平行线

既在平面上同时又平行于某一投影面的直线称为平面上的投影面平行线，如图 2-4-4 所示。平面上的投影面平行线有三种：

①平面上平行于 $H$ 面的直线称为平面上的水平线。

②平面上平行于 $V$ 面的直线称为平面上的正平线。

③平面上平行于 $W$ 面的直线称为平面上的侧平线。

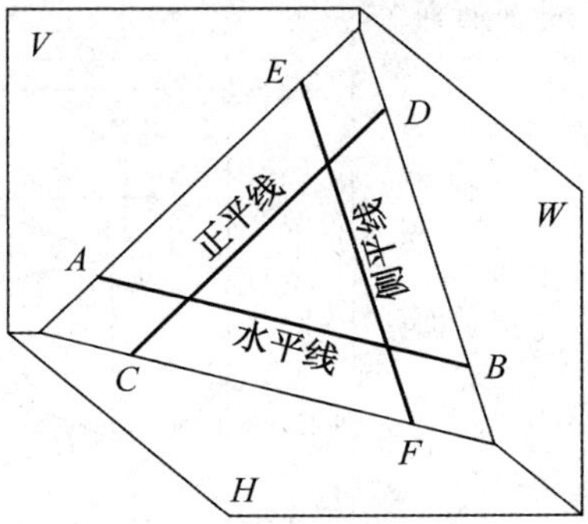


图 2-4-4 平面内的投影面平行线

**特别提示**

平面上的投影面平行线既在平面上，又具有投影面平行线的一切投影特征；并且在同一平面上可作出无数条水平线、正平线和侧平线。

**【例题 2-4-1】** 如图 2-4-5(a)所示，在平面△$ABC$ 上过 $A$ 取一条水平线，过 $C$ 取一条正平线，试完成该两直线的投影。

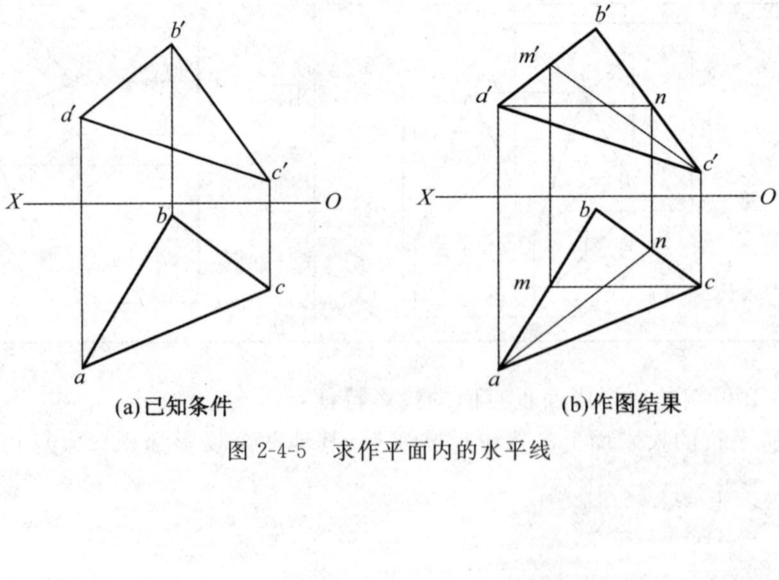


图 2-4-5 求作平面内的水平线

[作图步骤]

①过 $a'$ 作 $a'n' /\!/ OX$，交 $b'c'$ 于 $n'$，然后过 $n'$ 作 $OX$ 轴的垂线，交 $bc$ 于一点 $n$。连接 $an$，$AN(an,a'n')$ 即为平面上的水平线，如图 2-4-5(b)所示。

②过 $c$ 作 $cm /\!/ OX$，交 $ab$ 于 $m$，然后过 $m$ 作 $OX$ 轴的垂线，交 $a'b'$ 于一点 $m'$。连接 $c'm'$，$CM(cm,c'm')$ 即为平面上的正平线，如图 2-4-5(b)所示。

(2)平面上的最大坡度线

平面上对投影面倾角为最大的直线称为平面上对投影面的最大坡度线，它必垂直于平面内的该投影面的平行线。最大坡度线有三种：垂直于水平线的称为对 $H$ 面的最大坡度线；垂直于正平线的称为对 $V$ 面的最大坡度线；垂直于侧平线的称为对 $W$ 面的最大坡度线。

如图 2-4-6 所示，$\triangle ABC$ 扩展成平面 $P$ 后，它与 $H$ 面的交线为 $P_H$。在 $\triangle ABC$ 上作水平线 $BG$，则 $P_H /\!/ BG$。过 $A$ 点作 $AD \perp P_H$，则 $AD$ 对 $H$ 面的倾角 $\alpha$ 为最大。

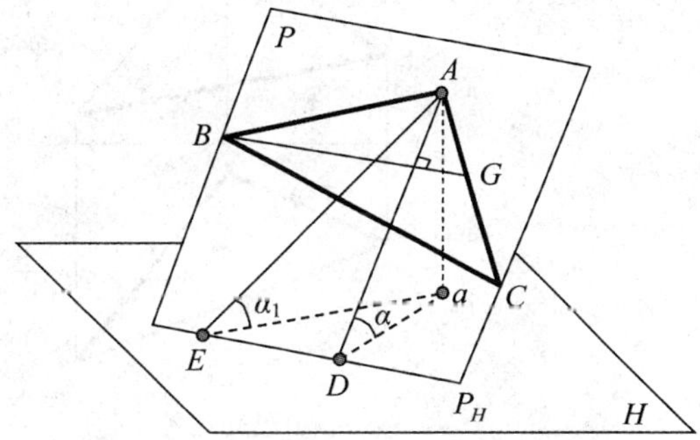


图 2-4-6　平面上的最大坡度线

现证明直线 $AD$ 对 $H$ 面的倾角为最大，过程如下：

①过 $A$ 点任作一条直线 $AE$，它对 $H$ 面的倾角为 $\alpha_1$。

②在 Rt$\triangle ADa$ 中，$\sin\alpha = Aa/AD$；在 Rt$\triangle AEa$ 中，$\sin\alpha_1 = Aa/AE$。又因为$\triangle ADE$ 为直角三角形，$AD<AE$，所以 $\alpha>\alpha_1$。

③所以，垂直于 $P_H$ 的直线 $AD$ 对 $H$ 面的倾角为最大，因此称其为最大坡度线。

同理，平面上对 $V$、$W$ 面的最大坡度线也分别垂直于平面上的正平线和侧平线。由于 $AD \perp P_H$，$aD \perp P_H$(直角投影)，则$\angle ADa=\alpha$，它是 $P$、$H$ 面所成的二面角，所以平面 $P$ 对 $H$ 面的倾角就是平面 $P$ 内最大坡度线 $AD$ 对 $H$ 面的倾角。

综上所述，最大坡度线的投影特征是：平面内对 $H$ 面的最大坡度线其水平投影垂直于面内水平线的水平投影，该直线的倾角 $\alpha$ 代表了平面对 $H$ 面的倾角；平面内对 $V$ 面的最大坡度线其正面投影垂直于面内正平线的正平投影，该直线的倾角 $\beta$ 代表了平面对 $V$ 面的倾角；平面内对 $W$ 面的最大坡度线其侧面投影垂直于面内侧平线的侧平投影，该直线的倾角 $\gamma$ 代表了平面对 $W$ 面的倾角。

由此可知，求一个平面对某一投影面的倾角，可以按以下三个步骤进行：

①先在平面上任作一条该投影面的平行线。

②利用直角定理，在该面上任作一条最大坡度线，垂直于所作的投影面平行线。

③利用直角三角形法，求出最大坡度线对该投影面的倾角，即为平面的倾角。

**【例题 2-4-2】** 如图 2-4-7(a)所示，已知$\triangle ABC$ 的 $V$、$H$ 两面投影，求$\triangle ABC$ 对 $H$ 面的倾角 $\alpha$。

[思路分析]

求$\triangle ABC$ 对 $H$ 面的倾角 $\alpha$，必须首先作出$\triangle ABC$ 面内对 $H$ 面的最大坡度线。如果

这条最大坡度线为一般位置直线，再用直角三角形法求出最大坡度线对该投影面的倾角即可。要求出$\triangle ABC$面内的最大坡度线，可利用最大坡度线投影特性，先求出$\triangle ABC$面内的水平线。

［作图步骤］

①在$\triangle ABC$内任作一条水平线$BG$，其两面投影分别为$b'g'$、$bg$。

②根据直角投影规律，过$a$作$bg$的垂线$ad$，$ad$即为所求最大坡度线的$H$面投影，并求出其$V$面投影$a'd'$，如图2-4-7(b)所示。

③用直角三角形法求$AD$对$H$面的倾角$\alpha$，即为所求$\triangle ABC$对$H$面的倾角$\alpha$。

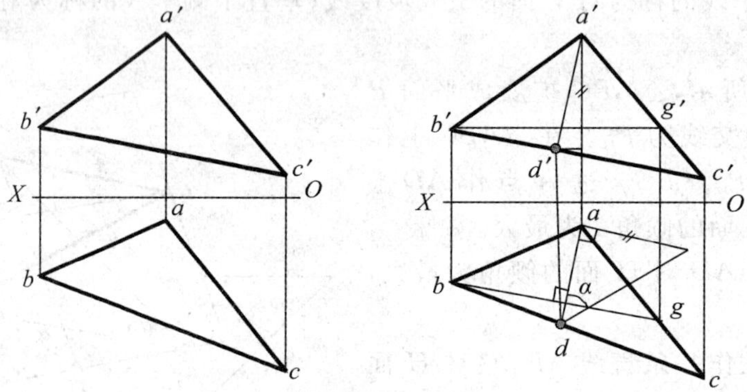


(a)已知条件　　(b)作图结果

图2-4-7　求$\triangle ABC$对$H$面的倾角

2. 平面上的点

点在平面内的几何条件是：点在平面内，则该点必在平面内的某一条直线上。

在平面内取点，当点所处的平面投影具有积聚性时，可利用积聚性直接求出点的各面投影；当点所处的平面为一般位置平面时，应先在平面上作一条辅助直线，然后利用辅助直线的投影求得点的投影。

**【例题2-4-3】** 如图2-4-8(a)所示，已知四边形$ABCD$的$H$面投影和其中两边的$V$面投影，完成四边形的$V$面投影。

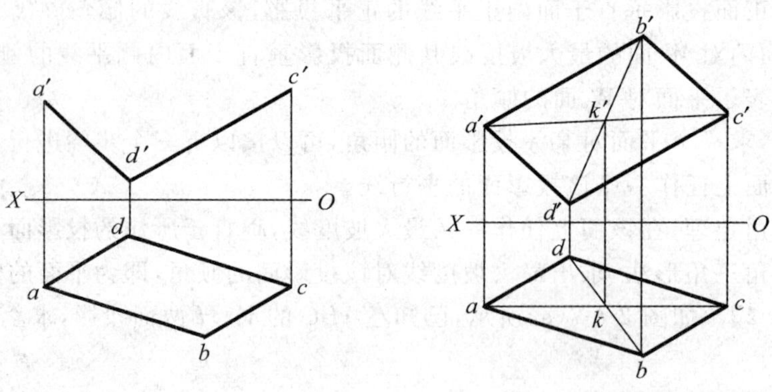


(a)已知条件　　(b)作图结果

图2-4-8　完成四边形的$V$面投影

[作图步骤]

①连接 $bd$ 和 $ac$ 交于 $k$。

②再连接 $a'c'$，过 $k$ 点作 $OX$ 轴的垂线，交 $a'c'$ 于点 $k'$。

③连接 $d'k'$，过 $b$ 向 $OX$ 轴作垂线，与 $d'k'$ 的延长线相交于 $b'$。

④连接 $a'b'$ 和 $b'c'$，$a'b'c'd'$ 即为四边形的 $V$ 面投影，如图 2-4-8(b)所示。

## 课后思考

1. 什么是投影？投影分为哪几类？
2. 正投影有哪些特性？
3. 形体的三面投影图是怎样形成的？
4. “三等关系”是怎样定义的？
5. 如何判断两点的相对位置？
6. 什么是重影点？如何判断重影点的可见性？
7. 直线、平面对投影面的相对位置有几种？各有什么投影特性？
8. 如何用直角三角形法求一般位置直线的实长和倾角？
9. 直角投影的特性是什么？
10. 判断下列直线或平面对投影面的相对位置。

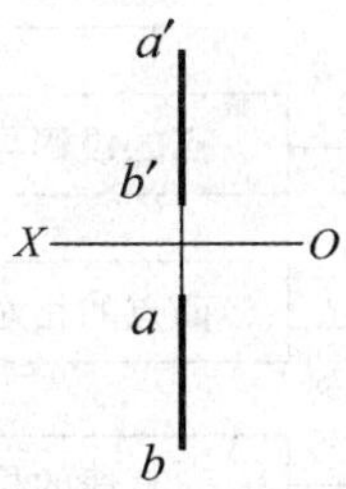


____ 或 ____

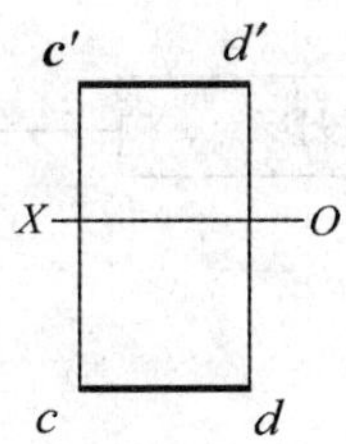


________

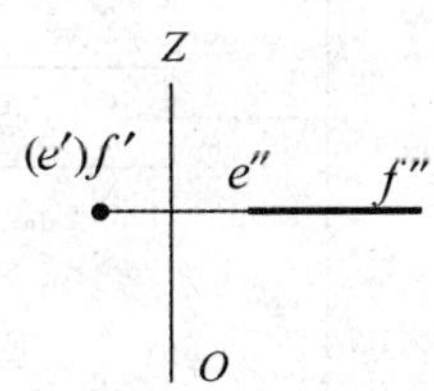


________

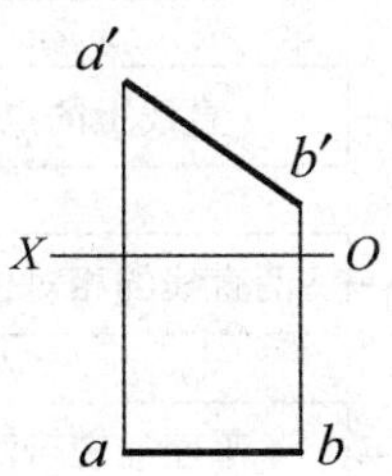


________

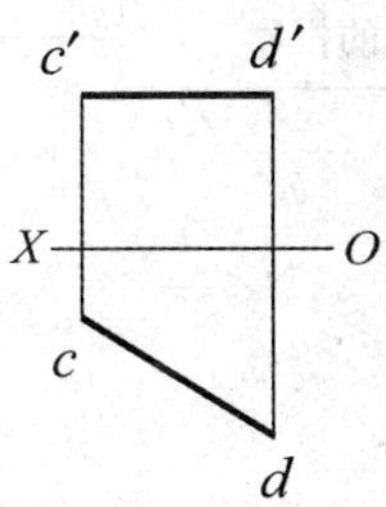


________

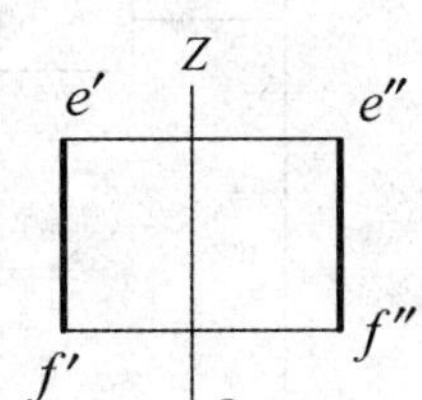


________

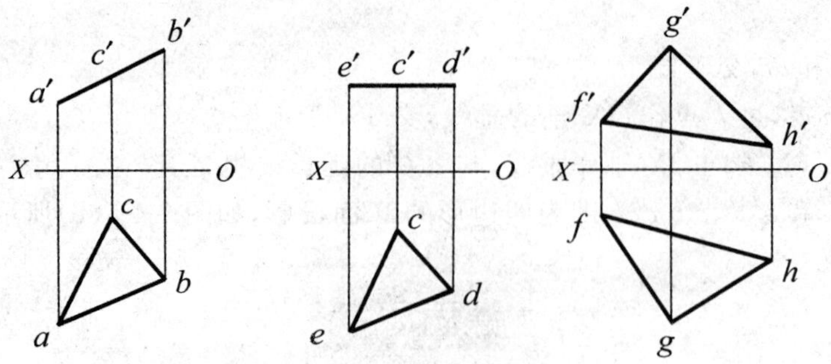


______　　______　　______ 或 ______

## 本章小结

- 形体基本元素的投影
  - 投影的基本知识
    - 投影的概念及分类
    - 正投影的特性
    - 形体的三面投影图
  - 点的投影
    - 点的三面投影
    - 点的投影与坐标
    - 两点的相对位置
  - 直线的投影
    - 直线的投影
    - 直线的实长和倾角
    - 直线上的点
    - 两直线的相对位置
  - 平面的投影
    - 平面的表示法
    - 平面的投影特性
    - 平面上的点和直线

# 第三章　基本形体的投影

## 知识目标

1. 掌握平面立体、曲面立体投影的特点及画法。
2. 掌握在立体表面上取点或线的方法。
3. 掌握立体表面上判断点或线的可见性的判断方法。
4. 掌握平面与立体相交，求截交线的作图方法与步骤。

## 能力目标

1. 能根据给定的基本体绘制其三面投影图，或根据两面投影绘制第三面投影。
2. 能利用给定条件完成在基本体表面上取点，并判断可见性。
3. 能利用给定条件求出平面与基本体相交的截交线。

**课堂引入**

工程上的形体无论多么复杂，均可以看成由一些简单几何体按一定方式组合而成。这些简单几何体称为基本形体。基本形体根据表面性质的不同可分为两大类：平面立体和曲面立体。具体分类如图 3-1 所示。

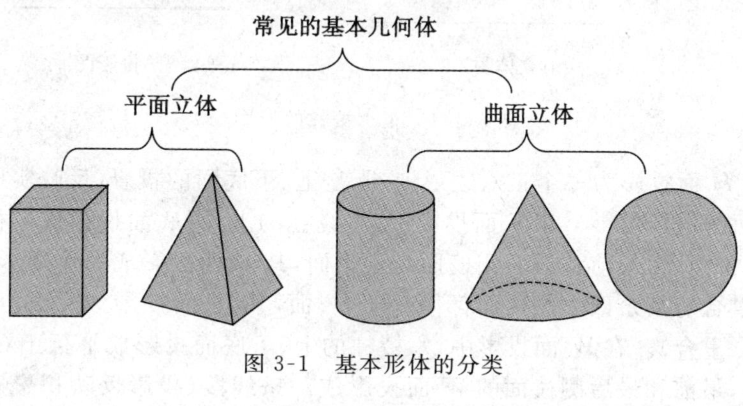


图 3-1　基本形体的分类

**特别提示**

本书中列出的曲面立体仅为常见的回转体。

## 第一节　平面立体的投影

表面完全由平面所围成的几何体称为平面立体。所以平面立体的投影就是围成它的表面的所有平面图形的投影。工程上常用的平面立体有棱柱体和棱锥体(包含棱台体)。

### 一、平面立体投影的形成及特点

绘制平面立体的投影,只要绘出属于平面立体上的各棱面、棱线和顶点的投影,并依照投影的方向,将可见的轮廓线画实线,不可见的轮廓线画虚线,即判别可见性,就能绘制其投影图。

1. 棱柱体的三面投影

棱柱体通常有三棱柱、四棱柱、五棱柱、六棱柱等。棱柱体的特点是组成棱柱的各个侧棱互相平行,上、下底面互相平行。现以正六棱柱为例,说明棱柱体的投影特点。

如图 3-1-1(a)所示,此六棱柱是由上、下底面和六个侧棱面所围成的。在三面投影体系中,六棱柱的上、下底面为水平面;六棱柱的六个侧棱面,除最前和最后侧棱面是正平面外,其余四个侧棱面均为铅垂面。

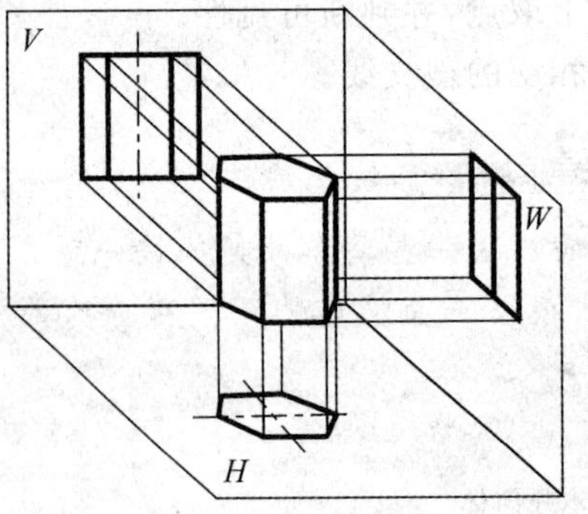


(a)立体图

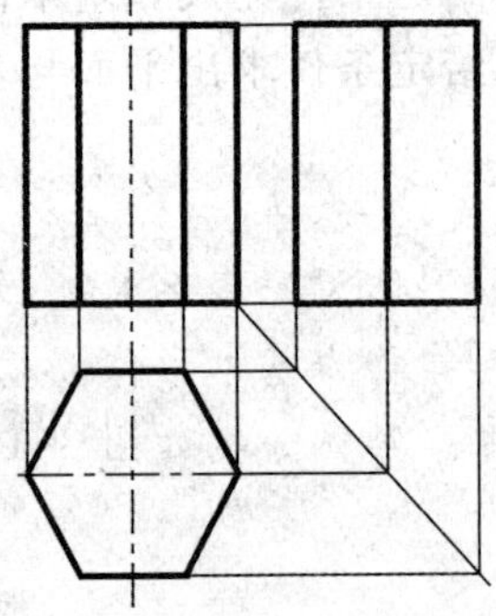

(b)投影图

图 3-1-1　正六棱柱的投影

六棱柱的 $H$ 面投影为一个正六边形,它既是上、下底面的投影(反映实形),也是六个侧棱面在 $H$ 面的积聚投影。在 $V$ 面投影中,六棱柱的上、下底面投影成平行于 $OX$ 轴的线段。六个侧棱面中,最前和最后侧棱面为正平面,其 $V$ 面投影成一个矩形(投影反映实形性,且投影重合);其余四个侧棱面都倾斜于 $W$ 面,其 $W$ 面投影为两个矩形(投影反映类似性,且投影重合)。在 $W$ 面投影中,六棱柱的上、下底面投影成平行于 $OY$ 轴的线段。六个侧棱面中,最前和最后侧棱面的 $W$ 面投影成一条线段(投影反映积聚性);其余四个侧棱面都倾斜于 $V$ 面,其 $V$ 面投影为两个矩形(投影反映类似性,且投影重合)。

正六棱柱的投影图如图 3-1-1(b)所示。

**特别提示**

画棱柱体的三面投影时，一般先画反映棱柱体形状特征的积聚投影，然后根据投影规律画出其他投影。

2. 棱锥体的三面投影

棱锥体是由一个底面和若干个侧面所围成的。棱锥体的几个侧面彼此相交，交线称为棱线；棱线相交于一点，称为锥顶。常用的棱锥体通常有三棱锥、四棱锥、五棱锥、六棱锥等。现以正三棱锥为例，说明棱锥体的投影特点。

从图 3-1-2(a)可知：三棱锥的底面是水平面，最后棱面是侧垂面，其余两个棱面是一般位置平面。

如图 3-1-2(b)所示，由于底面△*ABC* 是水平面，所以在三棱锥的 *H* 面投影中，△*abc* 反映三棱锥底面的实形；在 *V* 面和 *W* 面投影中，底面积聚成直线。由于三棱锥的最后棱面△*SBC* 是侧垂面，所以在 *W* 面投影中最后棱面积聚成直线，其余两个投影是三角形。三棱锥左、右棱面△*SAB*、△*SAC* 是一般位置平面，所以三个投影面上的投影都是三角形。

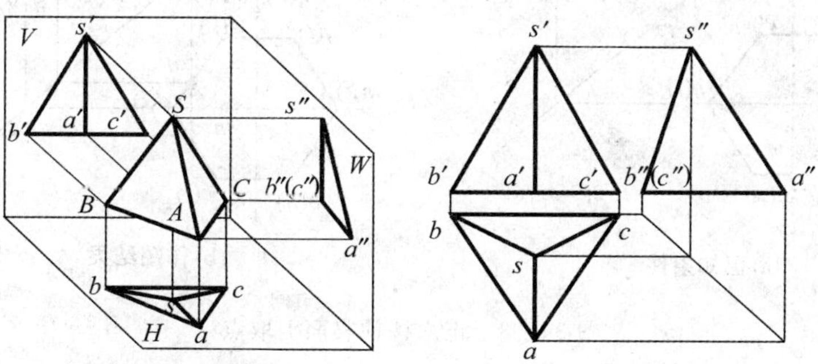


(a)立体图　　(b)投影图

图 3-1-2　正三棱锥的投影

**特别提示**

画棱锥体的三面投影时，一般应先画底面的各个投影，然后确定出锥顶 *S* 的各面投影，将它与底面各点连接起来，就可画出棱锥的三面投影图。

**课堂思考**

棱柱体和棱锥体的三面投影有何区别？

3. 平面立体表面取点

平面立体可看作是由若干个平面图形所围成的，在平面立体表面上取点时，应把属于平面立体的棱面作为单独的平面来考虑。所以在平面立体的表面上取点的方法为：首先根据点的一个投影判断点在平面立体的哪一个平面上，然后利用点的从属性以及投影规律完成在平面立体表面上取点的过程。

**特别提示**

平面立体是由若干个平面所围成的，这些平面在各投影中可能是可见的，也可能是不可见的。凡是位于可见平面上的点必可见，凡是位于不可见平面上的点必不可见。即使平面的投影积聚成一条直线，若该直线可见，则其上点亦可见。

**【例题 3-1-1】** 如图 3-1-3(a)所示，已知在六棱柱的表面上 $M$ 和 $N$ 的 $V$ 面投影 $m'$ 和 $n'$，求作它们的另外两面投影。

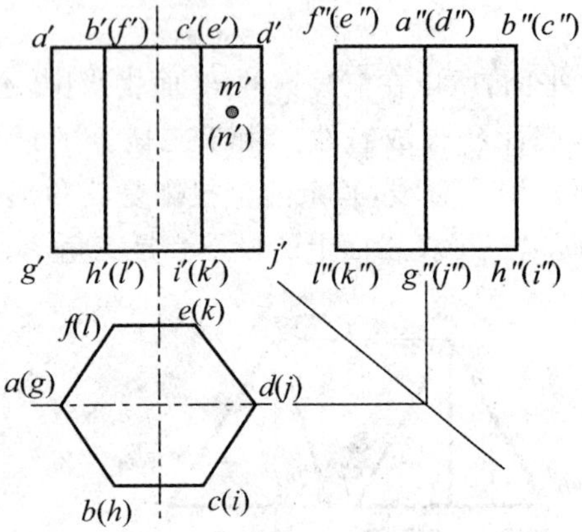

(a)已知条件

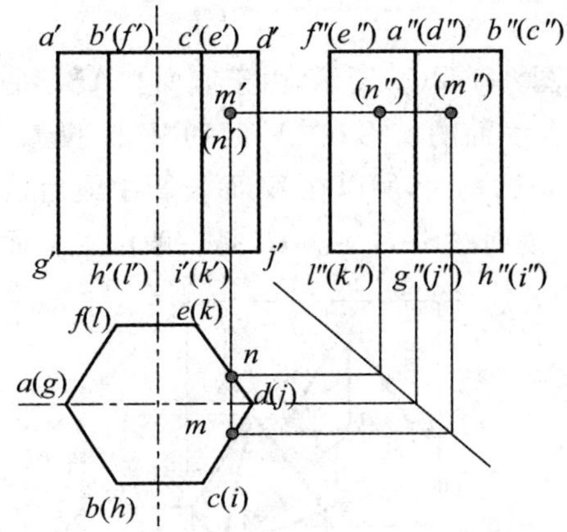

(b)作图结果

图 3-1-3 正六棱柱表面上取点

[作图步骤]

①根据 $m'$ 和 $n'$ 可以判断出，点 $M$ 和点 $N$ 分别位于六棱柱的 $CDJI$ 和 $EDJK$ 两个棱面上。

②由于 $M$、$N$ 两点所在的棱面均为铅垂面，其 $H$ 面投影积聚为线段，因此，根据点的投影规律和点的从属性，可以求出 $M$、$N$ 点的 $H$ 面投影 $m$ 和 $n$。

③已知 $M$ 点和 $N$ 点的 $V$ 面和 $H$ 面投影，根据点的投影规律，可求出该两点的 $W$ 面投影，如图 3-1-3(b)所示。

注意：作图过程中要判断点的可见性。

**知识拓展**

由于棱柱体的一个投影有积聚性，在棱柱体上取点和直线可以首先判断出点或直线所在的棱面，然后利用棱面投影的积聚性，根据点、线的投影规律、从属性作图。

**【例题 3-1-2】** 如图 3-1-4(a)所示,已知正三棱锥表面上 $M$ 点的 $V$ 面投影 $m'$,求它的另外两面投影。

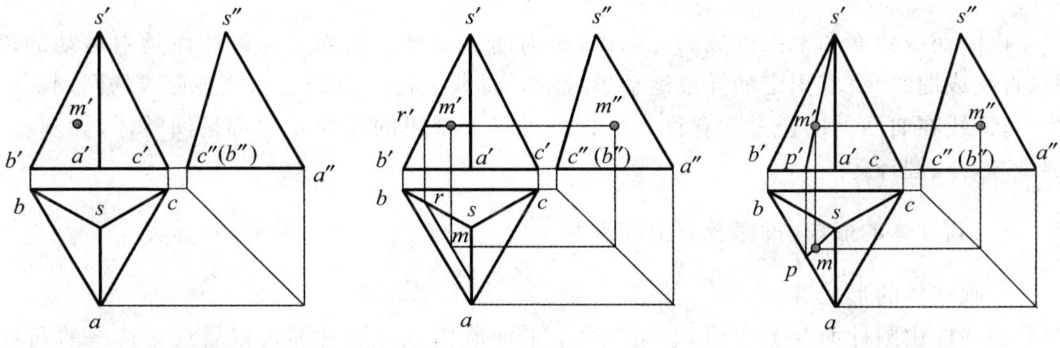

(a)已知条件 (b)方法一 (c)方法二

图 3-1-4 三棱锥表面上取点

[思路分析]

因为 $M$ 点在三棱锥的 $SAB$ 棱面上,而 $SAB$ 棱面在三面投影图中为一般位置平面,也就是说,该棱面的三面投影均反映类似性,没有积聚。所以,求 $M$ 点的其余两面投影,属于面上定点问题。即首先在该平面上取通过该点的辅助线,然后再在辅助线上取点。

本题中辅助线的作法有两种:其一,过该点作底边的平行线;其二,过该点连接锥顶并延长至底边。然后根据点的从属性和点的投影规律完成在三棱锥表面上取点的过程。

[作图步骤]

方法一:

①过 $m'$ 作 $a'b'$ 的平行线,交 $s'b'$ 于一点 $r'$,并根据点的投影规律和从属性求出该点的 $H$ 面投影 $r$。

②过 $r$ 作 $ab$ 的平行线,则该平行线即是辅助线的 $H$ 面投影。

③根据点的投影规律和从属性求出 $M$ 点的 $H$ 面投影 $m$ 和 $W$ 面投影 $m''$,并判断可见性[见图3-1-4(b)]。

方法二:

①连接 $s'm'$ 并延长,交 $a'b'$ 于一点 $p'$。

②过 $p'$ 作 $OX$ 轴的垂线,交 $ab$ 于一点 $p$。

③连接 $sp$,则 $sp$ 即是所作辅助线的 $H$ 面投影。

④根据点的投影规律和从属性求出 $M$ 点的 $H$ 面投影 $m$ 和 $W$ 面投影 $m''$,并判断可见性[见图3-1-4(c)]。

**知识拓展**

由于棱锥体的各面投影均没有积聚性,因此,在棱锥体上取点应按照点、线、面的从属关系,先在棱面上作辅助线(作辅助线有两种方法:一种是连接锥顶和已知点并延长;另一种是过已知点作底边的平行线),然后根据点、线的从属性完成作图。

## 第二节　曲面立体的投影

由曲面或曲面和平面围成的几何体，称为曲面立体。曲面立体的曲面是由运动的母线(直线或曲线)绕着固定的导线运动形成的。母线上任一点的运动轨迹形成的圆周称为纬圆；母线在曲面上的任意位置称为素线。工程上常用的曲面立体都是回转体，如圆柱、圆锥、球体、圆环等。

### 一、圆柱体的形成、投影及面上取点

1. 圆柱体的形成

圆柱体由圆柱面及上底面、下底面两个平面所围成。圆柱面可以看成是由一直母线绕与它平行的回转轴旋转而成的。圆柱面上所有的素线互相平行，如图 3-2-1 所示。

2. 圆柱体的三面投影

如图 3-2-2 所示，圆柱体的轴线垂直于 $H$ 面，因此，它在 $H$ 面的投影为圆，这个圆反映了圆柱体上、下底面的实形，也表示圆柱体曲面的积聚投影。圆柱体的 $V$ 面投影为矩形，矩形的上、下两边为圆柱体的上、下两底面的积聚投影；左、右两边为圆柱面最左和最右的两条素线的投影，这两条素线将圆柱体侧面分为前半个柱面和后半个柱面，前半个柱面可见，后半个柱面不可见，我们把这两条素线叫作柱面对 $V$ 面的转向轮廓线。虽然 $W$ 面投影和 $V$ 面投影相同，但其左、右两条边的含义和 $V$ 面投影不同，这两条线表示柱面上最前、最后两条素线的投影，即柱面对 $W$ 面的转向轮廓线。

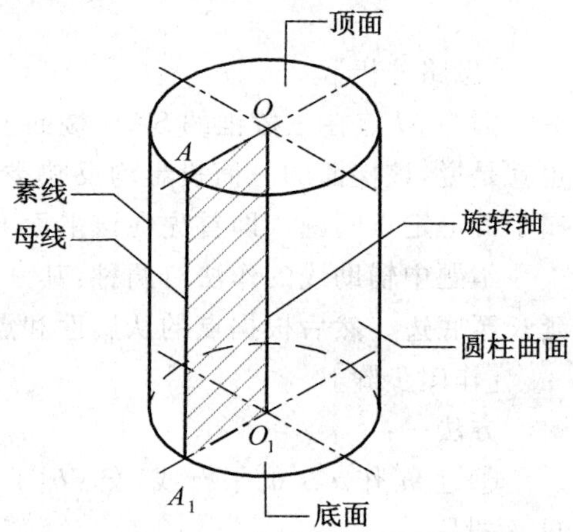


图 3-2-1　圆柱体的形成

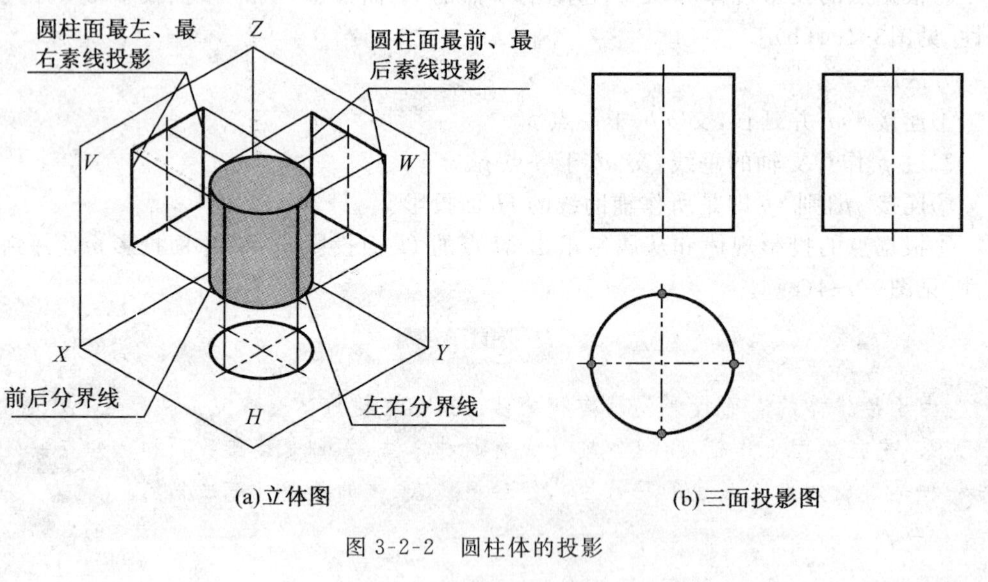


图 3-2-2　圆柱体的投影

**特别提示**

画圆柱体的三面投影图时，应先画轴线和圆的中心线，再画水平投影的圆，然后再画其他两个投影图。

**课堂思考**

棱柱体和圆柱体的三面投影有何不同？

3.圆柱体表面上取点

圆柱面上的点可以分为两类：特殊位置点和一般位置点。

特殊位置点是指处在轮廓线上的点，由于某一投影面的轮廓线的其他投影的位置均已知，所以点的投影可按从属性直接求得。

在圆柱面上，一般位置点的投影可以用圆柱面的积聚性投影进行作图（在圆柱表面投影面为圆的投影中，其表面上点的投影都落在该圆上）。

**【例题 3-2-1】** 如图 3-2-3(a)所示，已知圆柱体表面上点 $M$、$N$ 的正面投影 $m'$、$n'$，求其他两面投影。

［思路分析］

①如图 3-2-3(a)所示，在 $V$ 面投影中，$m'$ 可见而 $n'$ 不可见，由此可以判断出点 $M$ 在前、下方四分之一圆柱面上；点 $N$ 在后、上方四分之一圆柱面上。利用圆柱面在 $W$ 面的积聚投影，可以求出 $m''$ 和 $n''$。

②由点 $M$ 和点 $N$ 的 $V$、$W$ 面投影已知，根据点的投影规律和点的从属性以及“三等关系”，可以求出 $m$ 和 $n$。注意：在 $H$ 面投影中，$n$ 可见，$m$ 不可见。

［作图步骤］

作图步骤如图 3-2-3(b)所示。

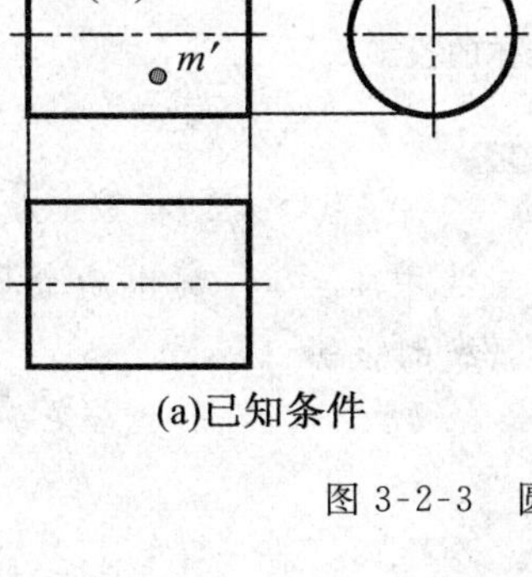


(a)已知条件

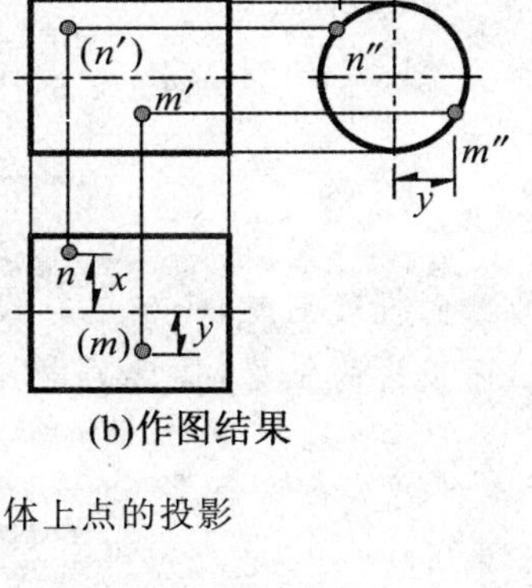


(b)作图结果

图 3-2-3 圆柱体上点的投影

## 二、圆锥体的形成及投影

1. 圆锥体的形成

圆锥体是由圆锥面和底面所围成的。圆锥面可以看成是由一条直母线绕与它相交的回转轴旋转而成的。圆锥体上所有的素线均相交于一点，如图 3-2-4 所示。

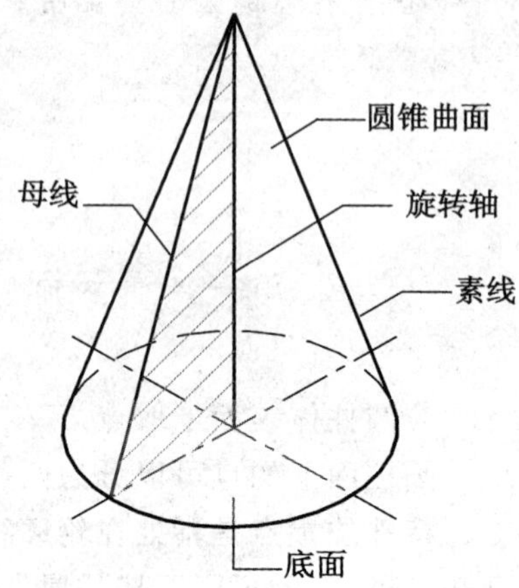


图 3-2-4　圆锥体的形成

2. 圆锥体的三面投影

如图 3-2-5 所示，圆锥体在 $H$ 面上的投影为一圆，该圆是圆锥面的水平投影与底面的水平投影的重合。

圆锥体的另外两个面的投影都是等腰三角形，在 $V$ 面投影中，三角形的底边是圆锥底面圆的积聚投影，两条腰分别是圆锥的最左素线和最右素线的 $V$ 面投影；在 $W$ 面投影中，三角形的底边也是圆锥底面圆的积聚投影，两条腰分别是圆锥的最前素线和最后素线的 $W$ 面投影。

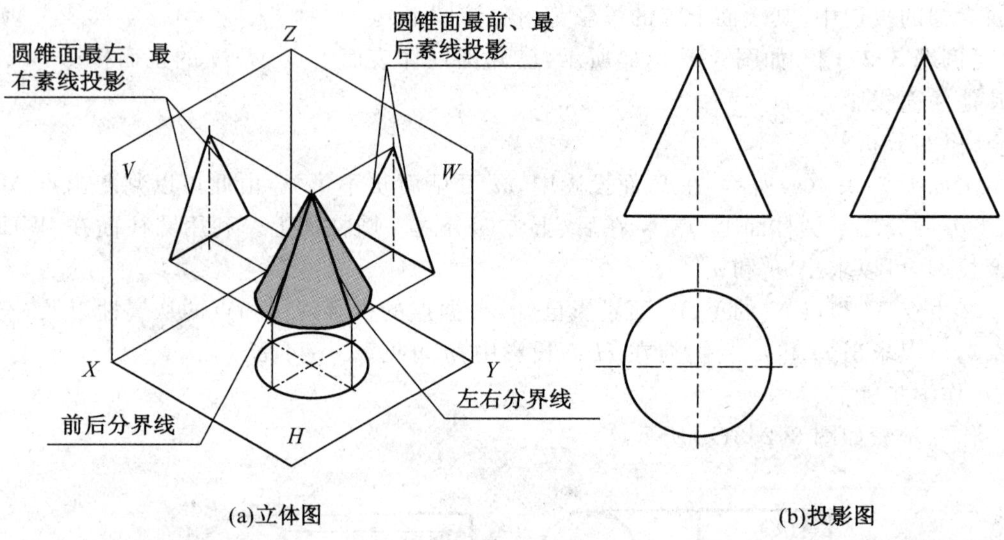


图 3-2-5　圆锥体的投影

**特别提示**

画圆锥体的三面投影图时，先确定轴线和圆的中心线，再画出底面圆的三面投影，然后确定锥顶三面投影的位置，最后画出其轮廓线的投影。

**课堂思考**

圆锥与棱锥投影特点的共性和区别点是什么？

3. 圆锥体表面上取点

圆锥面上的点也可以分为两类：特殊位置点和一般位置点（简称“特殊点”和“一般点”）。

特殊点是指处在轮廓线上的点，由于某一投影面的轮廓线的其他投影的位置均已知，所以点的投影可按从属性直接求得。

圆锥的三个投影都没有积聚性，因而圆锥表面上一般点的投影就不能直接求得，要采用辅助素线法和辅助纬圆法。

(1)辅助素线法

过点在锥面上作一素线（过锥顶），作出素线的各投影后再将点对应到素线的投影上。

(2)辅助纬圆法

在锥面上过点作与某一投影面平行的圆，作出该圆的各投影后再将点对应到辅助圆的投影上。注意：在画圆时，半径是从中心线到轮廓素线，而不是从中心线到点。

**知识拓展**

因为圆锥面的投影无积聚性，故求其面上点的投影需要通过作辅助线（辅助线有两种作法：一种是作通过已知点的辅助素线；一种是作通过已知点的纬圆）完成。

**【例题 3-2-2】** 如图 3-2-6 所示，已知圆锥体的三面投影和锥面上一点 $A$ 的 $V$ 面投影，完成该点的三面投影。

[思路分析]

从图 3-2-6 中可以看出，点 $A$ 位于左、前方四分之一圆锥面上，属于一般位置点。而圆锥面的三面投影均没有积聚性，因此求该点的三面投影，要采用辅助素线法或辅助纬圆法。

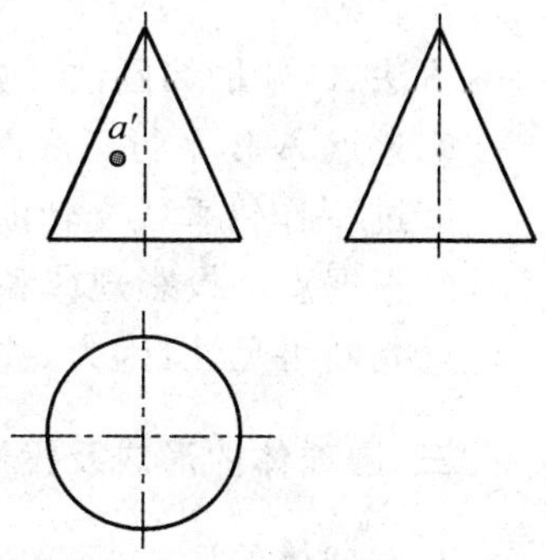


图 3-2-6 在圆锥体上取点

[作图步骤]

方法一：辅助素线法。如图 3-2-7(a)所示。

①连接 $s'a'$ 并延长与底圆前半周相交于一点 $e'$。

②由于 $E$ 点在底面圆周上，可以求出 $E$ 点的 $H$ 面投影 $e$。

③连接 $se$，则 $se$ 就是辅助素线的 $H$ 面投影，由 $a'$ 点向下作铅垂线交 $se$ 于点 $a$，然后根据点的投影规律和从属性求出 $a''$。

④判断可见性：因为 $a'$ 点在左、前方四分之一圆锥面上，因此 $a$ 和 $a''$ 均可见。

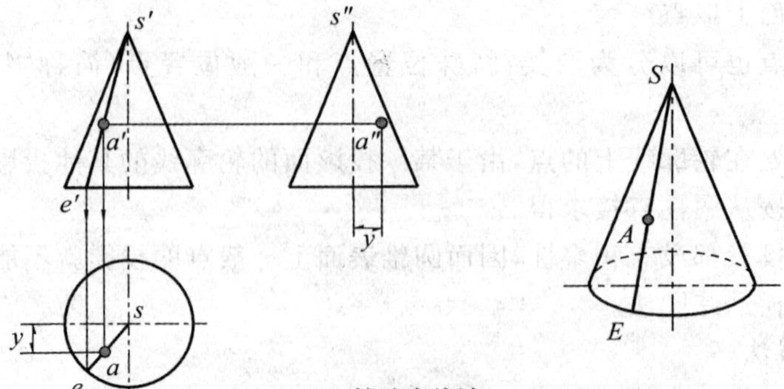


(a)辅助素线法

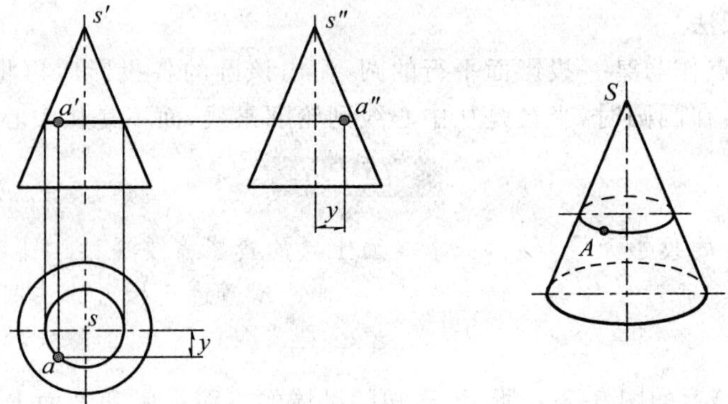


(b)辅助纬圆法

图 3-2-7　圆锥体表面上点的投影

方法二:辅助纬圆法。如图 3-2-7(b)所示。

①过点 $A$ 作平行于底面的纬圆,并完成该纬圆的三面投影。

②过 $a'$ 作铅垂线交辅助纬圆的 $H$ 面投影于一点 $a$。

③根据点的投影规律和从属性求出 $a''$。

④判断可见性:因为 $a'$ 点在左、前方四分之一圆锥面上,因此 $a$ 和 $a''$ 均可见。

## 三、圆球体的形成及投影

1. 圆球体的形成

球体是由球面围成的。圆球面可看作由圆周绕它的一条直径旋转一周而形成的曲面,如图 3-2-8 所示。

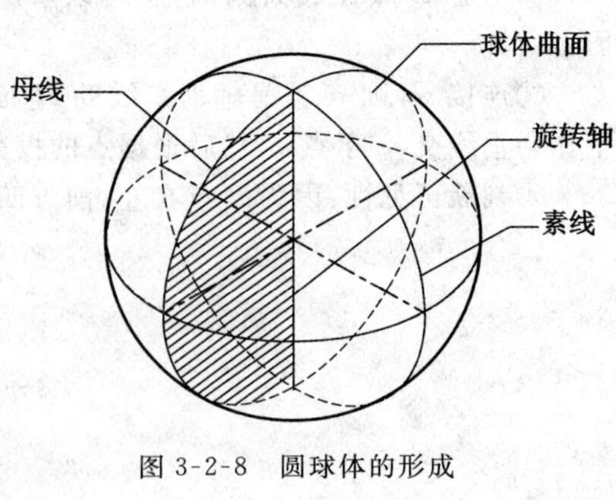


图 3-2-8　圆球体的形成

2. 圆球体的三面投影

如图 3-2-9 所示,圆球体的三个投影为与球面直径相等的三个圆周。$V$ 面投影的圆周是圆球体上最大正平圆的 $V$ 面投影;$H$ 面投影的圆周是圆球体上最大水平圆的 $H$ 面投影;$W$ 面投影的圆周是圆球体上最大侧平圆的 $W$ 面投影。

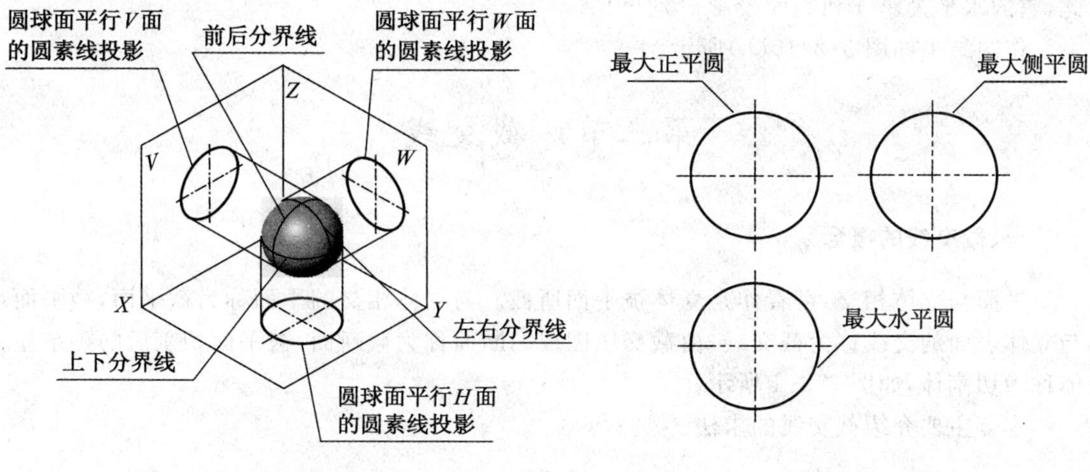


(a)立体图　　(b)三面投影图

图 3-2-9　圆球体的投影

3. 圆球体表面上取点

在圆球面上确定点的投影，只能应用辅助纬圆法，辅助纬圆的半径是从中心线到轮廓线。为作图方便，我们一般采用水平圆、正平圆和侧平圆作为辅助圆。

**【例题 3-2-3】** 如图 3-2-10 所示，已知球体上一点 $A$ 的 $V$ 面投影，求该点的 $H$ 面和 $W$ 面投影。

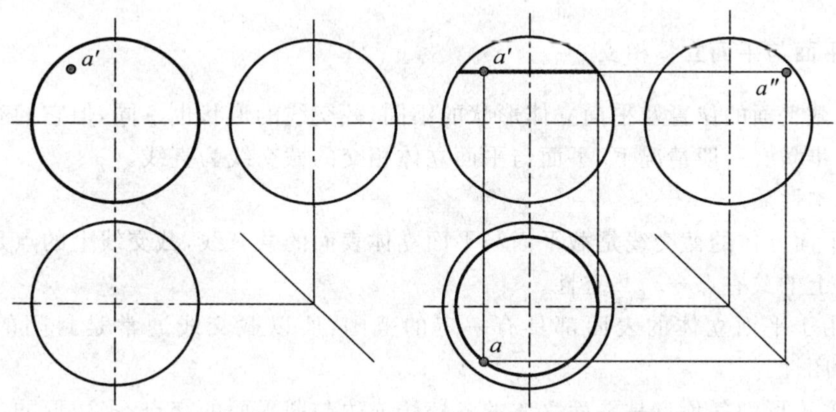


(a)已知条件　　(b)作图结果

图 3-2-10　圆球体上点的投影

[作图步骤]

①过点 $A$ 作平行于最大水平圆的纬圆，并完成该纬圆的三面投影。

②过点 $a'$ 作铅垂线交纬圆的 $H$ 面投影于一点 $a$。

③根据点的投影规律和从属性，求出点 $a''$。

④判断可见性：由于点 $A$ 的正面投影 $a'$ 可见，可知点 $A$ 在左、上、前半部分球面上，因

此，它的水平投影 $a$ 和侧面投影 $a''$ 均可见。

作图结果如图 3-2-10(b)所示。

## 第三节　截交线

### 一、截交线的概念

平面与立体相交，可看作是立体被平面所截。与立体相交的平面称为截平面，截平面与立体表面的交线称为截交线，由截交线围成的断面称为截断面，被平面切割后的剩余立体称为切割体，如图 3-3-1 所示。

本节主要介绍截交线的求法。

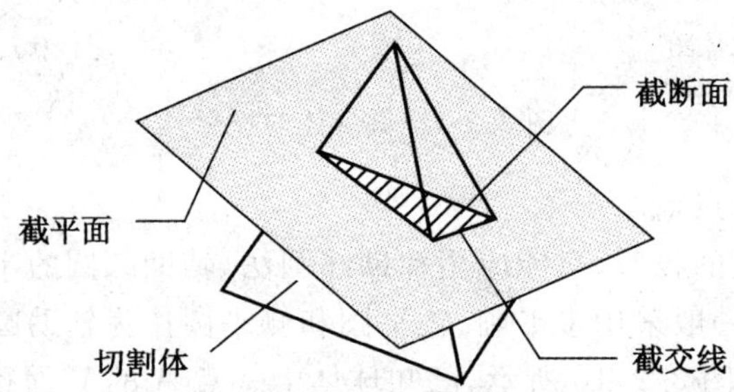


图 3-3-1　平面与三棱锥相交

### 二、平面与平面立体相交

由于截平面的位置及平面立体形状的不同，截交线的形状也不同，但它们有共同的性质和作图步骤。一般情况下，平面与平面立体相交的截交线为直线。

1. 基本性质

(1)平面立体的截交线是截平面与平面立体表面的共有线，截交线上的点是截平面与立体表面上的共有点——共有性。

(2)由于平面立体的表面都具有一定的范围，所以截交线通常是封闭的平面多边形——封闭性。

(3)多边形的各顶点是平面立体的各棱线或边与截平面的交点，多边形的各边是平面立体的棱面与截平面的交线，或是截平面与截平面的交线。

2. 求作截交线的思路与步骤

(1)形体分析：分析立体的性质及截平面在投影面中的位置关系。

(2)截交线分析：分析截断面类型及截交线性质。

(3)求截交点，即截平面和立体表面的交点。但当立体表面或截平面为特殊位置平面时，则可简化为面上取点的作图。一般情况下，应按如下步骤：

①确定截交点的数量。平面立体上有几条棱线被截平面所截就有几个截交点。注意：当多个截平面和平面立体相交时，截平面与截平面交线的两个端点也属于截交点。

②完成截交点的三面投影。根据点的从属性和点的投影规律，完成截交点的三面投影。

(4)连接截交点：连线时，既在同一截面上，又在同一棱面上的两点才能相连。

(5)可见性判别：投影图中，根据投影方向，可见面上的线必然可见，不可见面上的线要看截切后是否被遮挡而定。

(6)完成截断后立体的投影图：将截断后立体轮廓线的投影画完整，并判别可见性。

3. 平面与棱柱体相交

**【例题 3-3-1】** 如图 3-3-2 所示，正六棱柱被截平面所截，完成六棱柱被截切后的三面投影。

[思路分析]

①该平面立体为正六棱柱。截平面与正六棱柱的六个侧棱面和一个上底面相交，即截平面截掉了正六棱柱的七条棱。因此，空间中截交线应为一个封闭的七边形。

②由于截平面为正垂面，而截断面从属于截平面，因此，该七边形的 $V$ 面投影为一条线段，它的 $H$ 面投影与正六棱柱的 $H$ 面投影重合，它的 $W$ 面投影可以根据立体表面上取点的方法求得。

[作图步骤]

①由于截平面为正垂面，故截交线的 $V$ 面投影 $a'b'c'd'e'f'g'$ 已知（注意重影点的问题）；而截交线的 $H$ 面投影与正六棱柱的 $H$ 面投影重合，其 $H$ 面投影可省略作图。

②根据点的投影规律和点的从属性，将七个截交点的 $W$ 面投影作出。

③依次连接同一棱面上的截交点。连线时注意，凡位于可见棱面上的线为实线，不可见棱面上的线为虚线。

④检查、整理、描深图线，完成全图，如图 3-3-2(a)所示。

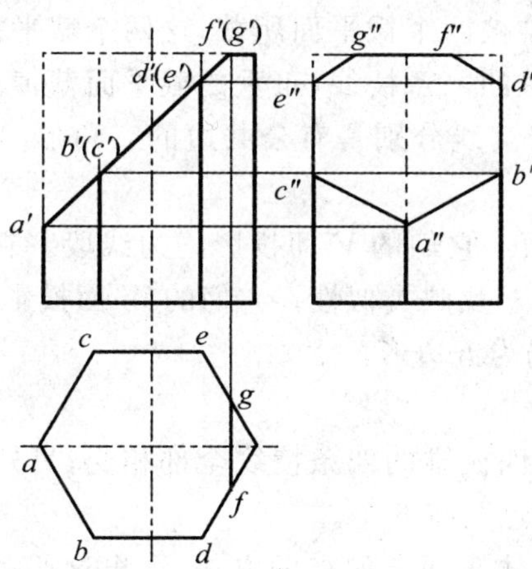


(a)作图结果

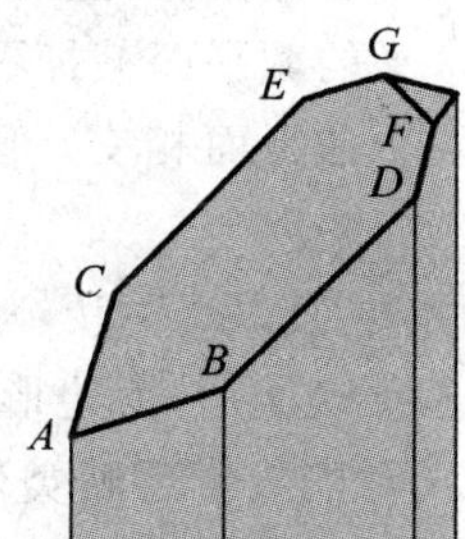


(b)立体图

图 3-3-2 正六棱柱被平面所截

**特别提示**

连线时，只有同一个棱面上的点才可以连直线。可见的线用实线连接，不可见的线用虚线连接。

4. 平面与棱锥体相交

**【例题 3-3-2】** 如图 3-3-3 所示，求作四棱锥被两个截平面截切后的三面投影。

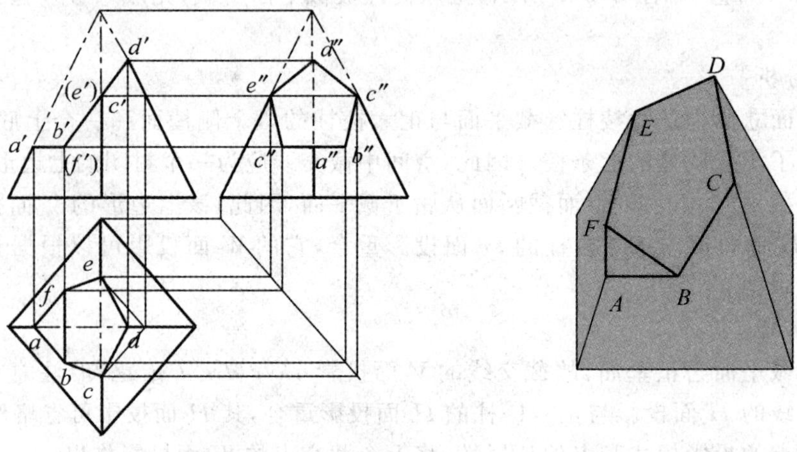


(a)作图结果　　(b)立体图

图 3-3-3　四棱锥被两平面所截

［思路分析］

①该形体可以看作一个完整的四棱锥被两个截平面所截，这两个截平面分别是水平面和正垂面。水平的截平面截掉了四棱锥的一条棱线，正垂的截平面截掉了四棱锥的三条棱线。同时两个截平面相交。因此，截交线分别是有公共边的三角形 $ABF$ 和五边形 $BCDEF$。

②$ABF$ 为水平面，$BCDEF$ 为正垂面。它们的 $V$ 面投影均为线段。它们的 $H$ 面投影，三角形 $ABF$ 反映实形，五边形 $BCDEF$ 反映类似性。它们的 $W$ 面投影，$ABF$ 的投影为一线段，$BCDEF$ 的投影反映类似性，仍为五边形。

［作图步骤］

①确定截交点的数量：两个截平面和四棱锥的四条棱线全部相交；另外，两个截平面交线的两个端点也是截交点。因此，截交点共有 6 个。

②完成截交点的三面投影：根据棱锥体表面上取点的方法，求出这些截交点的 $H$ 面和 $W$ 面投影。

③连点成线：依次连接同一棱面上的截交点，然后连接两个截平面的交线。连线时注意，凡位于可见棱面上的线为实线，不可见棱面上的线为虚线。

④检查、整理、描深图线，完成全图，如图 3-3-3(a)所示。

知识拓展

截交线数量的确定：平面立体有几条棱线被截平面所截，将会产生几个截交点。另外，两个截平面相交产生一条交线，交线与平面立体表面有两个交点。

### 三、平面与曲面立体相交

平面和曲面立体相交，截交线通常是封闭的平面曲线，或是由曲线和直线所围成的平面图形或直线段多边形。多个截平面与曲面立体相交，所得的截交线是各截平面所得截交线的组合。截交线的结合点是相邻两截平面与立体表面的共有点，它是两截平面的交线与立体表面的交点。两截平面的交线是各截断面的分界线。

求平面和曲面立体的截交线，关键是求出属于曲面的截交线上的点。截交线上的点可以分为两类：特殊点和一般点。特殊点又可分为四类：

(1)极限点：确定曲线范围的最高、最低、最前、最后、最左和最右点。

(2)转向点：曲线上处于曲面投影转向线上的点，它们是区分曲线可见与不可见部分的分界点。

(3)特征点：曲线本身具有特征的点，如椭圆长、短轴上的四个端点。

(4)结合点：截交线由几部分不同线段(曲线、直线)组成时结合处的那些点。

1.基本性质

(1)截交线是截平面与曲面立体表面的共有线。

(2)截交线的形状取决于曲面立体表面的形状以及截平面与曲面立体轴线的相对位置。

(3)截交线都是封闭的平面图形(封闭曲线或由直线和曲线围成)。

2.求作截交线的思路与步骤

(1)分析曲面立体的表面性质、截平面与投影面的相对位置、截平面与曲面立体的相对位置，初步判断截交线的形状及其投影。

(2)找出截交线上的特殊位置点。

(3)根据需要求出若干个一般位置点。

(4)顺次连接各点，得出截交线。注意判断截交线是直线还是曲线，同时判断可见性。

(5)补全可见与不可见部分的轮廓线或转向轮廓素线，并擦除被切割掉的轮廓线或转向轮廓素线。

下面结合例题，分别介绍平面与圆柱体、圆锥体、球体相交时截交线的求法。

3.平面和圆柱体相交

平面和圆柱体相交时，根据截平面和圆柱轴线的相对位置不同，可得到三种不同位置的截交线，如表 3-3-1 所示。

表 3-3-1　　平面与圆柱体相交的截交线

| 截平面的位置 | 垂直于轴线 | 平行于轴线 | 倾斜于轴线 |
|---|---|---|---|
| 截交线 | 圆 | 两条平行线 | 椭圆 |
| 立体图 | 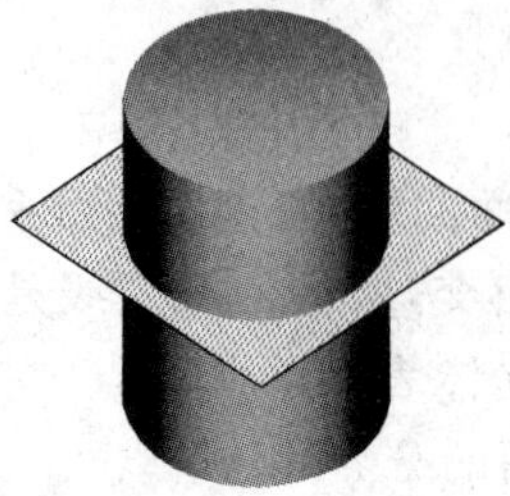 | 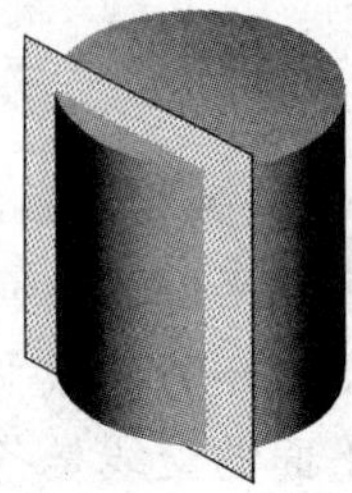 | 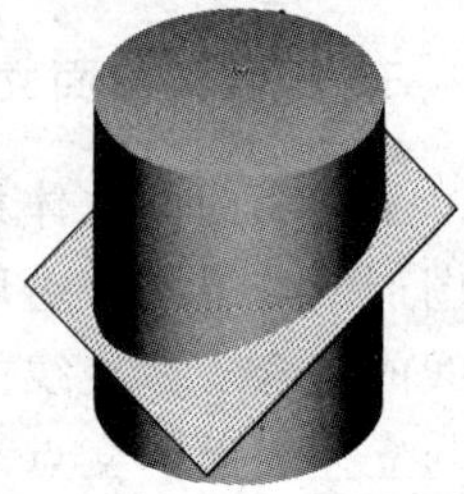 |
| 投影图 | 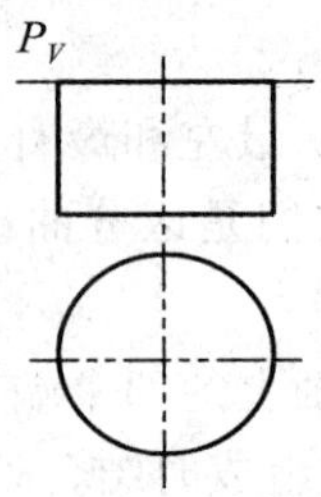 | 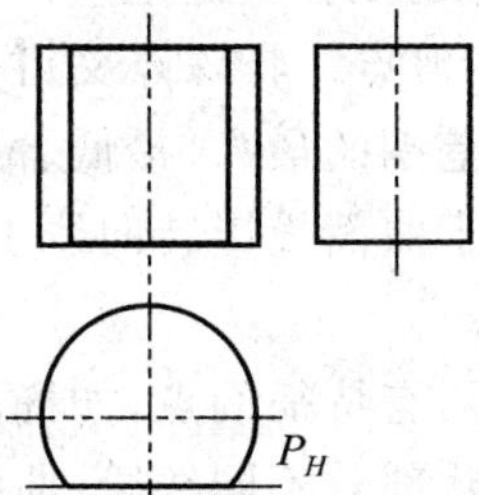 | 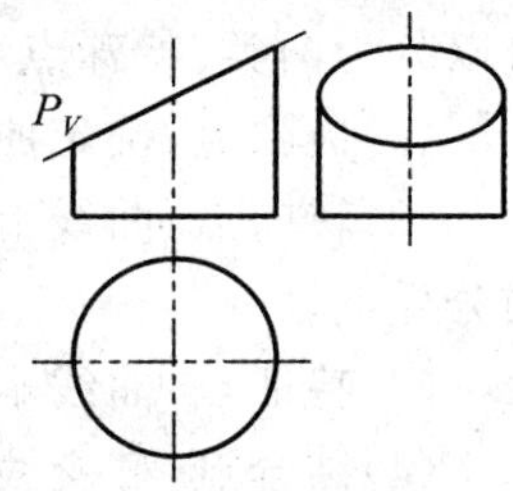 |

**【例题 3-3-3】** 如图 3-3-4 所示，圆柱体被正垂面所截，求截交线的三面投影。

［思路分析］

①由于截平面相对于圆柱面倾斜，并且垂直于 $V$ 面，所以截交线应为一个椭圆，并且该椭圆的 $V$ 面投影积聚为一线段。截交线的 $H$ 面投影与圆柱体的 $H$ 面投影重合，均为一个圆。因此，截交线的 $V$、$H$ 面投影均已知，只需要作出 $W$ 面投影即可。

②由于截平面对于 $W$ 面是倾斜的，所以截交线的 $W$ 面投影仍为一个椭圆，但不反映实形。

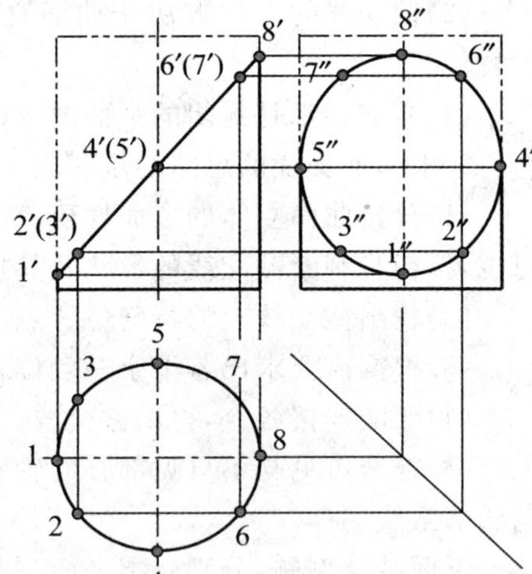

图 3-3-4　圆柱体与平面相

［作图步骤］

①求截交线上的特殊点。在 $V$ 面投影中取截交线的最低点 1′、最高点 8′、最前点 4′、最后点 5′。根据圆柱体表面上取点的方法，完成这些点的三面投影。

②求截交线上的一般点。在截交线的适当位置截取四个一般点，即 2′、3′、6′、7′。完成这些点的三面投影。

③连线并判断可见性。用平滑的曲线顺次连接各点的 $W$ 面投影。注意：由于圆柱体的上半部分被截平面截掉，因此，截断面的 $W$ 面投影可见，即截交线的 $W$ 面投影为实线。

④检查、整理、描深图线，完成全图，如图 3-3-4 所示。

4. 平面和圆锥体相交

平面和圆锥体相交时，根据截平面和圆锥轴线的相对位置不同，可得到五种不同位置的截交线，如表 3-3-2 所示。

**表 3-3-2　　平面与圆锥体相交的截交线**

| 截平面的位置 | 截交线 | 立体图 | 投影图 |
| --- | --- | --- | --- |
| 过锥顶 | 两相交直线 | 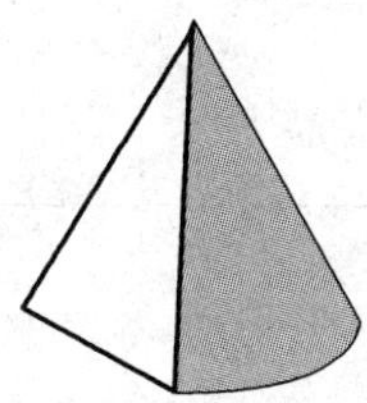 | 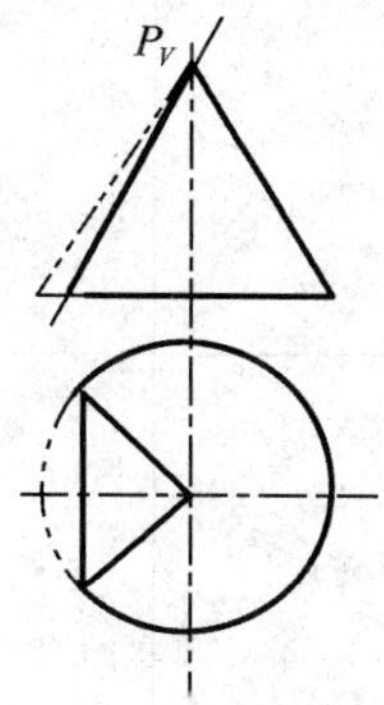 |
| 垂直于轴线 | 圆 | 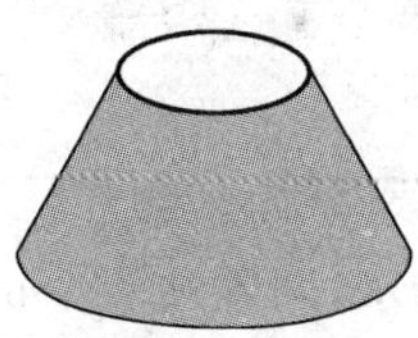 | 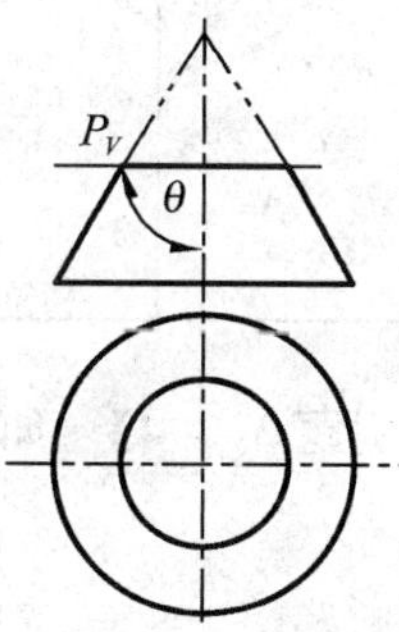 |
| 与轴线倾斜 | 椭圆 | 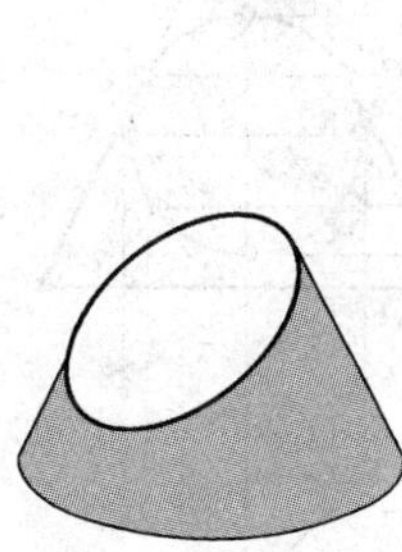 | 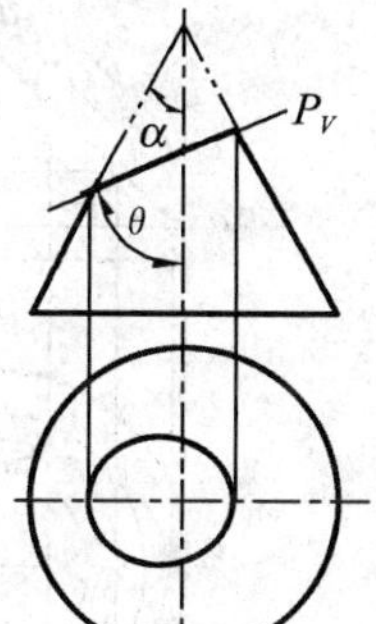 |

续表

| 截平面的位置 | 截交线 | 立体图 | 投影图 |
| --- | --- | --- | --- |
| 与某素线平行 | 抛物线 | 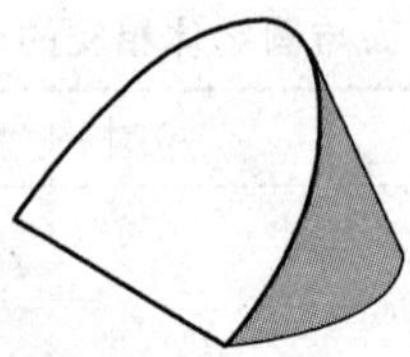 | 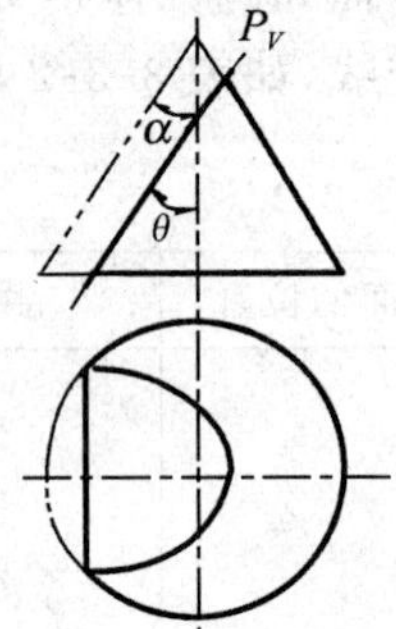 |
| 与轴线平行 | 双曲线 | 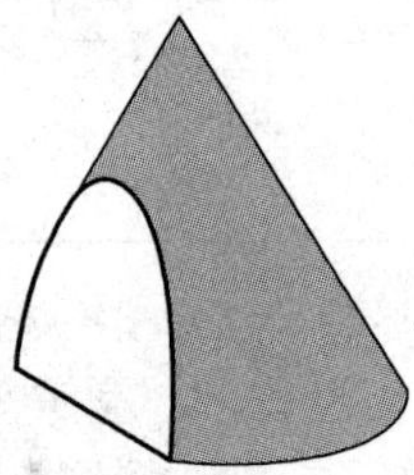 | 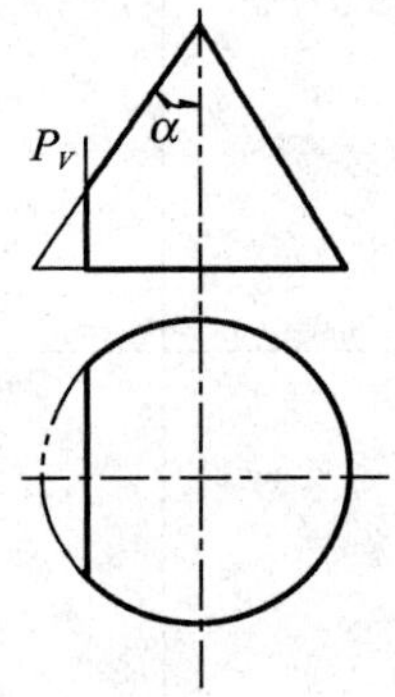 |

**【例题 3-3-4】** 如图 3-3-5 所示，圆锥被一个正平面所截，完成截交线的三面投影。

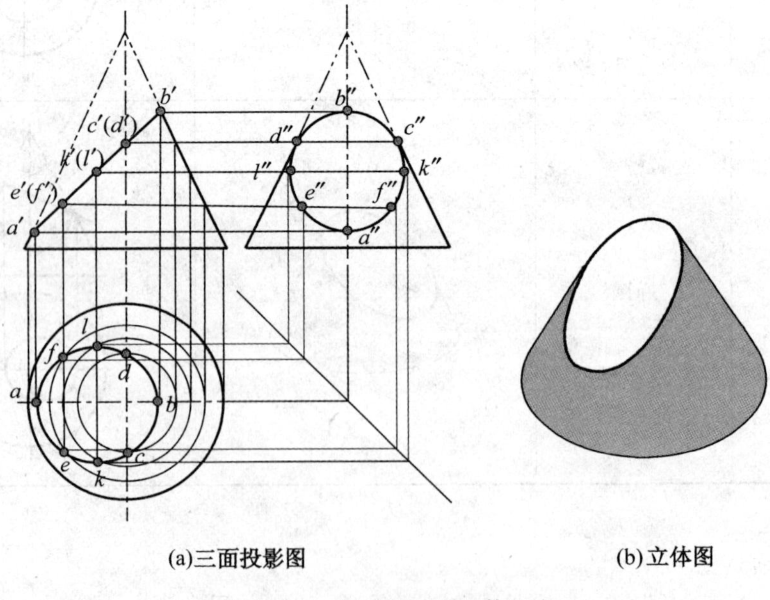


(a)三面投影图　　(b)立体图

图 3-3-5　正垂面与圆锥体相交

[思路分析]

圆锥体的轴线为铅垂线，因截平面与圆锥体轴线的倾角大于圆锥母线与轴线的夹角，所以截交线为椭圆。由于截平面是正垂面，故截交线的 $V$ 面投影为直线，$H$ 面投影和 $W$ 面投影均为椭圆。

[作图步骤]

①求截交线上的特殊点：截交线的最低点 $A$ 和最高点 $B$，也是椭圆长轴的端点，它们的 $V$ 面投影 $a'$、$b'$ 可直接求出。根据点的从属性和投影规律，可以求出它们的 $H$ 面投影 $a$、$b$ 和 $W$ 面投影 $a''$、$b''$。

截交线的最前点 $K$ 和最后点 $L$，也是椭圆短轴的端点，它们的 $V$ 面投影 $k'$、$l'$ 为 $a'b'$ 的中点，根据圆锥面上取点的方法，可求出 $k$、$l$ 和 $k''$、$l''$。

圆锥体前、后素线与 $V$ 面投影的交点 $c'$、$d'$ 可直接作出，根据点的从属性和投影规律，可以求出它们的 $H$ 面投影 $c$、$d$ 和 $W$ 面投影 $c''$、$d''$。

②求截交线上的一般点：在截交线的适当位置截取两个一般点 $e'$、$f'$，其 $H$ 面投影和 $W$ 面投影可求出。

③用平滑的曲线连接各点的同面投影，并判断可见性。

④检查、整理、描深图线，完成全图，如图 3-3-5(a)所示。

## 课后思考

1. 平面立体和曲面立体的三面投影各有什么特点？
2. 如何在平面立体和曲面立体上取点？
3. 什么是截交线和截平面？截交线有什么特征？
4. 圆柱体被平面截切后，截交线有哪几种形状？
5. 圆锥体被平面截切后，截交线有哪几种形状？
6. 平面立体和曲面立体被平面截切后，截交线的求作有什么不同？

## 本章小结

- 基本形体的投影
  - 平面立体的投影
    - 棱柱体的三面投影
    - 棱锥体的三面投影
    - 平面立体上取点
  - 曲面立体的投影
    - 圆柱体的三面投影
    - 圆锥体的三面投影
    - 球体的三面投影
    - 曲面立体上取点
  - 截交线的求作
    - 截交线的概念
    - 平面与平面立体相交
    - 平面与曲面立体相交

# 第四章　轴测投影

## 知识目标

1. 明确绘制轴测图的必要性。
2. 了解轴测投影的形成和分类。
3. 掌握轴测投影的投影特性。
4. 掌握形体的正等测投影和斜二测投影的绘制原理和作图方法。

## 能力目标

能根据物体的三面投影图绘制其正等测轴测图和斜二测轴测图。

**课堂引入**

轴测图是用平行投影的方法画出的一种富有立体感的单面投影图，它接近人们的视觉习惯，在生产实践和学习中常被用作辅助图样。

## 第一节　轴测投影的基础知识

在工程图中，主要是用三面正投影图来表达物体的形状和大小。三面正投影图可以较完整地、确切地表达出物体各部分的形状和大小，且作图方便，度量性好，是工程上常用的视图，如图 4-1-1(a)所示。但这种图样直观性差，缺乏立体感，读图时需结合三个投影才能读出形体的空间形状。为此，我们将富有立体感的轴测投影图作为工程辅助图样，帮助人们读图。

轴测投影图能同时反映形体长、宽、高三个方向的形状，具有立体感强、形象直观的优点，但不能确切地表达物体原来的形状与大小，且作图较复杂，因而在工程上一般仅用作辅助图样，如图 4-1-1(b)所示。

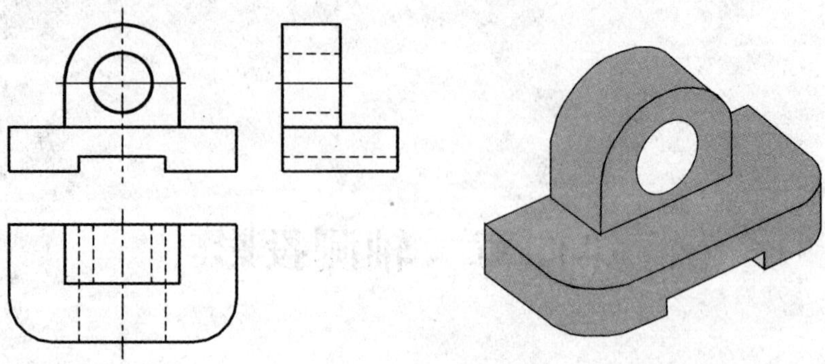

(a)正投影图　　(b)轴测投影图

图 4-1-1　正投影图和轴测投影图

## 一、轴测投影图的形成及有关概念

将物体连同参考直角坐标系，沿不平行于任一坐标面的方向，用平行投影法将其投射在单一投影面上所得到的图形，称为轴测投影图（或轴测图），如图 4-1-2 所示。

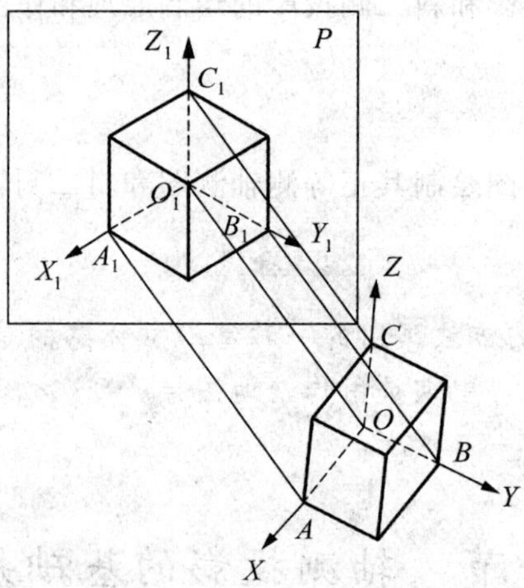


图 4-1-2　轴测投影示例

其他名词术语还有：

1. 轴测投影面

产生轴测投影的投影面称为轴测投影面，如图 4-1-2 中的 $P$ 平面。

2. 轴测投影轴

空间直角坐标轴 $OX$、$OY$、$OZ$ 在轴测投影面上的投影 $O_1X_1$、$O_1Y_1$、$O_1Z_1$ 称为轴测投影轴，简称“轴测轴”。

3. 轴间角

轴测轴之间的夹角 $\angle X_1O_1Y_1$、$\angle Y_1O_1Z_1$、$\angle Z_1O_1X_1$ 称为轴间角，其中任何一个都不能为零，三轴间角之和为 360°。随着坐标轴、投射方向与轴测投影面的相对位置不同，轴间角的大小也不同。

4.轴向伸缩系数

轴测轴的单位长度与相应直角坐标轴的单位长度的比值，称为轴向伸缩系数，又称为轴向变化率。$OX_1$、$OY_1$、$OZ_1$ 三个轴测轴方向的轴向伸缩系数分别用 $p$、$q$、$r$ 表示，$p=O_1X_1/OX$，$q=O_1Y_1/OY$，$r=O_1Z_1/OZ$。

## 二、轴测投影的分类

根据形体是否正放(形体尽量多的棱面平行或垂直于投影面称正放)、投射线是否垂直于轴测投影面，轴测投影可分为以下两类：

1.正轴测投影

将形体斜放，使其三个坐标轴方向都倾斜于一个投影面，然后用正投影的方法向该投影面进行投影，称为正轴测投影。由这种方法画出来的图称为正轴测投影图，简称“正轴测图”，如图 4-1-3(a)所示。

2.斜轴测投影

将形体正放，采用斜投影的方法向一个投影面投影，称为斜轴测投影。由这种方法画出来的图称为斜轴测投影图，简称“斜轴测图”，如图 4-1-3(b)所示。

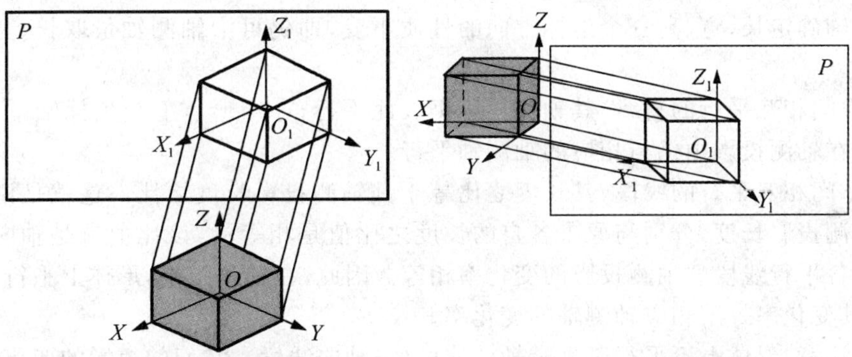


(a)正轴测投影　　(b)斜轴测投影

图 4-1-3　轴测投影

正轴测投影和斜轴测投影每类按轴向变化率又分为三类：

(1)若三个轴向变化率都相等，即 $p=q=r$，称正(或斜)等测投影。

(2)若有两个轴向变化率相等，即 $p=q\neq r$ 或 $p=r\neq q$ 或 $p\neq q=r$，称为正(或斜)二测投影。

(3)若三个轴向变化率都不相等，即 $p\neq q\neq r$，称为正(或斜)三测投影。

在实际绘图中，正等测图用得较多。对于正(或斜)二测图，一般采用轴向变形系数 $p=r=2q$，而三轴测图由于作图较繁，在实际上很少采用。由于篇幅所限，本书中仅对正等测图和斜二测图展开叙述。

### 三、轴测投影轴的设置

根据轴测投影的图示方法绘制形体的轴测图时，先要确定轴测轴 $O_1X_1$、$O_1Y_1$、$O_1Z_1$，然后再将这些轴测轴作为基准来绘制轴测图。轴测轴一般设置在形体内，与形体主要棱线、对称中心线或轴线重合或者平行（见图 4-1-4）；也可以设置在形体之外。

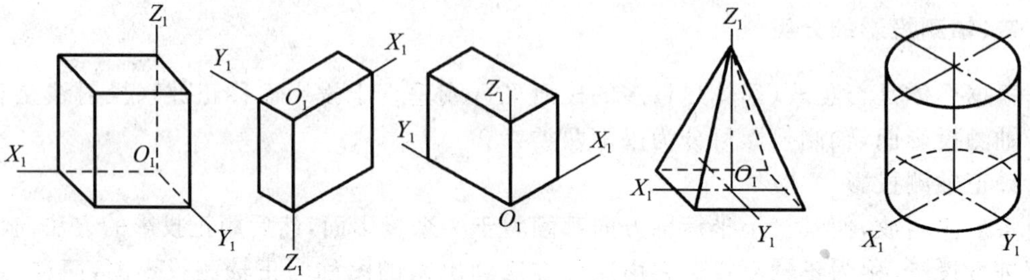


图 4-1-4　轴测投影轴的设置

### 四、轴测投影的投影特性

(1)空间直角坐标轴投影成为轴测轴以后，直角在轴测图中一般已不再是 90°了，但是沿轴测轴确定长、宽、高三个坐标方向的性质不变，即仍可沿轴测轴量取长、宽、高三方向的尺寸。

(2)空间相互平行的直线，其轴测投影仍彼此平行，亦即形体上与坐标轴平行的直线(轴向线)在轴测投影中仍与相应的轴测轴平行。

(3)空间相互平行的线段，其长度之比等于其轴测投影长度之比。这就是说，平行两直线的轴测投影长度，分别与原来各自的长度之比值是相等的，该比值就是轴向变化率。所以空间各平行线段的轴测投影的变化率相等。因此，在轴测图中，形体上平行于坐标轴的线段，其变化率等于相应轴测轴的变化率。

但应注意，形体上不平行于坐标轴的线段(非轴向线段)，它们的投影的变化与平行于坐标轴的那些线段不同，因此，不能将非轴向线段的长度直接移到轴测图上。画非轴向线段的轴测投影时，需要用坐标法定出其两端点在轴测坐标系中的位置，然后再连线即得线段的轴测投影图。

## 第二节　正等测投影图

### 一、正等测图的形成

将形体放置成使它的三个坐标轴与轴测投影面具有相同的夹角，然后按照正投影的方法向轴测投影面投影，就可以得到正等测轴测投影图，简称“正等测图”。

### 二、正等测图的轴间角、轴向伸缩系数

正等测图的三个轴间角相等，均为 120°。三个轴向伸缩系数也相等，即 $p=q=r=$

0.82。为了作图方便，国家标准规定用简化的伸缩系数 1 代替理论伸缩系数 0.82，即沿各轴向量取的长度等于物体上相应的实长。这样画出的轴测图比按理论伸缩系数画出的轴测图放大了约 1.22 倍。简化画法虽然把图形放大了，但形状并未改变，对立体感也没有影响，而作图却相对简便。

作正等测轴时，一般总是将 $O_1Z_1$ 轴画成垂直位置（但应注意它并不是空间铅垂线，应想象它在空间中是倾斜对着读图者的），把 $O_1X_1$、$O_1Y_1$ 轴画成与水平线成 30°，如图 4-2-1 所示。

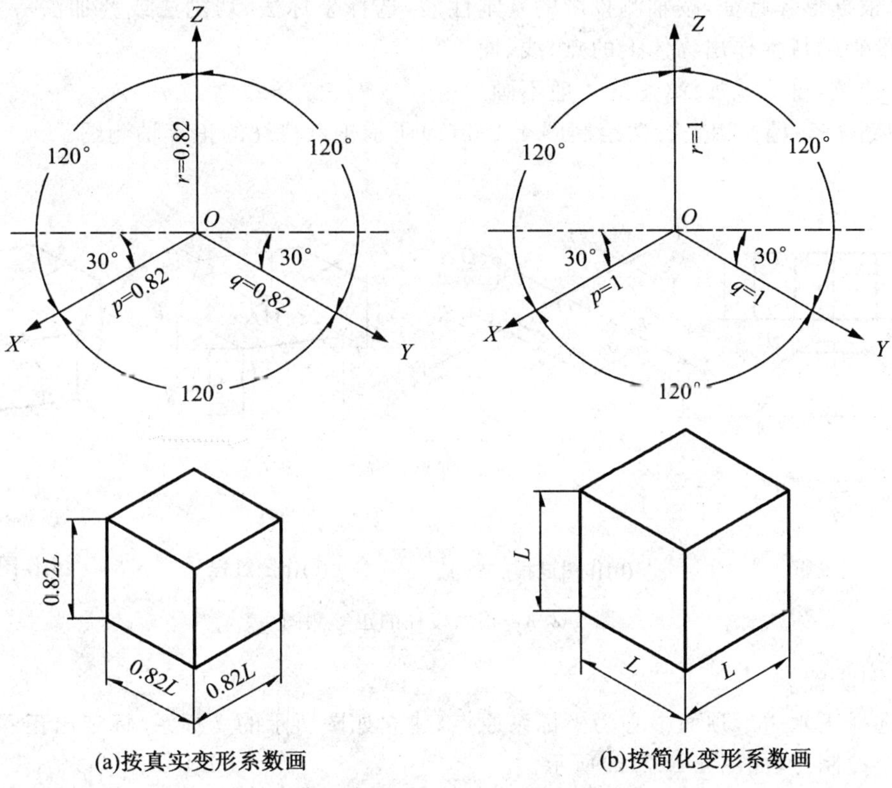


图 4-2-1 正等测投影的轴测轴、轴间角、轴向伸缩系数

**三、正等测图的绘制**

1. 正等测图的绘制方法

画正等测图的方法有坐标法、切割法和叠加法。坐标法是最基本的方法，切割法和叠加法以坐标法为基础。

（1）坐标法

根据物体表面上各点的坐标，画出各点的轴测图，然后依次连接各点，即得该物体的轴测图。

（2）切割法

将切割型的组合体看作一个完整的、简单的基本形体，作出它的轴测图，然后将多余的部分逐步地切割掉，最后得到组合体的轴测图。

(3)叠加法

将叠加型的组合体用形体分析的方法,分成几个基本形体,再依次按其相对位置逐个地作出轴测图,最后得到整个组合体的轴测图。

2. 正等测图的绘制步骤

(1)首先在正投影中确定空间坐标系 $OXYZ$,原点 $O$ 的位置应便于作图。

(2)选择轴测图类型,并按轴间角画出轴测轴。

(3)根据形体特征,按轴测投影的基本性质,选择坐标法、切割法或叠加法等方法,运用平行投影的特性作出物体上的点、线、面。

(4)校核,可见线加深(虚线一般不画)。

**【例题 4-2-1】** 用坐标法绘制图 4-2-2(a)所示正六棱柱的正等轴测图。

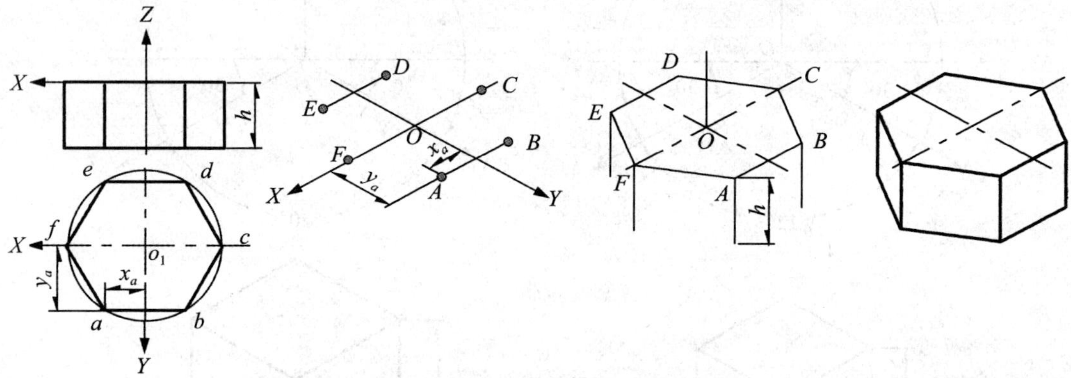


(a)正投影 (b)作图过程 (c)作图过程 (d)作图结果

图 4-2-2 正六棱柱的正等测图

[作图步骤]

①选择正六边形顶面中心为坐标系原点,建立如图所示的坐标系,标定出正六边形顶面的六个控制点,如图 4-2-2(a)所示。

②绘制出正等测轴测轴。

③根据坐标,确定出 $A$、$B$、$C$、$D$、$E$、$F$ 六个点,并顺次连接这六个点,如图 4-2-2(b)(c)所示。

④过顶面上各点,向下截取六棱柱的高,得出对应各顶点,顺次连线,即得到底面,如图 4-2-2(c)所示。

⑤擦去多余线条,加深图形,如图 4-2-2(d)所示。

**【例题 4-2-2】** 利用切割法绘制图 4-2-3(a)所示形体的正等测图。

[作图步骤]

作图步骤如图 4-2-3(b)(c)(d)所示。

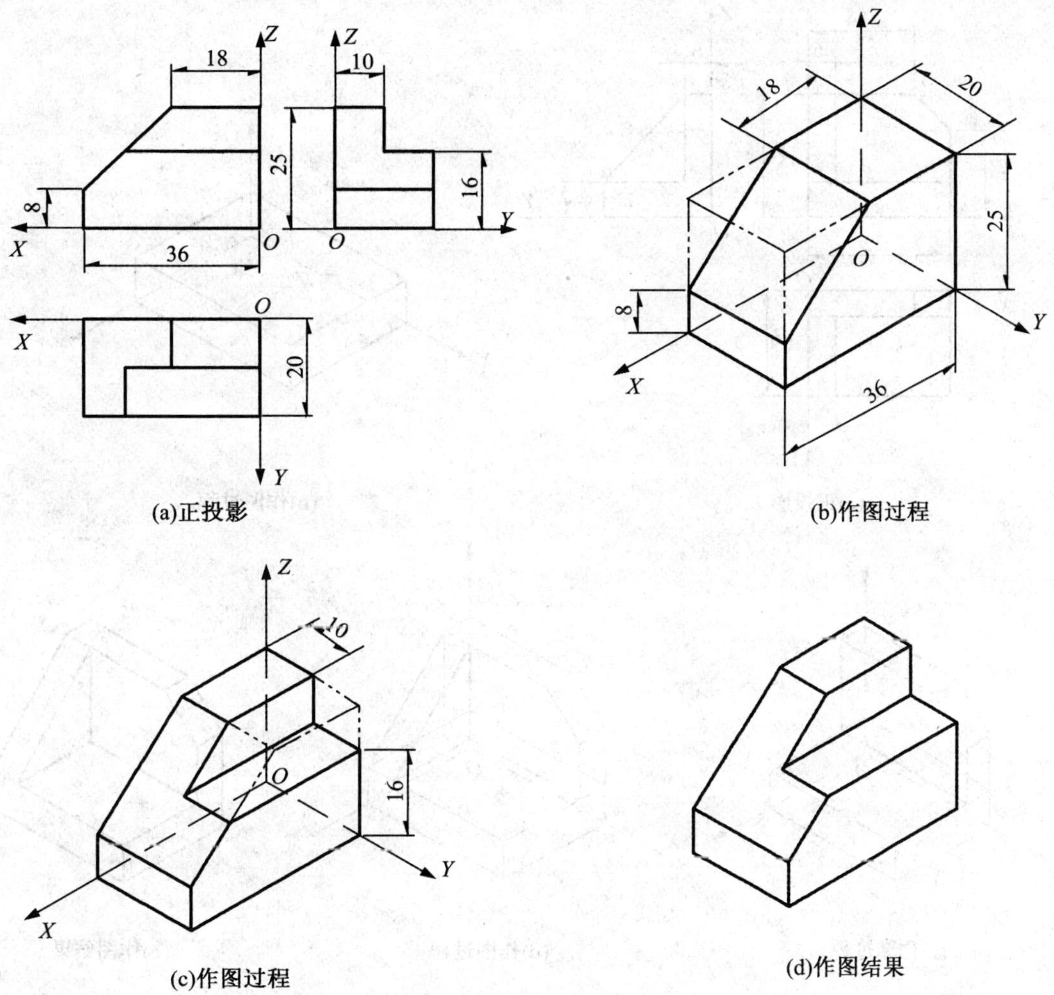


图 4-2-3　切割法作形体的正等测图

**【例题 4-2-3】** 利用叠加法绘制图 4-2-4(a)所示形体的正等测图。

［作图步骤］

作图步骤如图 4-2-4(b)(c)(d)(e)所示。

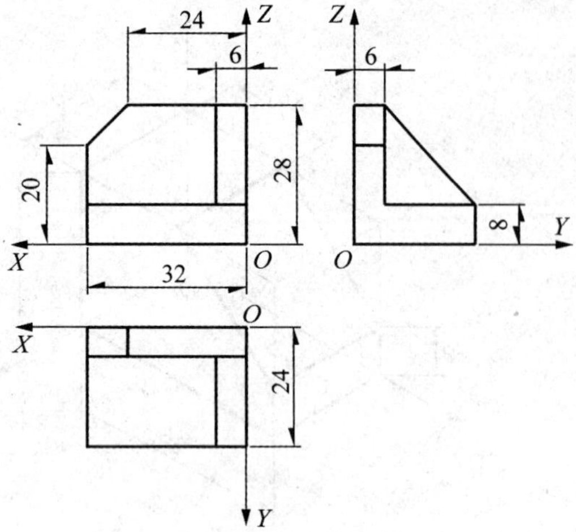


(a)正投影

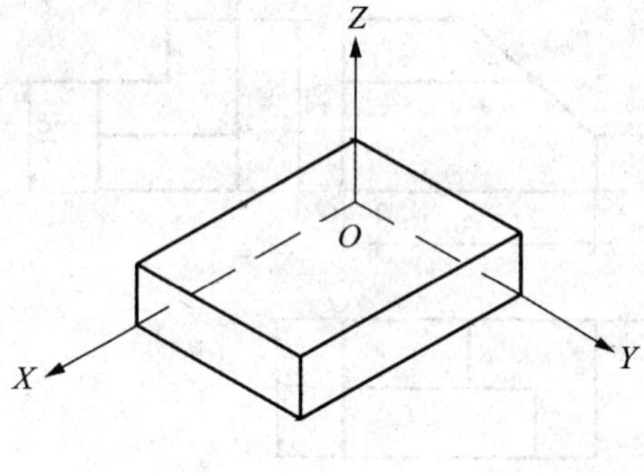


(b)作图过程

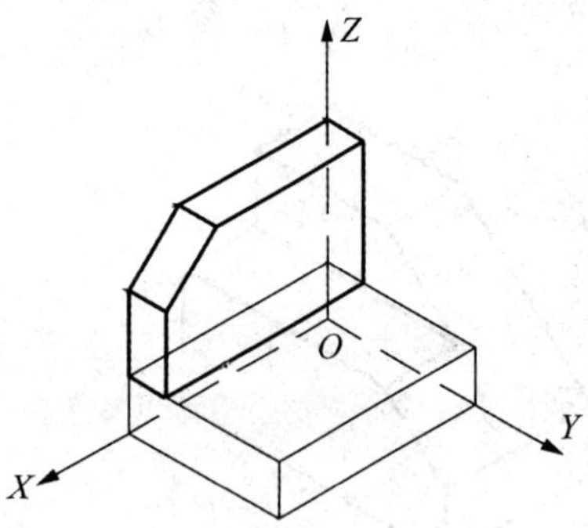


(c)作图过程

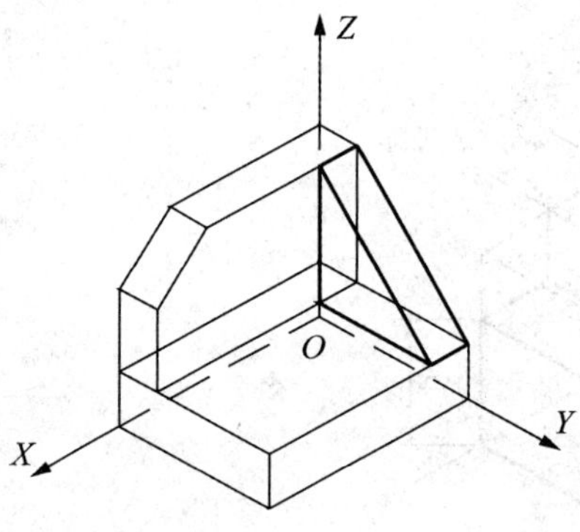


(d)作图过程

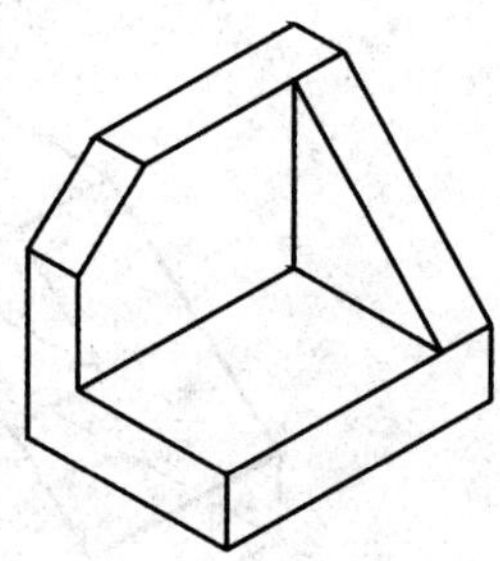

(e)作图结果

图 4-2-4 叠加法作形体的正等测图

## 四、圆的正等测投影

在正等测投影中，三个坐标面均倾斜于轴测投影面，因此，正平圆、水平圆、侧平圆的正等测投影的形状都是椭圆，且三个轴测圆的大小相等。图 4-2-5 所示为三个坐标面内直径相等的圆的正等测图。由图可见：$X_1O_1Y_1$ 面上椭圆的长轴垂直于 $O_1Z_1$ 轴；$X_1O_1Z_1$ 面上椭圆的长轴垂直于 $O_1Y_1$ 轴；$Y_1O_1Z_1$ 面上椭圆的长轴垂直于 $O_1X_1$ 轴。椭圆的正等测图一般采用四心圆弧法绘制。

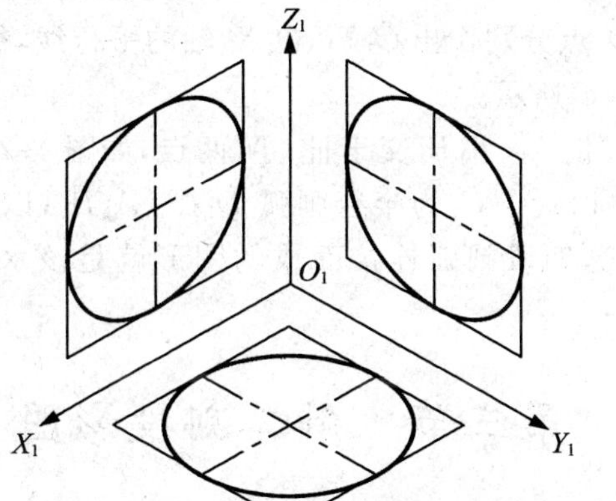


图 4-2-5　三个坐标面内圆的正等测图

**【例题 4-2-4】** 绘制图 4-2-6(a)所示半径为 $R$ 的水平圆的正等测投影。

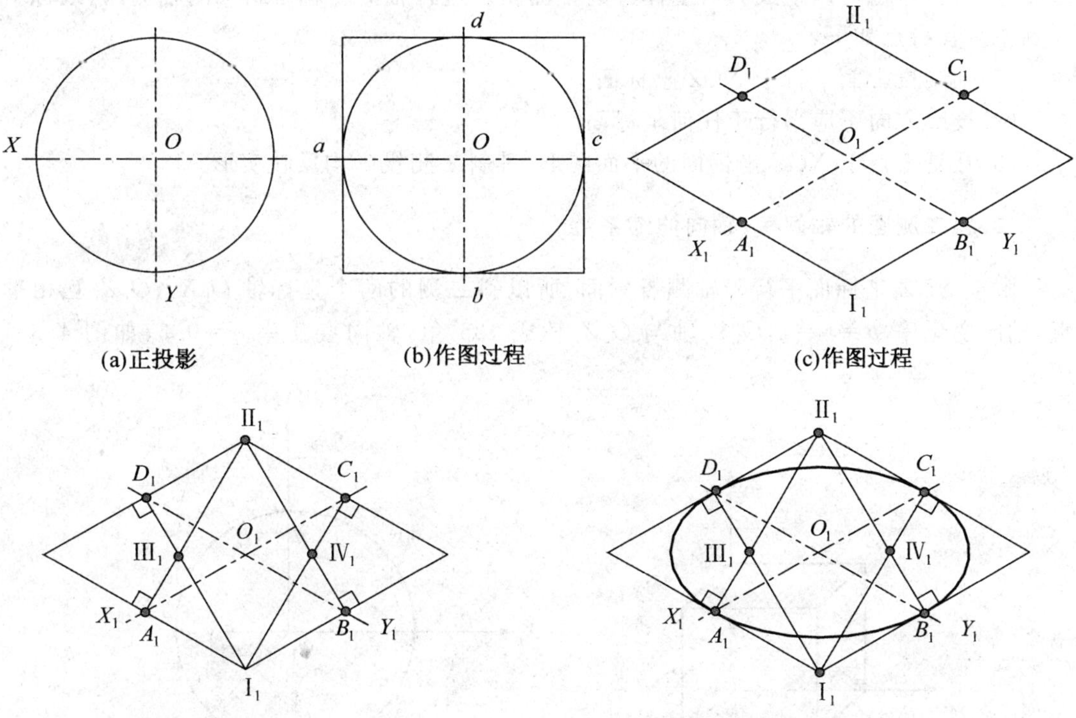


(a)正投影　(b)作图过程　(c)作图过程

(d)作图过程　(e)作图结果

图 4-2-6　圆的正等测投影

[作图步骤]

①定出直角坐标的原点及坐标轴。画出圆的外切正方形，与圆相切于 $a$、$b$、$c$、$d$ 四个点，如图 4-2-6(b)所示。

②画出正等轴测轴 $O_1X_1$、$O_1Y_1$，并在 $O_1X_1$、$O_1Y_1$ 轴上截取 $O_1A_1=O_1B_1=O_1C_1=$

$O_1D_1=R_1$，得出 $A_1$、$B_1$、$C_1$、$D_1$ 四个点，如图 4-2-6(c)所示。

③过 $A_1$、$C_1$ 和 $B_1$、$D_1$ 点分别作出 $O_1Y_1$、$O_1X_1$ 轴的平行线，得出菱形，对角距较短的两点为 $\mathrm{I}_1$、$\mathrm{II}_1$，如图 4-2-6(c)所示。

④连接 $\mathrm{I}_1C_1$、$\mathrm{I}_1D_1$、$\mathrm{II}_1A_1$、$\mathrm{II}_1B_1$ 交于 $\mathrm{III}_1$、$\mathrm{IV}_1$ 两点，如图 4-2-6(d)所示。

⑤分别以 $\mathrm{I}_1$、$\mathrm{II}_1$ 为圆心，$\mathrm{I}_1C_1$ 为半径画弧 $D_1C_1$、$A_1B_1$；以 $\mathrm{III}_1$、$\mathrm{IV}_1$ 为圆心，$\mathrm{III}_1A_1$ 为半径画弧 $A_1D_1$、$B_1C_1$。由这四段圆弧连接而成的图形就是该水平圆的正等轴测图，如图 4-2-6(e)所示。

## 第三节　斜二测投影图

### 一、斜二测图的形成

使物体坐标系的 $XOZ$ 坐标面平行于轴测投影面，然后采用斜投影的方法向轴测投影面进行投影，也可以生成具有立体感的轴测图。这种轴测图就是斜二测轴测图，或称斜二测图。其特点如下：

(1)轴测投影面平行于 $XOZ$ 坐标面。

(2)投影方向不应平行于任何坐标面。

(3)凡是平行于 $XOZ$ 坐标面的平面图形，其斜二测投影均反映实形。

### 二、斜二测图的轴间角、轴向伸缩系数

由于 $XOZ$ 坐标面平行于轴测投影面，所以斜二测的两个坐标轴 $O_1X_1$、$O_1Z_1$ 互相垂直，轴向变化率 $p=r=1$，$O_1Y_1$ 轴与 $O_1Z_1$ 轴成 135°角，轴向变化率 $q=0.5$，如图 4-3-1 所示。

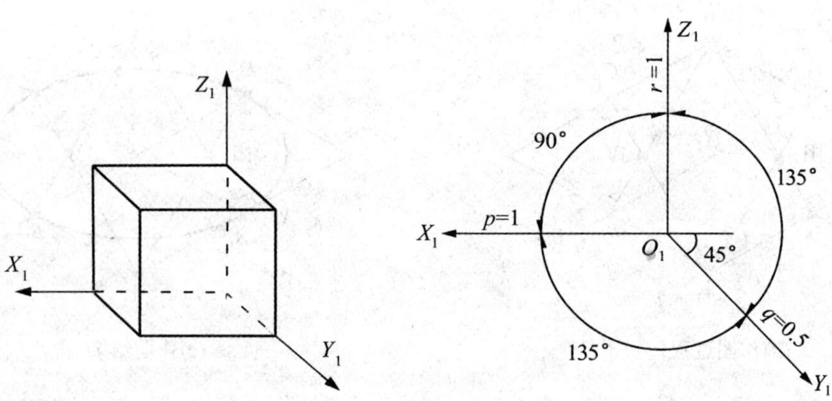


图 4-3-1　斜二测图的轴测轴、轴间角和轴向变化率

绘制斜二测图时，通常是使两条坐标轴与轴测投影面平行。为便于说明问题，将坐标面 $XOZ$ 置于轴测投影面上，这样，不论投射方向如何，$O_1X_1$、$O_1Z_1$ 轴的投影都是它们本身，即 $OX$、$OZ$ 轴就是轴测轴。它们之间的轴间角总是 90°，$OX$ 和 $OZ$ 轴的轴向变化率总是 1。

斜二测图的优点是：平行于坐标面 $XOZ$ 的平面在投影后形状不变。这对于在适当情况下画形体的轴测投影图是很方便的。

## 三、斜二测图的绘制方法与步骤

斜二测图的绘制方法与正等测图相同，在此不再叙述。

斜二测图的绘制步骤如下：

(1)确定物体的坐标轴。应将物体上大小不等的端面或含有圆、圆弧的端面选为正面，即使其平行于 $XOY$ 坐标面。

(2)绘制斜二测的轴测轴。

(3)运用平行投影的特性作出物体上的点、线、面的轴测投影(即：与坐标轴平行的棱线，其轴测投影平行于对应的轴测轴；其轴向伸缩系数等于对应坐标轴的轴向伸缩系数)。

(4)整理图线。加深、加粗物体上可见的图线，不可见的图线不画出。

**【例题 4-3-1】** 画出图 4-3-2 所示物体的斜二测图。

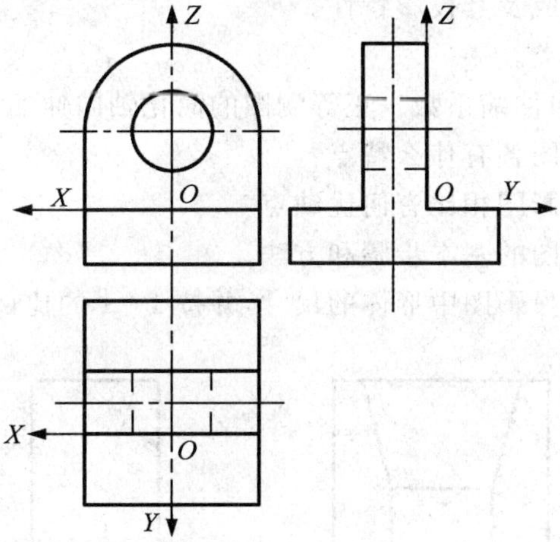


图 4-3-2 投影图

［作图步骤］

①在正投影图上选定坐标轴。

②画出轴测轴的位置，定出圆孔的圆心 $O$，并画出前表面。

③画出与前表面相同的后表面。画半圆柱的轮廓线时应作前后两个半圆的公切线。

④画物体的下半部分，擦去多余线，加深后即为所求斜二测图，如图 4-3-3(b)所示。

⑤该物体的斜二测图也可画成图 4-3-3(c)所示的形式。

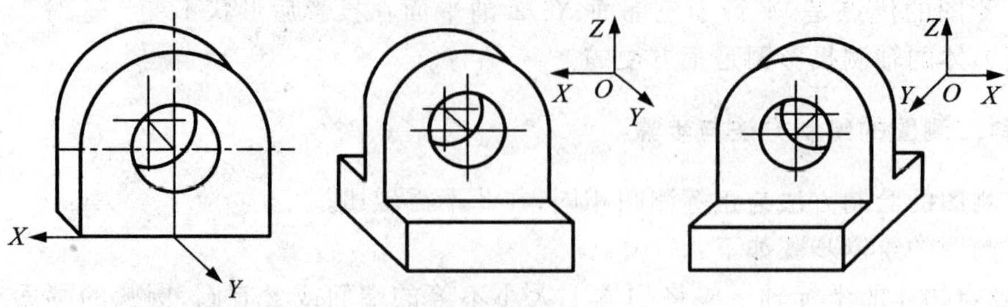


(a)作图步骤　　(b)作图结果　　(c)作图结果

图 4-3-3　形体的斜二测投影

## 课后思考

1. 简述轴测投影的形成及其投影特性。
2. 简述轴测投影的分类。
3. 什么是轴间角、轴向伸缩系数？正等测图的简化轴向伸缩系数是多少？
4. 正等测图和斜二测图各有什么特点？
5. 轴测图和多面正投影图相比有何优缺点？
6. 简述绘制轴测投影图的基本步骤和方法。
7. 量出下图所示三面投影图中形体的尺寸，并按 1∶1 的比例绘制其正等轴测图。

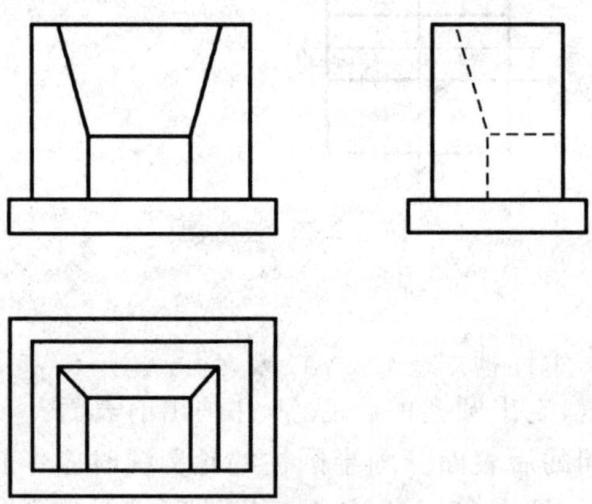

## 本章小结

- 轴测投影
  - 轴测投影的基本知识
    - 轴测投影的形成
    - 轴测投影的分类
    - 轴测投影轴的设置
    - 轴测投影的投影特性
  - 正等测投影
    - 正等测图的形成
    - 轴间角、轴向伸缩系数
    - 正等测图的绘制
  - 斜二测投影
    - 斜二测图的形成
    - 轴间角、轴向伸缩系数
    - 斜二测图的绘制

# 第五章　组合体的投影

## 知识目标

1. 理解组合体的投影概念以及组合方式。
2. 熟悉道路桥梁中常见的组合体构件。
3. 熟悉组合体的读图、绘图方法和绘图步骤。
4. 熟悉组合体尺寸标注的要点。

## 能力目标

1. 能正确阅读和绘制工程上常见的组合体构件。
2. 能根据组合体的三面投影图想象出组合体的空间形状。
3. 能根据组合体的轴测图或立体模型，绘制组合体的三面投影并标注尺寸。

**课堂引入**

工程上的构筑物大部分都是组合体，它是由若干基本体组合而成的。

## 第一节　组合体概述

### 一、形体分析法的定义

组合体是由基本体组合而成的。在研究组合体时，无论其形状多么复杂，通常可把它分解成若干个基本体，然后分析每个基本体的形状、相对位置，便可方便地分析出组合体的形状和空间位置。这种分析组合体的方法称为形体分析法。

**知识拓展**

在绘制和识读组合体的投影之前，常用形体分析法来分析组合体的组成、形状和各组成部分的相对位置，以便有次序地画图和读图。

**二、组合体的分类**

根据组成方式的不同，组合体大致可以分成三类：

1. 叠加型

由若干个基本形体叠加而成的组合体称为叠加型组合体。如图 5-1-1(a)所示，该组合体可以看成由一个长方体(四棱柱)与一个三棱柱、一个五棱柱组成。

2. 切割型

一个基本形体被一些不同位置的截面切割后而形成的组合体称为切割型组合体。如图 5-1-1(b)所示，该组合体可以看成是由一个长方体经两次切割而成。第一次是在长方体的中前部挖去一个小长方体，形成一个槽形体；第二次是将槽形体用一正垂面切掉一块。

3. 综合型

由基本形体叠加和被切割而成的组合体称为综合型组合体。如图 5-1-1(c)所示，该组合体可以看成由一个长方体(底板)、一个圆台和一个圆柱叠加后，再挖去一个四棱柱而形成。

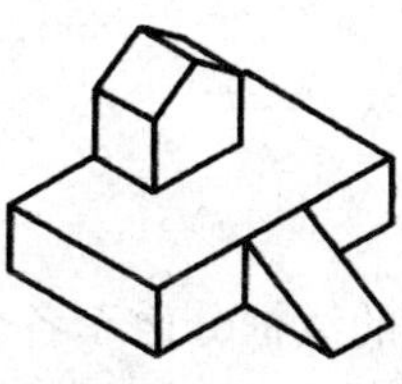
(a)叠加型

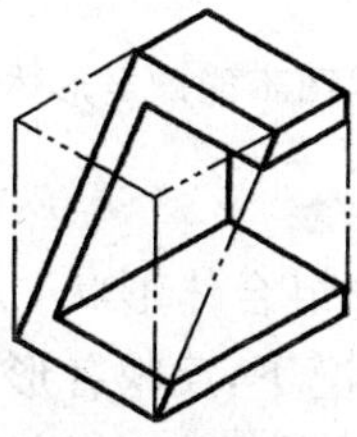
(b)切割型

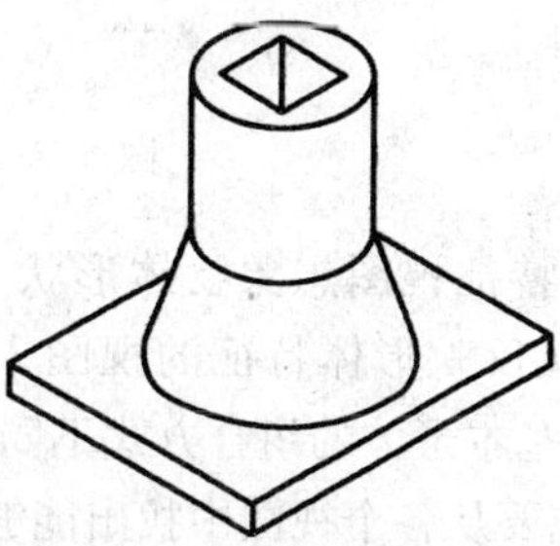
(c)综合型

图 5-1-1　组合体的分类

## 第二节　组合体投影图的阅读

读图是根据形体的投影图想象形体的空间形状的过程，也是培养和发展空间想象能力、空间思维能力的过程。读图时，要根据投影关系——长对正、宽相等、高平齐(简称“三等关系”)分析出组合体各部分的结构形状以及相对位置，综合起来想象整体形状。这是一个从平面到空间的思维过程。

## 一、读图的基本知识

1. 熟练地运用三等关系

在投影图中，形体的三个投影图不论是整体还是局部，都具有长对正、高平齐、宽相等的三等关系。如何用好这三等关系是读图的关键。

2. 熟悉基本形体的投影特征

由于组合体可以看作是由基本形体叠加、切割而成的，为了读懂图样，应熟悉常见基本形体的投影，如棱柱、棱锥、圆锥、球等，能根据视图准确地判断出它们的空间形状及相对投影体系的位置。

3. 联系多个投影

一个视图通常是不能确定组合体的形状和各表面相对位置的，有时两个视图也不能确定组合体的形状，读图时一定要把几个投影全部联系起来，综合各个侧面的特征想象形体的空间形状。

如图 5-2-1 所示，两个形体的 $V$ 面、$H$ 面投影完全相同，但因为 $W$ 面投影中两条虚线和实线的差异，使得两形体的空间形状完全不同。

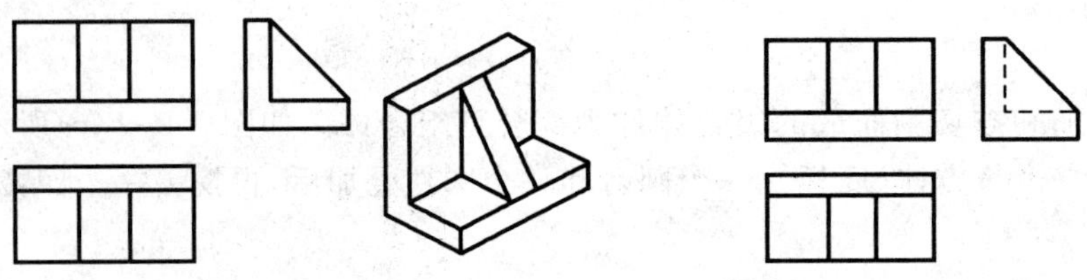

(a) (b)

图 5-2-1　两个视图不能确定形体的形状

4. 由特征视图想象物体形状

(1)从反映形体特征的视图入手，想象组合体形状

由于基本形体的组合方式不同，一般情况下，反映各形体特征的线框分散于各个视图，看图时，首先要从各个视图中找出能够反映各形体特征的线框，并以此来想象各部分的形状。

如图 5-2-2 所示，由 $H$ 面投影可以看出，(a)(b)视图的基本形体是不同的。

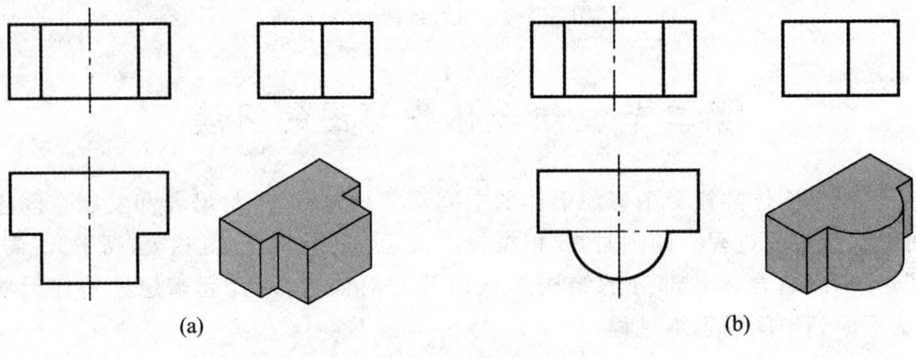

(a) (b)

图 5-2-2　由特征视图想象组合体形状

(2)从反映形体位置特征的视图入手,想象各部分的相对位置

组成组合体各部分的相对位置有上下、左右、前后六个方向。其中,$V$ 面、$W$ 面可以反映上下关系,$V$ 面、$H$ 面可以反映左右关系,$H$ 面、$W$ 面可以反映前后关系。确定位置时,首先要找到位置特征视图,并以此想象各部分的相对位置。

如图 5-2-3 所示,由 $V$、$H$ 面投影无法确定形体上的凸起或下凹部分,但由 $V$、$W$ 面投影则可以判定,因此,$W$ 面投影图为位置特征视图。

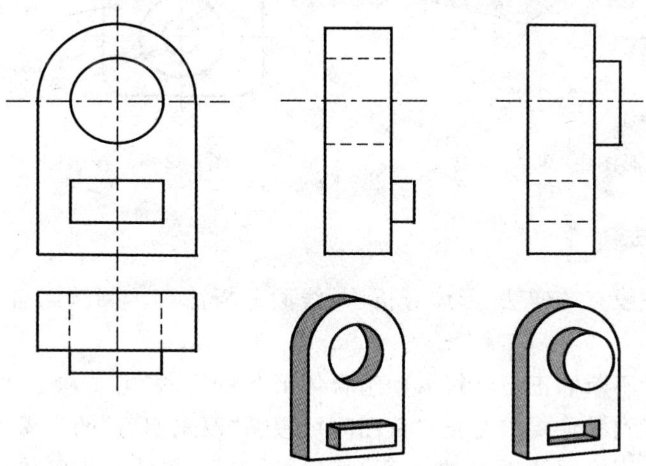

图 5-2-3　由位置特征视图想象各形体的相对位置

5. 明确投影图中线条、线框的空间含义

(1)线条的含义

投影图中的一个线条,除表示一条线的投影外,还可以表示一个有积聚性的面的投影、两个面的相交线或曲面的转向轮廓线。

如图 5-2-4 所示,数字 1 表示组合体上具有积聚性的平面,数字 2 表示组合体上两表面的交线,数字 3 表示曲面轮廓素线。

(2)线框的含义

①投影图中的一个封闭线框表示形体的一个表面或一个基本体的积聚投影。

②投影图中的两个相邻线框表示两个面不在同一平面上。

③线框中的线框通常表示凸面、凹面或通孔。

如图 5-2-5 所示,数字 1 表示一个曲面,数字 2 表示平面与曲面相切的组合面,数字 3 表示一个平面,数字 4 表示一个通孔。

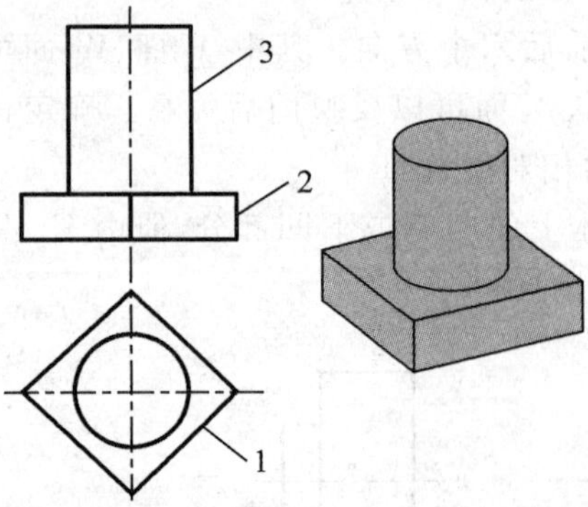


图 5-2-4　投影图中“线条”的含义

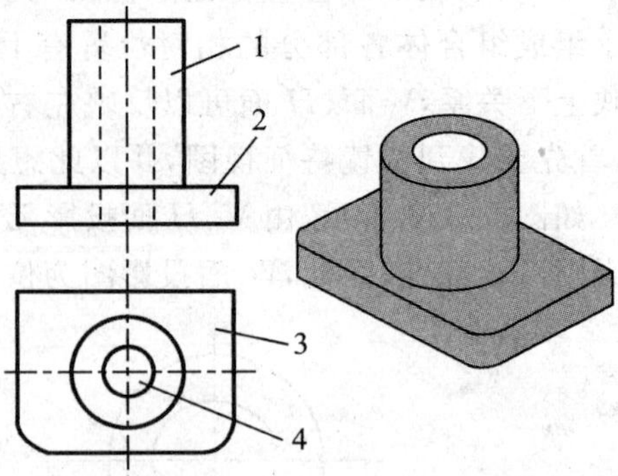


图 5-2-5　投影图中“线框”的含义

## 二、读图的方法

读图的方法一般有拉伸法、形体分析法、线面分析法等。阅读组合体投影图时，一般以形体分析为主。

读图的过程是不断修正自己想象中组合体形状的过程，它需要边对投影、边分析、边想象、边修正，一直到满足要求为止。读图时可遵循“四先四后”的步骤，即先粗看后细看，先用形体分析法后用线面分析法，先外部（实线）后内部（虚线），先整体后局部。

1. 拉伸法

拉伸法读图是投影的逆向思维，即把反映物体形状特征的投影图沿一定的投影方向从投影面拉回空间，完成物体的投影图阅读。拉伸法读图一般用于柱体或由平面切割立体而成的简单组合体。

运用拉伸法读图时，关键是在给定投影图中找出反映立体特征的线框。一般来讲，当立体的三个投影图中有两个投影图中的大多数线条互相平行，且都是平行于同一投影轴，而另一投影图是一个几何线框时，该线框就是反映立体形状特征的线框。

**【例题 5-2-1】**　阅读图 5-2-6(a)所示桥台基础的三面投影图。

［思路分析］

在三面投影图中，$V$ 面和 $W$ 面投影图的大多数图线都平行于 $Z$ 坐标轴，而 $H$ 面投影是一个几何图形，所以 $H$ 面投影的几何图框就是反映立体形状特征的线框，如图 5-2-6(b)所示。在读图时用拉伸的方法，把 $H$ 面的图框沿 $Z$ 坐标方向拉伸 $V$ 面（或 $W$ 面）的高度，完成组合体的阅读，如图 5-2-6(c)(d)所示。

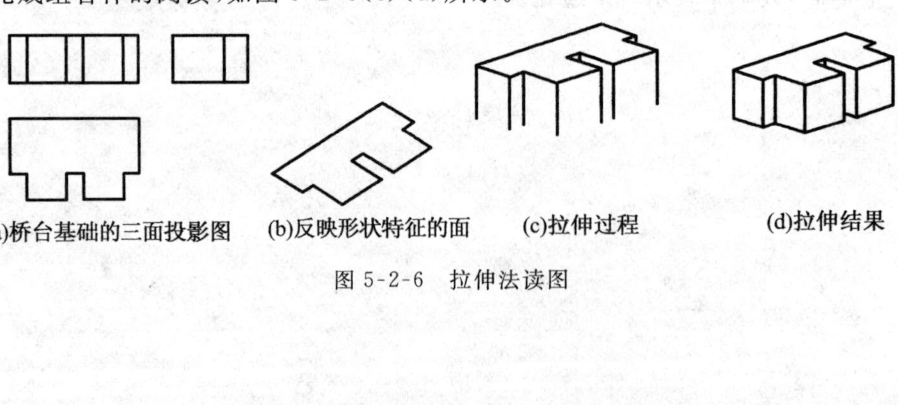

(a)桥台基础的三面投影图　(b)反映形状特征的面　(c)拉伸过程　(d)拉伸结果

图 5-2-6　拉伸法读图

2.形体分析法

形体分析法读图就是先以特征比较明显的视图为主，根据视图间的投影关系，把组合体分解成一些基本体，并想象各基本体的形状，再按它们之间的相对位置，综合想象组合体的形状。此读图方法常用于叠加型组合体。

形体分析法的读图步骤如下：

(1)分线框：从三投影图线框明显的视图中分线框。

(2)读线框：分解出的线框(基本体)利用拉伸法或线面分析法，结合各基本体的特征，读各基本体的形状。

(3)组合各线框：利用各线框之间的相对位置，综合想象组合体的形状。

3.线面分析法

根据各种位置直线和平面的投影特征，分析出形体的细部空间形状，即某一条线、某一个面所处的空间位置，从而想象出组合体的总体形状。此法一般用于不规则的组合体和切割型组合体，或检查已画好的投影图是否正确。

对于复杂的组合体，往往是将形体分析法和线面分析法结合使用。

**【例题 5-2-2】** 采用形体分析法阅读图 5-2-7(a)所示某挡土墙的投影图。

[思路分析]

(1)分线框：在组合体的投影图中，从特征明显的视图中分线框(即从组合体中分解基本体)，然后根据投影规律找出线框的对应关系。

①在 $V$ 面投影图中分出三个线框(即把组合体分解为三个基本体)，如图 5-2-7(b)所示。

②根据长对正的投影规律找出 $H$ 面这三个线框的对应图线，如图 5-2-7(c)所示。

(2)读线框：结合基本体的特征，读懂各基本体的形状，并补画其第三投影图。

①读线框 1(基本体 1)，补画其 $W$ 面投影图，如图 5-2-7(d)所示。

②读线框 2(基本体 2)，补画其 $W$ 面投影图，并与基本体 1 组合，如图 5-2-7(e)(f)所示。

③读线框 3(基本体 3)，补画其 $W$ 面投影图，并与基本体 1、2 组合，如图 5-2-7(g)所示。

(3)组合线框：根据各线框之间的相对位置，将读出的各个基本体组合起来，如图 5-2-7(h)所示。

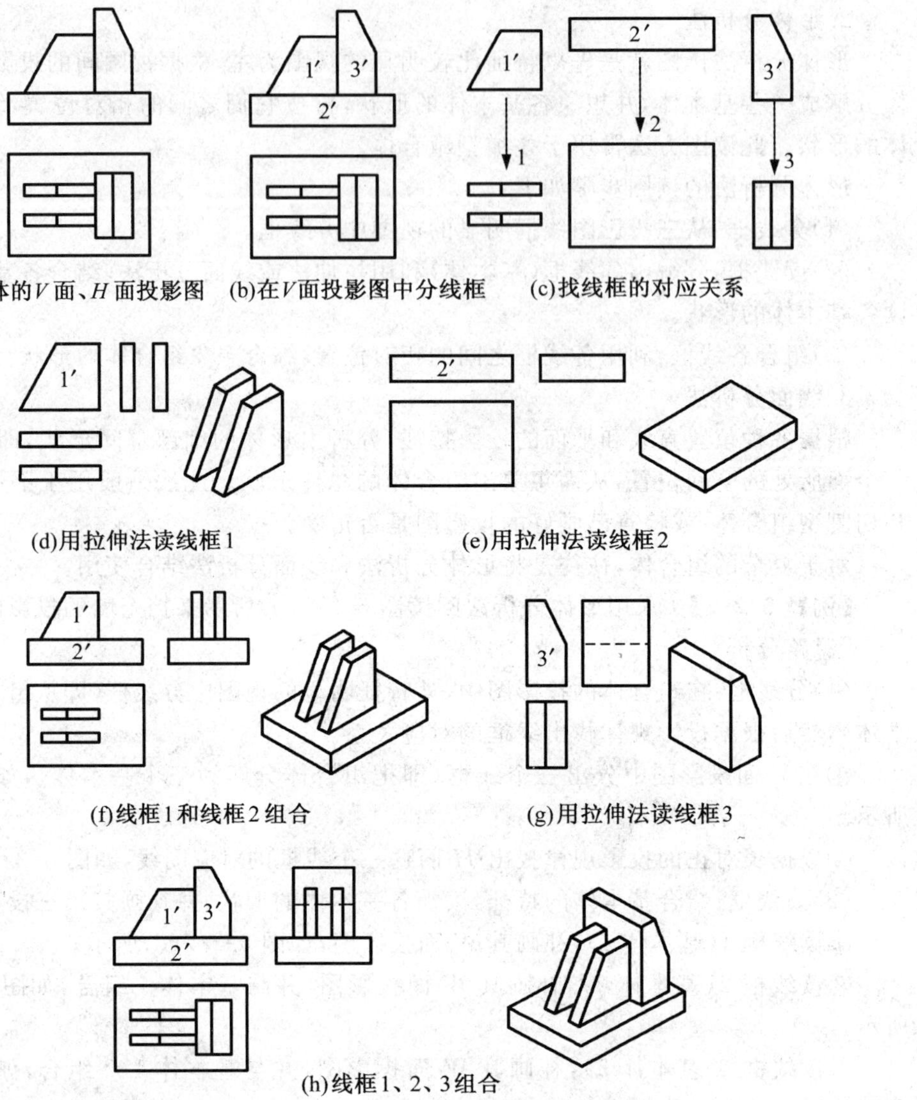


(a)物体的$V$面、$H$面投影图 (b)在$V$面投影图中分线框 (c)找线框的对应关系

(d)用拉伸法读线框1 (e)用拉伸法读线框2

(f)线框1和线框2组合 (g)用拉伸法读线框3

(h)线框1、2、3组合

图5-2-7 用形体分析法阅读挡土墙的投影图

**【例题5-2-3】** 阅读图5-2-8(a)所示桥台翼墙的三面投影图。

[思路分析]

(1)由已知的三面投影图可看出,$V$面只有一个线框,所以不能用形体分析的方法阅读。由于翼墙的$V$面投影是一个封闭的五边形线框,说明翼墙是由七个平面围成的,如图5-2-8(b)所示。

(2)确定各表面的形状和空间位置

①由已知的三面投影图可分析出1平面(前端面)是侧垂面,2平面(后端面)是正平面,如图5-2-8(c)(d)(e)所示。

②由已知的三面投影图可知3平面(左下侧面)是正垂面,6平面(左上侧平面)是侧平面,如图5-2-8(f)(g)(h)所示。

③由已知的三面投影图可知 4 平面(右侧面)是正垂面,如图 5-2-8(i)(j)所示。

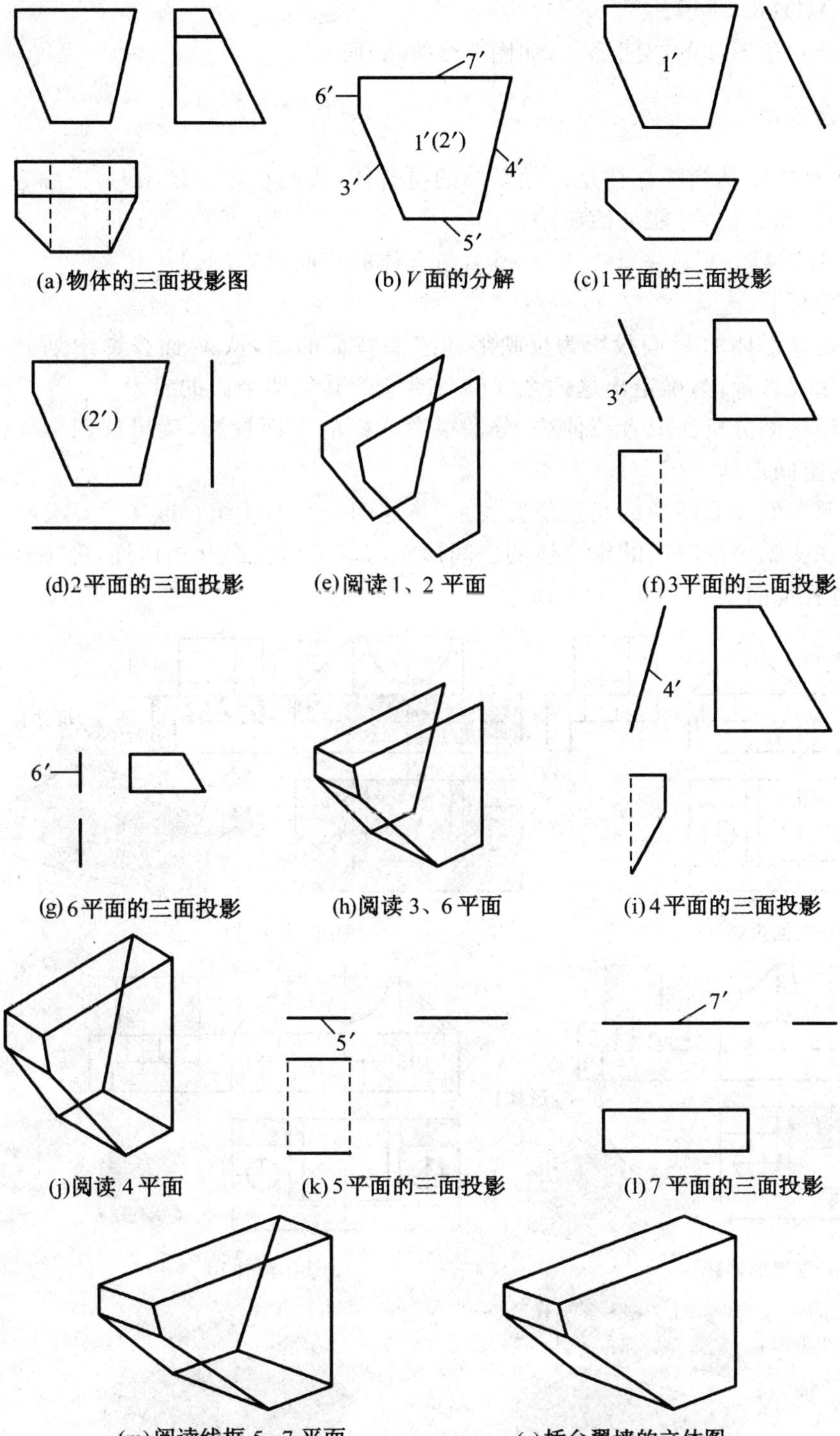


(a)物体的三面投影图　(b)V面的分解　(c)1平面的三面投影

(d)2平面的三面投影　(e)阅读1、2平面　(f)3平面的三面投影

(g)6平面的三面投影　(h)阅读3、6平面　(i)4平面的三面投影

(j)阅读4平面　(k)5平面的三面投影　(l)7平面的三面投影

(m)阅读线框5、7平面　(n)桥台翼墙的立体图

图 5-2-8　桥台翼墙的线面分析

④由已知的三面投影图可知 5 平面(下底面)是水平面,7 平面(上顶面)是水平面,如图 5-2-8(k)(l)(m)所示。

(3)综合想象形体的空间形状,如图 5-2-8(n)所示。

### 三、综合应用

实际工程中的结构物往往是比较复杂的组合体,我们在进行读图时,应综合考虑以上介绍的几种读图方法,并能灵活应用。

**【例题 5-2-4】** 阅读图 5-2-9(a)所示组合体的三面投影图。

[思路分析]

(1)确定该形体的 $V$ 面投影为反映形体主要特征的面,从 $V$ 面投影中划分出四个线框,然后按照投影规律,确定出这四个线框所对应的其他两个面的投影。

(2)使用线面分析法或者拉伸法,分别根据线框的三面投影,读出这四个线框所对应的基本体的空间形状。

(3)按照三面投影图中的相互位置关系,将这四个基本体组合起来。

(4)将在头脑中反映出的组合体的空间形状与其三面投影互相印证,确定是否正确。

读图过程如图 5-2-9(b)~(f)所示。

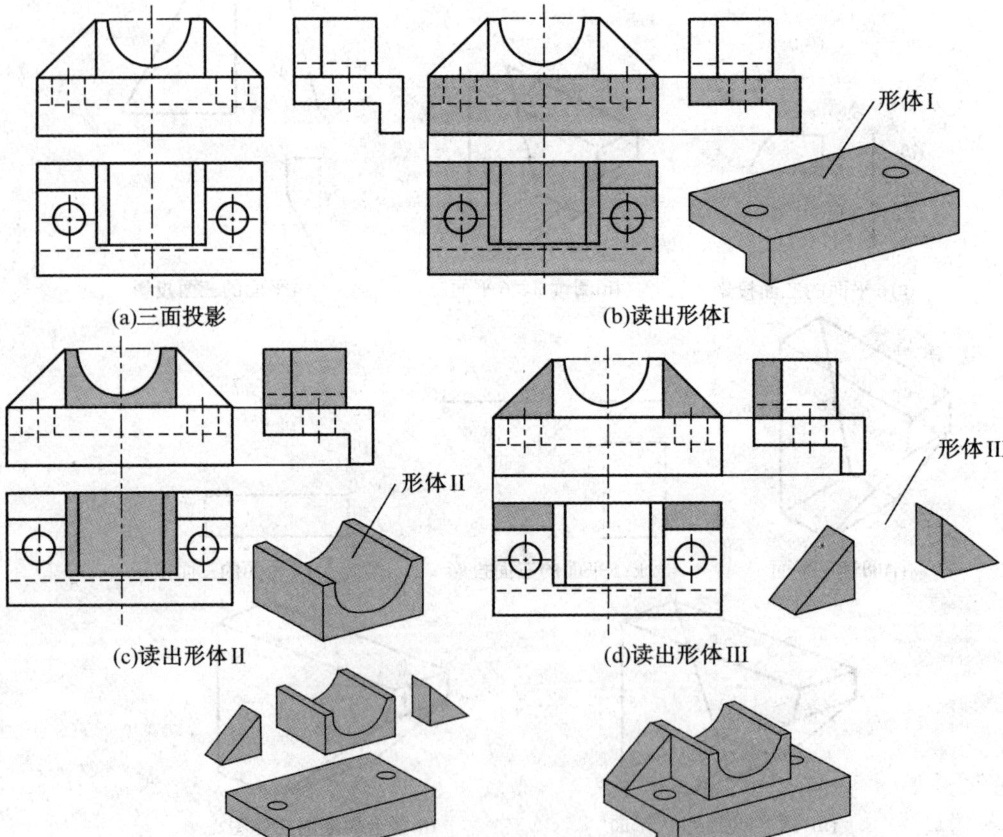


(a)三面投影　(b)读出形体I　(c)读出形体II　(d)读出形体III　(e)读出形体的各部位位置和形状　(f)读出形体的最终空间形状

图 5-2-9　组合体的读图过程

# 第三节　组合体投影图的绘制

## 一、绘图步骤

画组合体的三面投影图，应按照一定的方法和步骤进行。通常的步骤是：①形体分析；②确定摆放位置，选定投影方向；③选择投影图的数量；④选择比例和图幅；⑤布置投影图；⑥画底图；⑦检查、描深；⑧标注尺寸、书写说明、填写标题栏。

1. 形体分析

形体分析的目的是确定组合体由哪些基本形体组成，各基本体之间是按什么形式组合的，并且弄清楚它们之间的相对位置。从形体分析中进一步认识形体的结构特点，为正确绘制组合体的投影图做好准备。

图 5-3-1 所示为一个挡土墙的立体示意图，经过形体分析，该组合体由四部分组成，底板为一个薄的四棱柱，支撑板为两个三棱柱，立墙由一个四棱柱和一个三棱柱叠加而成。因此，该组合体为叠加型组合体。

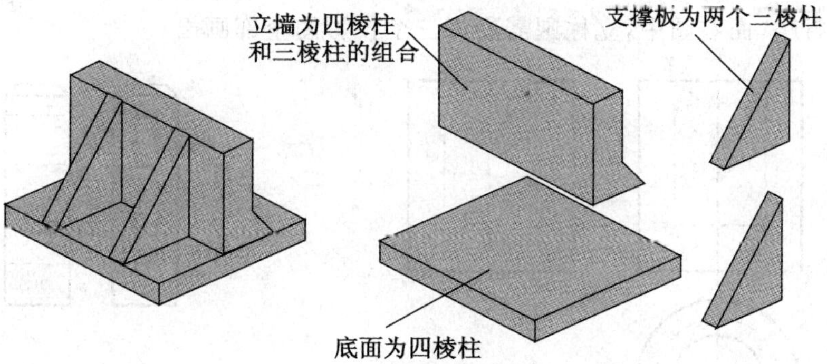


图 5-3-1　组合体形体分析

2. 选择投影方向，确定立面图

(1)组合体应按自然位置放置，即应尽量使形体的表面平行或垂直于投影面。

(2)立面图应尽量反映组合体的主要形状特征和相对位置，即选择投影方向时，应把反映组合体的各个基本体和它们相对位置关系最多的方向作为 $V$ 面投影。

(3)选择立面图时，还应考虑到尽可能减少其他投影图中的虚线。

(4)选择立面图时，要尽量保证较合理地使用图纸。

如图 5-3-2 所示形体，在立面图的选择上，$B$、$C$ 首先被排除，因为选择 $B$ 会使形体的 $V$ 面投影产生较多虚线，而选择 $C$ 会使形体的 $W$ 面投影产生较多虚线。投影方向 $D$ 虽可以反映底板、立板的特征形状及肋板宽度和它们的相互位置，但形体间的层次不如 $A$ 向明显，而且选择投影方向 $D$ 在图纸幅面的利用上不如 $A$，因此，选择投影方向 $A$ 产生的投影作为立面图最合适。

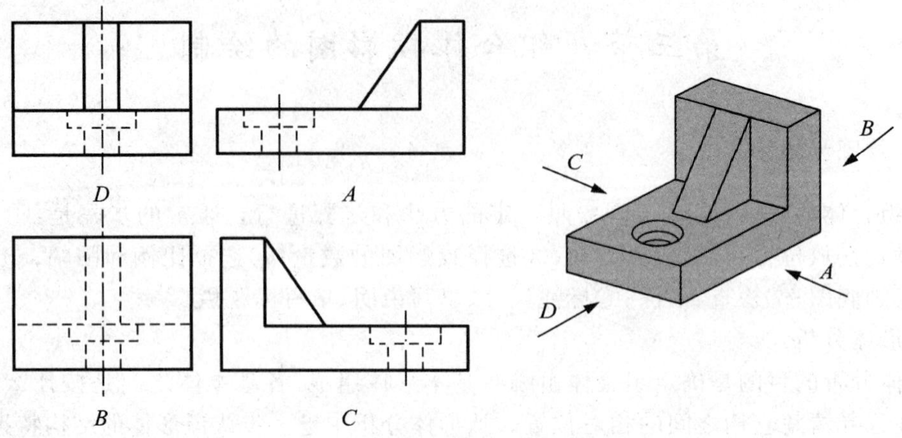


图 5-3-2 立面图的选择

3.投影图数量的选择

在确保正确、完整、清晰地表达组合体形状结构的前提下，应尽量减少投影图的数量。

如图 5-3-3 所示，左图沉井的 $V$、$H$ 面投影完全可以表达组合体的空间形状，因此，$W$ 面投影图可省略；而右图中，立柱则需要将三个投影图全部画出。

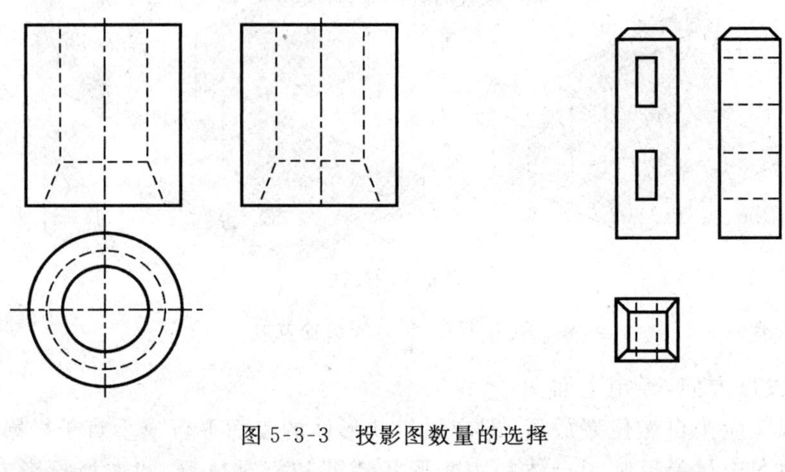

图 5-3-3 投影图数量的选择

4.选择比例和图幅，布置投影图

投影图确定后还要根据组合体的总体大小和复杂程度，按国家标准规定选择适当的比例和图幅。在实际工作中，常常将这两个方面兼顾考虑。

布图时，根据选定的比例和组合体的总尺寸，可粗略算出各投影图的范围大小，并布置匀称图面。考虑标注尺寸和注写文字的位置后，再作适当调整，便可定出各投影图的对称线、主要端面轮廓线的位置，作为作图基线。布图要求平衡、匀称、协调，在进行这一步工作时要注意：

(1)图形大小要适当，不能使一个形体的图形在一幅图中显得过大或过小。

(2)各投影图与图框线的距离要基本相等。

(3)各投影图之间的间隔要大致相等。

5.绘制底图

画底图时，力求作图准确，轻描淡写，用硬度为 H 以上的铅笔画图。在画图时，应注意以下几点：

(1)画图的先后顺序：一般应从形状特征明显的投影图入手，先画主要部分，后画次要部分；先画可见轮廓线，后画不可见轮廓线；先画圆和圆弧，后画直线。

(2)对组合体的每一组成部分的三面投影，最好根据对应的投影关系同时画出，不要先把某一投影全部画好后，再画另外的投影，以免漏画线条。

6.检查和描深

底图画完后，应按原作图顺序仔细检查，检查确认无误后按国家标准规定的线型加深轮廓线。

7.标注尺寸，书写文字说明，填写标题栏

## 二、绘图实例

具体画图时，对于叠加型组合体，要按照各组成部分的主次和相对位置关系，逐个画出它们的投影；对于切割型组合体，可先画出原始基本体的投影，然后再逐个画出被切割部分的各投影；对于带有截交线的组合体，则只能运用点、线、面的综合知识和作图经验进行绘制。绘图时，注意判断各形体表面间的连接关系，正确地画出它们的投影，最后检查、描深。

**【例题 5-3-1】** 根据图 5-3-4(a)所示的组合体轴测图，绘制出该组合体的投影图。

[作图步骤]

(1)形体分析：该组合体由四个基本体叠加而成，如图 5-3-4(b)所示。在绘制该组合体的三面投影时，可按照各组成部分的主次关系和相对位置关系，逐个画出它们的投影。

(2)确定图纸幅面和比例，选择安放位置和 V 面投影图的投影方向。

(3)绘制投影图：先绘制出作图基准线，然后按照基准线的选取，由下向上，由中间向两侧绘制出四个基本体的投影，如图 5-3-4(c)～(e)所示。

(4)校核、清理图面、加深图线，如图 5-3-4(f)所示。

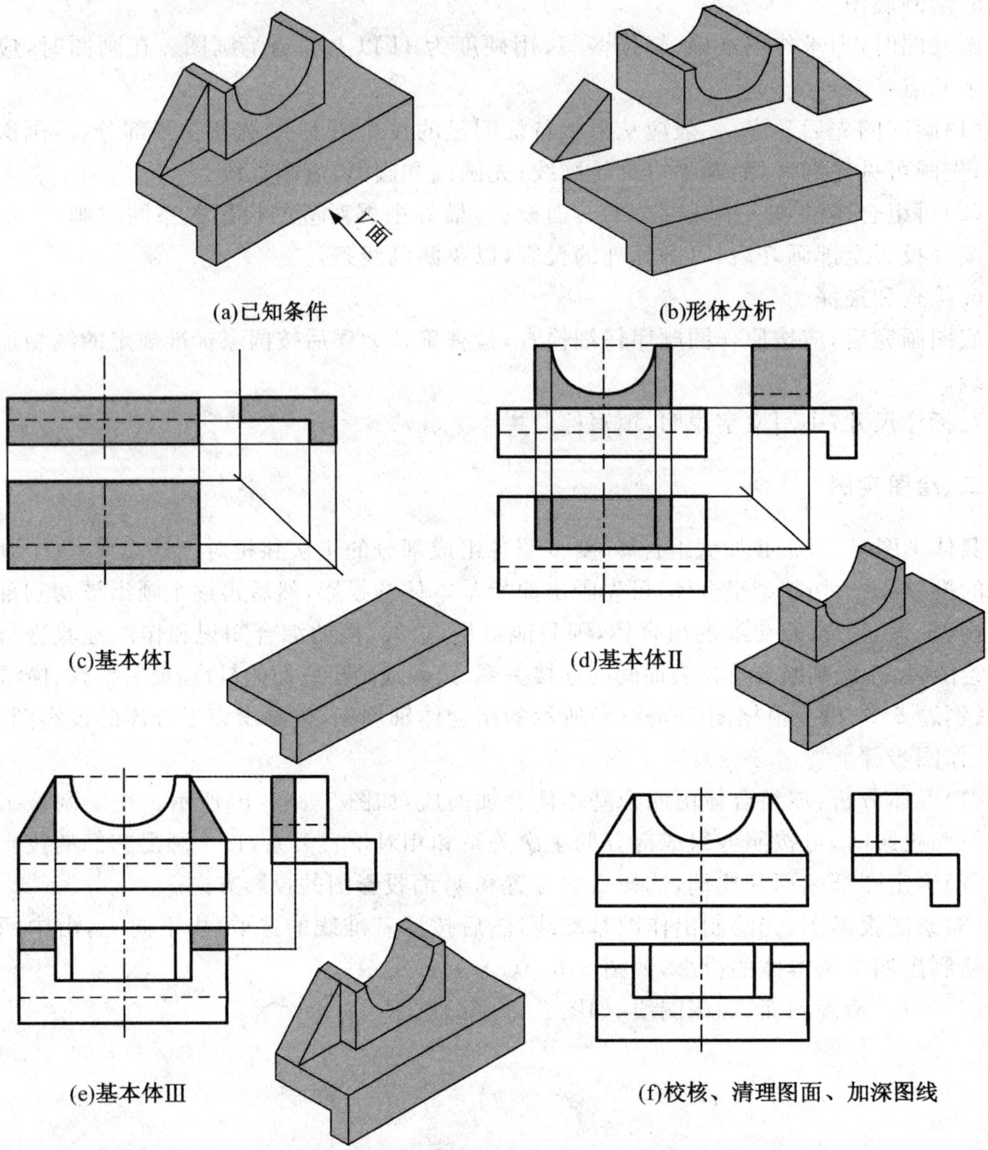


图 5-3-4　由组合体的轴测图画三面投影图

**【例题 5-3-2】** 根据图 5-3-5(a)所示的组合体轴测图,绘制出该组合体的投影图。

[作图步骤]

(1)形体分析:图 5-3-5(a)所示的形体为切割型组合体。该切割型组合体可以看成是由长方体先截掉第一部分四棱柱[见图 5-3-5(b)],再挖掉第二部分斜切四棱柱[见图 5-3-5(c)]。

(2)选择投影方向:图 5-3-5(a)所示的形体正投影图的方向除了要考虑前述三个基本条件外,还应考虑将形体的长度方向与 $OX$ 轴平行。这样既与形体本身的长、宽、高方向一致,又便于进行图面布置。

(3)选比例、定图幅:采用 1∶1 的比例。

(4)画投影图:切割型组合体宜一个投影一个投影地完成。可先画正立面图,再画水平面图,最后画侧立面图,检查,加深图线。完成后的投影图如图 5-3-5(d)所示。

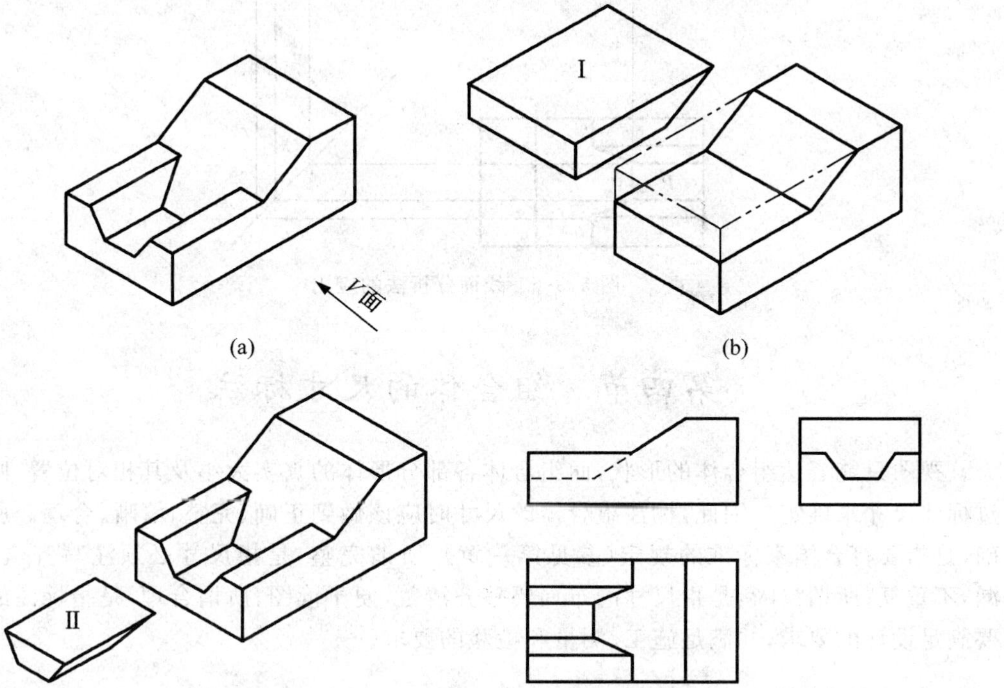


(a) (b) (c) (d)

图 5-3-5 切割型组合体的分析过程

画好投影图之后,还应对所画图样进行全面检查。叠加型组合体宜采用形体分析法,切割型组合体宜采用线面分析法。检查图中的几何元素(线、面)的投影是否符合三等关系,若不符合,图形一定有错。

下面对图 5-3-5(d)进行线面分析,检查三面投影图绘制是否正确。

如图 5-3-6 所示,因为 $P$ 面的三个投影 $p$、$p'$、$p''$ 符合长对正、高平齐、宽相等的三等关系,所以 $P$ 面的三个投影是正确的。同理,可以校核其他各面的投影。又如,图中的交线 $AB$ 的三个投影 $ab$、$a'b'$ 符合长对正(等长)的关系,$a'b'$、$a''b''$ 符合高平齐的关系(等高),$ab$、$a''b''$ 符合宽相等(等宽)的关系,也是正确的。同理,可以校核其他线的投影。凡能符合三等关系的投影都是正确的。

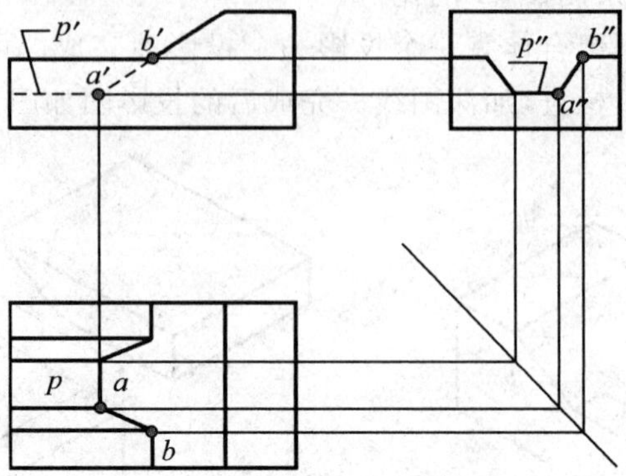


图 5-3-6　线面分析法的应用

## 第四节　组合体的尺寸标注

视图只能表达组合体的形状，而组合体各部分形体的真实大小及其相对位置，则要通过标注尺寸来确定。因此，标注组合体的尺寸时应该做到正确、完整、清晰、合理。所谓正确，是指要符合国家标准的规定（参见第一章）；所谓完整，是指尺寸必须注写齐全，不遗漏，不重复；所谓清晰，是指尺寸的布局要整齐清楚，便于读图；所谓合理，是指标注的尺寸要满足设计的要求，并满足施工、测量和检验的要求。

### 一、基本几何体的尺寸标注

组合体都是由基本体组成的，为了更好地标注组合体的尺寸，首先要熟悉基本体的尺寸标注方法。在标注基本体的尺寸时，要注意定出长、宽、高三个方向的尺寸。

长方体、棱柱、棱锥、圆柱、圆锥、球等都是常见的基本体。如图 5-4-1 所示，长方体必须标注长、宽、高三个尺寸；正六棱柱应标注高度及正六边形对边距离（或对角距离）；四棱台应标注上、下底面的长、宽及高度尺寸；圆柱体应标注直径及轴向长度；圆台应标注两底圆直径及轴向长度；球只需标注一个直径。圆柱、圆锥、球等回转体标注尺寸后，还可以减少视图的数量。

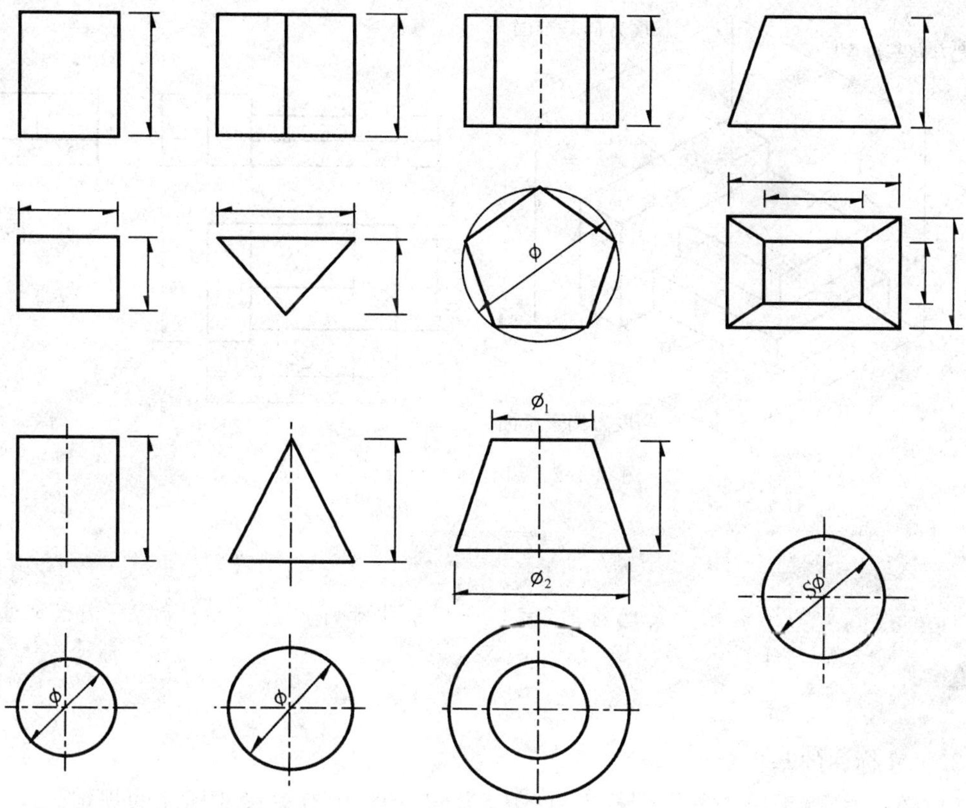


图5-4-1 基本体的尺寸标注

## 二、组合体的尺寸标注

1. 尺寸的种类

组合体的尺寸分为定形尺寸、定位尺寸、总体尺寸三种。

(1)定形尺寸——决定组合体各基本体形状及大小的尺寸。

(2)定位尺寸——决定基本体在组合体中相互位置的尺寸。

(3)总体尺寸——组合体外形的总长、总宽、总高尺寸。

标注定位尺寸时,必须在长、宽、高方向上分别确定一个尺寸基准。标注尺寸的起点称为尺寸基准。通常,组合体的底面、重要端面、对称平面以及回转体的轴线等可作为尺寸基准。

如图5-4-2所示,该组合体是由Ⅰ、Ⅱ、Ⅲ三个四棱柱叠加而成的。其中,Ⅰ、Ⅱ两个四棱柱的高度均为6,宽度分别为15和25,长度分别为24和34;Ⅲ四棱柱的高、宽、长分别为17、28、10;组合体的总高、总宽、总长分别为17、28、44。在尺寸标注中,6、15、24为确定Ⅰ四棱柱大小的定形尺寸;6、10、10为确定Ⅰ、Ⅱ两个四棱柱相对位置的定位尺寸,同时也可用来确定Ⅱ四棱柱的大小;17、28两个尺寸既表示Ⅲ四棱柱的高和宽,也表示组合体的总高和总宽,因此,它既是定形尺寸,又是总体尺寸。

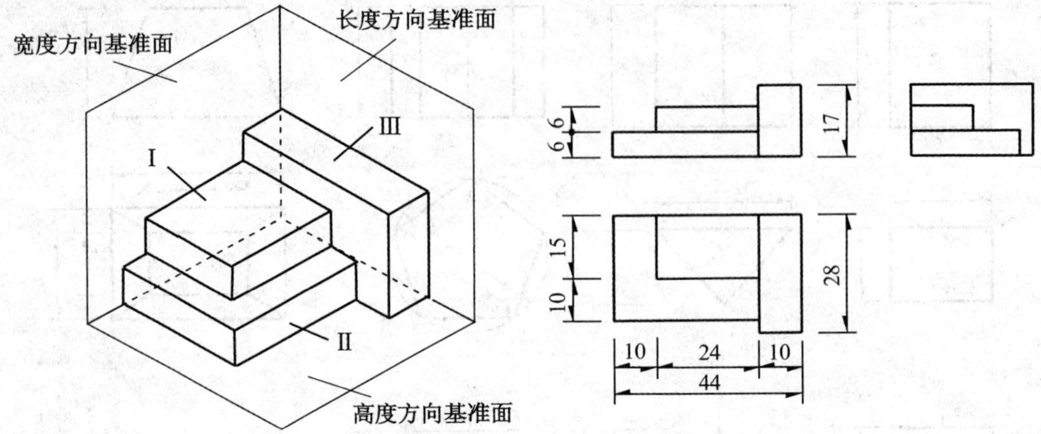


图 5-4-2　组合体的尺寸标注

**特别提示**

这三种尺寸的分类并不是绝对的，有时一个尺寸既可能是定形尺寸，同时还可能是定位尺寸或总体尺寸。

2. 尺寸标注的基本要求

(1)必须遵守《道路工程制图标准》(GB 50162—92)中有关尺寸标注的规定。

(2)所注尺寸必须完整，即所注尺寸必须能完全确定组合体的形状和大小，既不能遗漏，一般也不应有重复和多余的尺寸。

(3)所注尺寸必须清晰，即尺寸布置要得当，便于看图。

3. 组合体尺寸标注应注意的事项

(1)尽可能将尺寸就近标注在最能反映物体特征的视图上。

(2)尺寸标注应尽量集中，并尽量安排在两视图之间的位置。

(3)尽可能避免在虚线上标注尺寸。

(4)尺寸不能标注在物体的截交线上。

(5)尺寸排列要整齐，大尺寸排在外边，小尺寸排在里边。

4. 尺寸标注的方法和步骤

组合体尺寸标注前应先进行形体分析，弄清楚反映在投影图上的有哪些基本体，然后确定尺寸基准，再按照标注定形尺寸、标注定位尺寸、标注总体尺寸的顺序进行，最后检查并调整尺寸分布。

现以图 5-4-3 所示的形体为例，说明组合体尺寸标注的方法和步骤。

[标注步骤]

(1)形体分析：该形体为综合型组合体，如图 5-4-3(a)所示。

(2)选择长、宽、高三个方向的尺寸基准。形体底板的最低面为高度方向基准，形体支板最右侧为长度方向基准，形体前后对称面为宽度方向基准，如图 5-4-3(b)所示。

(3)逐个标注每一个基本形体的定形尺寸，如图 5-4-3(c)(d)(e)所示。

(4)标注确定各个基本形体之间相对位置的定位尺寸，如图 5-4-3(f)所示。

(5)标注所需的总体尺寸并检查所注尺寸是否正确、完整、清晰，如图 5-4-3(g)所示。

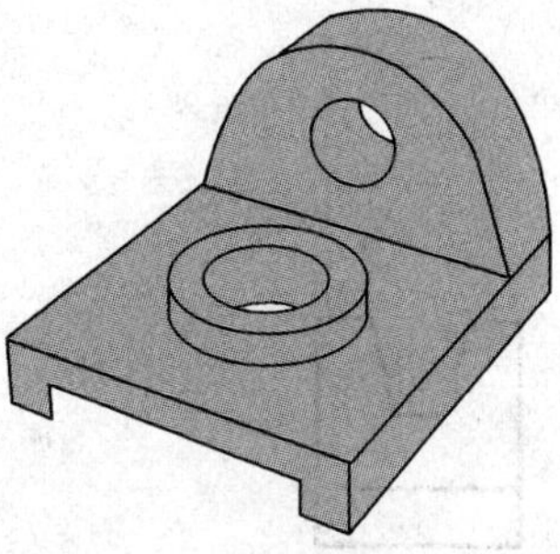

(a) 形体分析

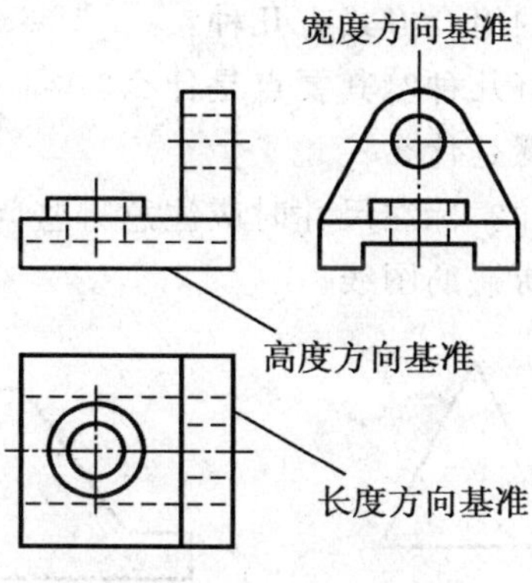


(b) 选定基准面

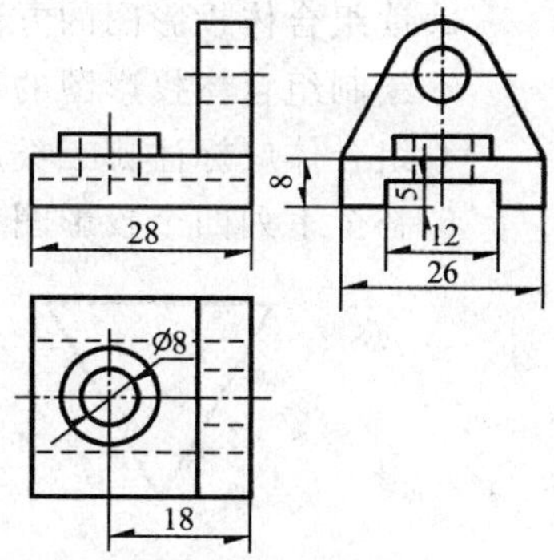


(c) 标注底板定形尺寸

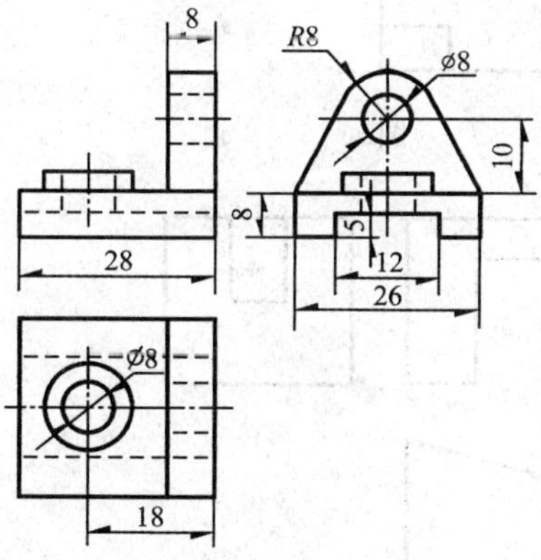


(d) 标注支板定形尺寸

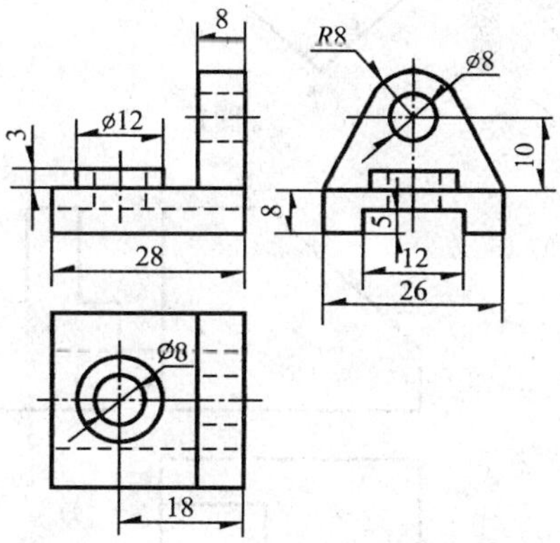


(e) 标注圆柱体定形尺寸

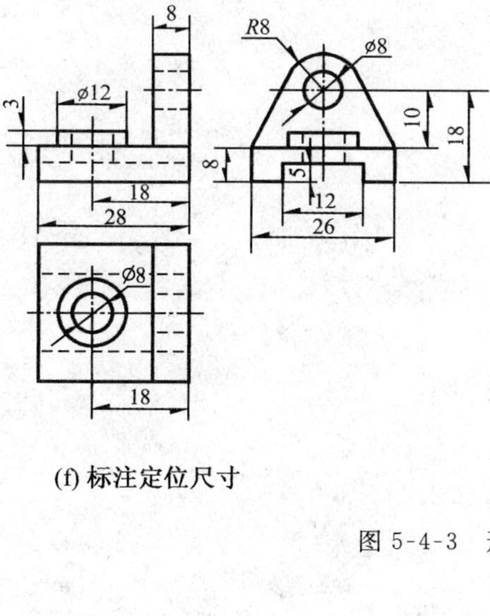


(f) 标注定位尺寸

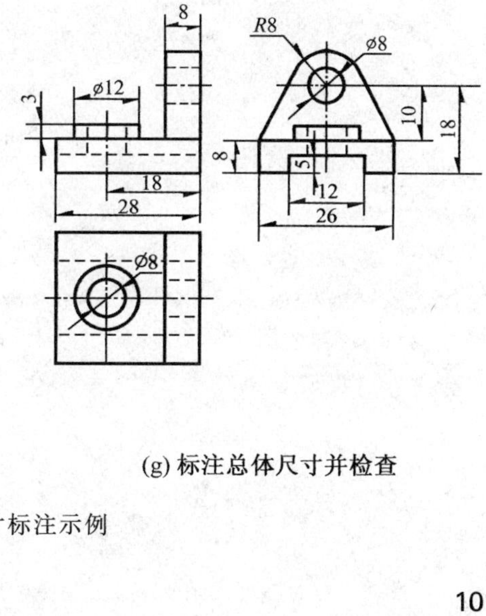


(g) 标注总体尺寸并检查

图 5-4-3　形体尺寸标注示例

## 课后思考

1. 什么叫组合体？组合体的组合方式有几种？
2. 读组合体投影图的方法有几种？其要点是什么？
3. 绘制组合体投影图的步骤是什么？
4. 组合体应标注哪三类尺寸？标注尺寸时应注意哪些问题？
5. 补全下列四个投影图中所缺的图线。

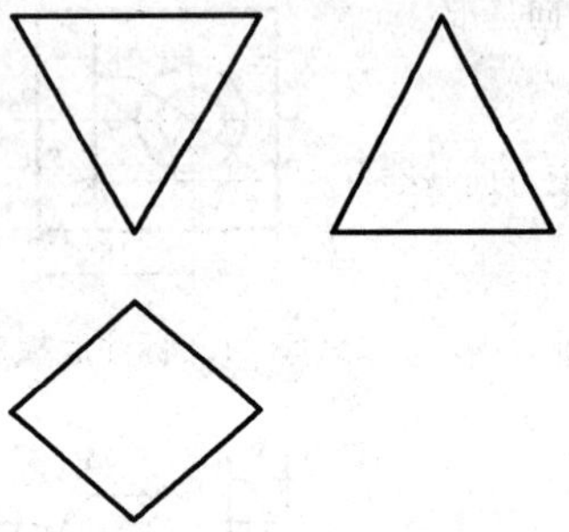

图1

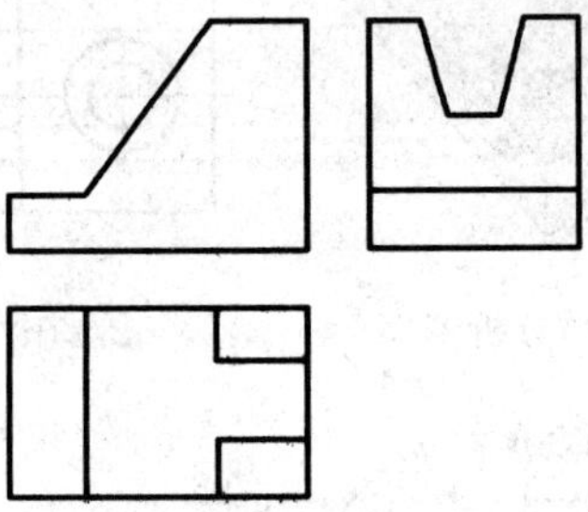

图2

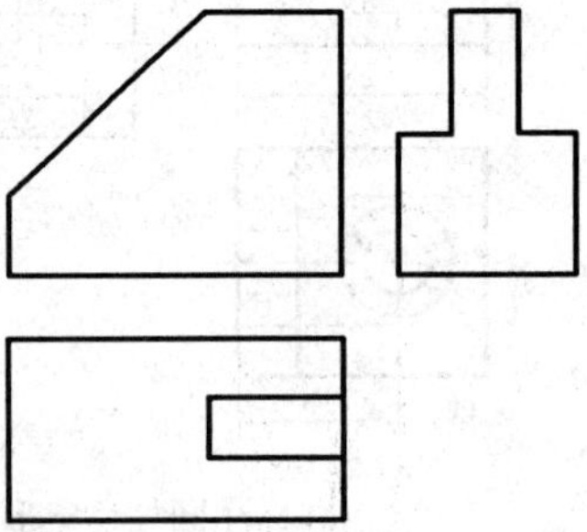

图3

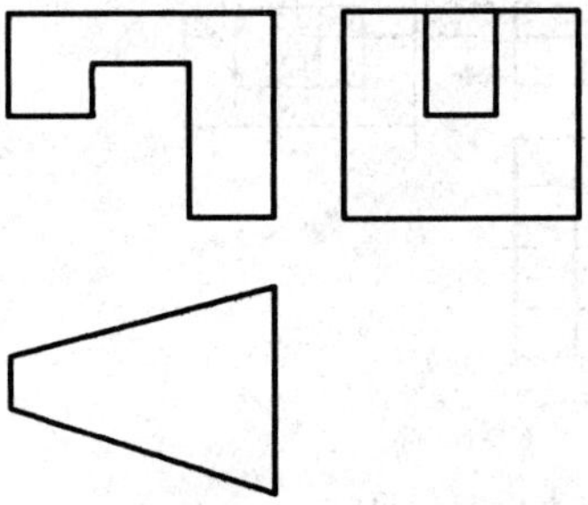

图4

# 本章小结

- 组合体的投影及尺寸标注
  - 组合体的分类
    - 形体分析法的概念
    - 组合体的分类
  - 组合体投影图的阅读
    - 读图的基本知识
    - 组合体的读图方法
  - 组合体投影图的绘制
    - 绘图的步骤
    - 绘图实例
  - 组合体的尺寸标注
    - 基本体的尺寸标注
    - 组合体的尺寸标注

# 第六章　剖面图与断面图

## 知识目标

1. 理解剖面图、断面图的形成原理。
2. 了解国家标准规定的常用材料图例。
3. 掌握各种剖面图的画法及其适用范围。
4. 掌握断面图的画法。
5. 熟悉工程中剖面图、断面图的相关规定。

## 能力目标

1. 能够在三面投影图的基础上绘制组合体的剖面图、断面图。
2. 能画出指定位置上的剖面图。
3. 能绘制出三种断面图。

**课堂引入**

用投影图来表达形体的结构时，其内部不可见的部分用虚线表示，当结构复杂时，图上虚线太多，会使图形不清晰，给读图带来困难。此外，工程上还常要求表示出工程建筑物的某一部分形状以及所用建筑材料，遇到这种情况，常用剖面图和断面图加以解决。

## 第一节　剖面图

### 一、剖面图的形成

假想用剖切平面剖开物体，将处在观察者和剖切平面之间的部分移去，将剩余的部分向投影面按正投影的方法进行投影，使原来不可见的内部结构变为可见，并将剖切到实体的部分画上材料图例或者剖面线，这样所得的图形称为剖面图，形成过程如图 6-1-1(b)所示。

在工程图中，物体可见的轮廓线一般用实线绘制，不可见的轮廓线用虚线绘制。如图 6-1-1(a)所示的形体，若采用三面投影的方法绘制，投影图中就会出现很多虚线，这样就会使得图形中的实线、虚线交错重叠、层次不清，不便于绘图、看图和标注尺寸。因此，我们对于有孔、槽等内部构造的物体，一般采用剖面图表达。图 6-1-1(c)和(d)所示为三面投影图与剖面图的比较。

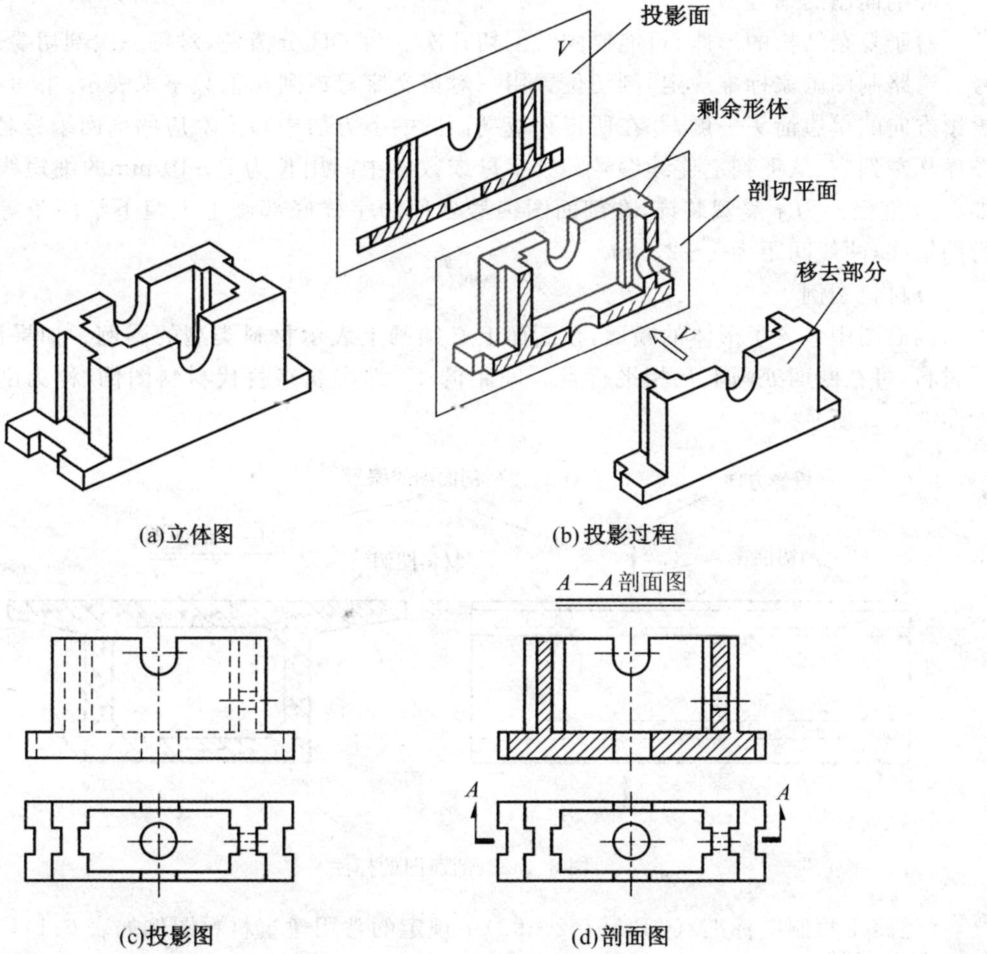


图 6-1-1 剖面图的形成

## 二、剖面图的标注

剖面图在读图过程中要配合投影图一起表现形体。为了读图方便，不仅要在投影图上把所画的剖切位置和投影方向表示出来，还要给所有的剖面图都加上编号，以免产生混乱。具体的标注方法如下：

1. 剖切位置

作剖面图时，一般使剖切平面平行于基本投影面，从而使断面的投影反映实形。若剖切平面为投影面平行面，则与之垂直的投影面上的投影积聚为一条直线，这条直线表示剖切位置，称为剖切位置线，简称“剖切线”。在投影图中，剖切线用断开的一对粗短实线表示，长度为 5～10 mm，并且不宜与图面上的图线相接触，如图 6-1-2 所示。

2. 投影方向

为表明剖切后剩余部分形体的投影方向，在剖切线两端的两侧各画一段用单边箭头指明投影方向的短细线，长度为 4～6 mm，如图 6-1-2 所示。

3. 剖面图的编号

对于复杂结构的形体，可能要同时剖切几次。为了区分清楚，对每一次剖切要进行编号。道路制图国家标准规定，剖切位置用一对英文字母或阿拉伯数字来表示，书写在表示投影方向的单边箭头一侧，并在所得相应剖面图的上方居中写上对应的剖面编号名称，按顺序从左到右、从下到上连续编号。其字母或数字中间用长为 5～10 mm的细短线间隔，如 I—I 剖面。为了美观装饰，在剖面图编号名称的字样底部画上上粗下细两条等长、平行的短线，两线间距为 1～2 mm。

4. 材料图例

剖面图中包含了形体的断面，在断面上必须画上表示材料类型的图例。如果没有指明材料，可在断面处画上互相平行且等间距的 45°细实线来替代材料图例，称为剖面线，如图 6-1-2 所示。

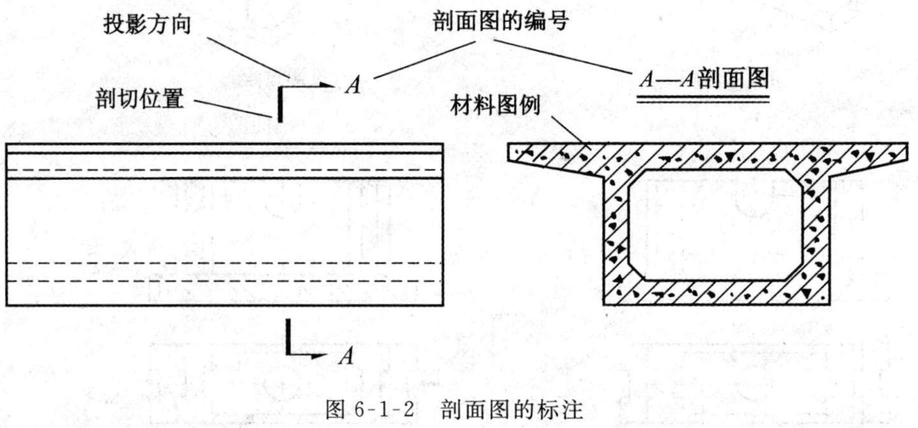


图 6-1-2　剖面图的标注

《道路工程制图标准》(GB 50162—92)中规定的常用建筑材料图例如表 6-1-1 所示。

表 6-1-1　　道路工程制图常用材料图例

| 名称 | 图例 | 名称 | 图例 |
|---|---|---|---|
| 自然土壤 |  | 饰面砖 |  |
| 夯实土壤 |  | 焦渣、矿渣 | 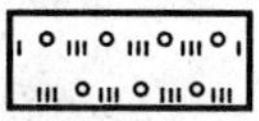 |
| 砂、灰土 | 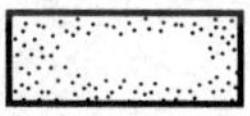 | 素混凝土 | 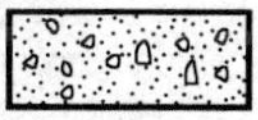 |
| 沙砾石、碎砖三合土 | 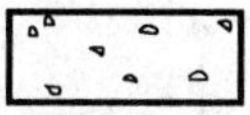 | 钢筋混凝土 | 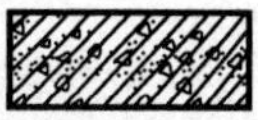 |
| 石材 |  | 多孔材料 |  |
| 石灰土 | 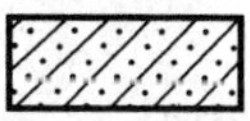 | 纤维材料 | 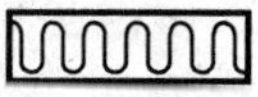 |
| 普通砖 | 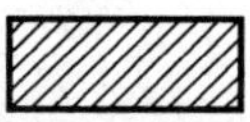 | 泡沫塑料材料 | 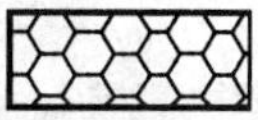 |
| 耐火砖 | 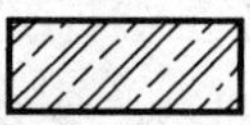 | 木材 |  |
| 空心砖 | 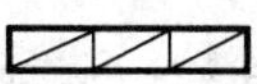 | 浆砌块石 |  |

## 三、画剖面图的注意事项

1. 剖切平面位置的选择

画剖面图时，首先应选择最合适的剖切位置，使剖切后画出的图形能确切反映所要表达部分的真实形状。剖切平面一般选择投影面平行面，并且一般应通过孔的轴线或物体的对称面。

2. 线型的处理

物体被剖切后，可见的轮廓线全部按实线画出。如果剖面图上仍有不可见部分的虚线存在，为了使图形清晰易读，对于已经表达清楚的部分，虚线可以省略不画。如果画少量的虚线可以减少视图，而又不影响剖面图的清晰时，也可以画出虚线。但一般情况下，剖面图中不画出虚线。

如图 6-1-3 所示，形体前后对称，因此在 $B$—$B$ 半剖面图中，半外形图部分的虚线并未画出。

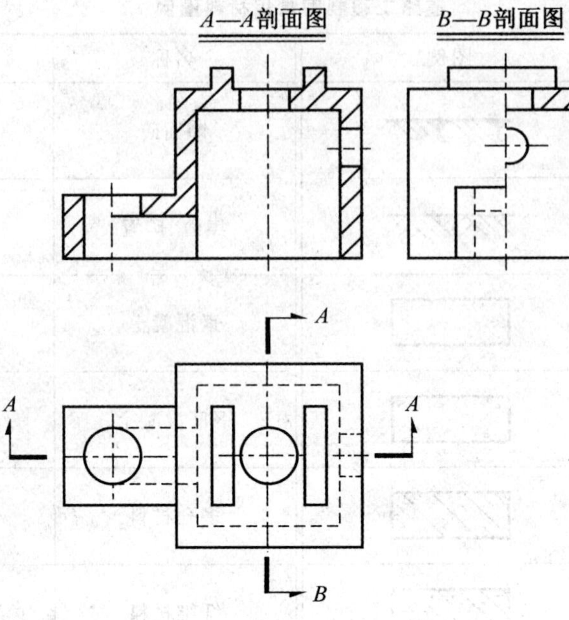


图 6-1-3　形体的剖面图

**课堂思考**

如何将图 6-1-3 中形体的 A—A 剖面图改画为三面投影图中的 V 面投影？

3. 与原投影图的关系

剖面图虽然是按剖切位置，移去物体在观察者和剖切平面之间的部分，根据留下的部分画出投影图，但因为剖切是假想的，所以除剖面图外，物体的其他投影图仍应完整地画出，不应受剖切影响。如图 6-1-3 所示，在 H 面投影图的位置上，形体应完整画出。

4. 剖面线和材料图例的应用

在剖切平面与物体接触的部分要绘出材料图例，表明建筑物是用什么材料做成的。在不指明材料时，用 45°细斜线绘出图例线，间隔要均匀。

## 四、剖面图的分类

常用的剖面图有全剖面图、半剖面图、局部剖面图、阶梯剖面图、旋转剖面图和展开剖面图等。

1. 全剖面图

(1)形成

假想用一个平面将形体全部剖开后画出的剖面图，叫作全剖面图，如图 6-1-4 所示。全剖面图一般都要标注剖切线，只有当剖切平面与形体的对称平面重合，且全剖面图又置于基本投影图的位置时，可以省去标注。

(2)适用范围

全剖面图适用于外形结构比较简单而内部结构比较复杂的形体或非对称结构的形体。

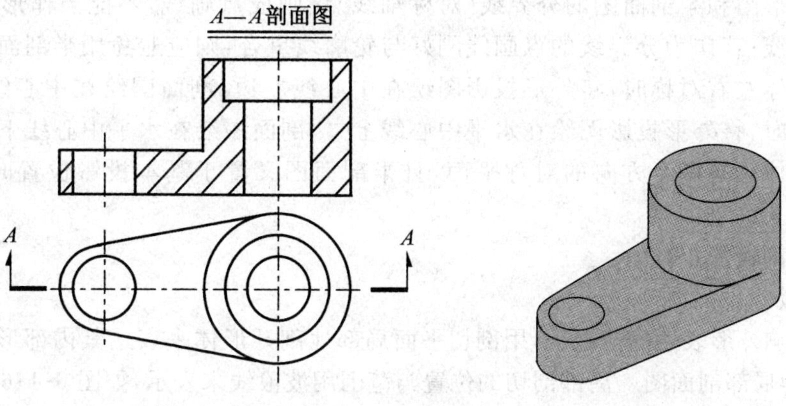


(a)投影图　　(b)立体图

图 6-1-4　全剖面图

2.半剖面图

(1)形成

当形体的内、外形均为左右对称或前后对称，而外形又比较复杂时，以对称中心线为界，可将其投影的一半画成表示形体外部形状的正投影，另一半画成表示形体内部结构的剖面图，中间用点画线分界。这种投影图和剖面图各为一半的图，叫作半剖面图，如图6-1-5所示。

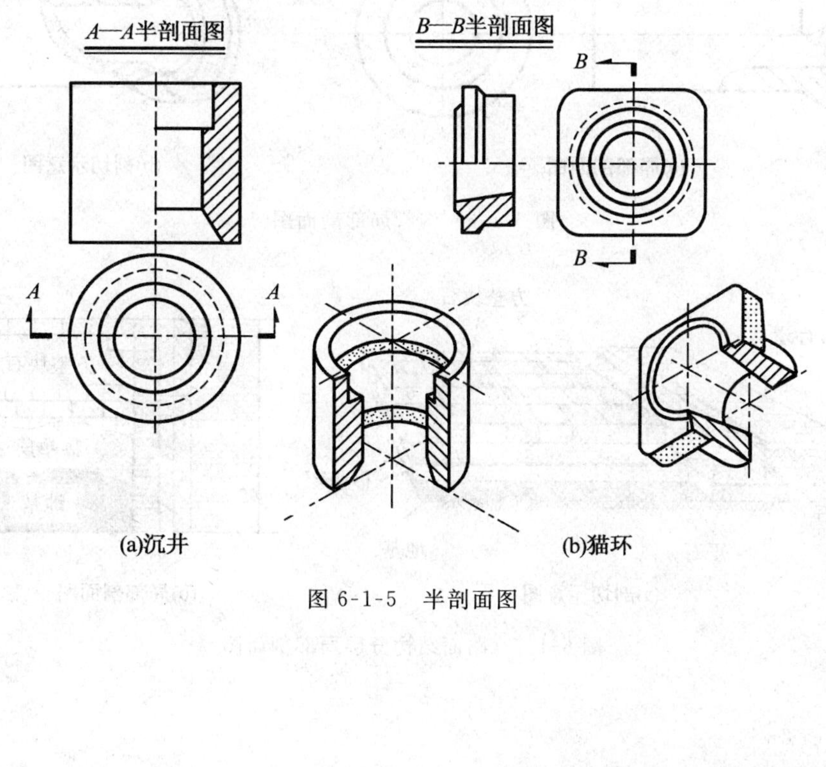


(a)沉井　　(b)猫环

图 6-1-5　半剖面图

(2)适用范围

半剖面图适用于内、外形都需要表达的对称形体。

(3)注意事项

①半外形图和半剖面图的分界线(对称轴线)应画成点画线,不能当作形体的外轮廓线而画成实线;若作为分界线的点画线刚好与轮廓线重合,则应避免用半剖面图。

②当形体左右对称时,将外形投影图绘在中心线左边,剖面图绘在中心线右边;当形体上下对称时,将外形投影图绘在水平中心线上方,剖面图绘在水平中心线下方。

③若形体具有两个方向的对称平面,且半剖面图又置于基本投影位置时,标注可以省略。

3. 局部剖面图

(1)形成

在不影响外形表达的情况下,用剖切平面局部地剖开形体来表达其内部形状所得到的剖面图,称为局部剖面图。局部剖切的位置与范围用波浪线来表示,如图 6-1-6 所示。

如图 6-1-7 所示,用局部剖面图可表示人行道的内部构造。在专业图中,常用局部剖面图来表示多层结构所用材料和构造,按结构层次逐层用波浪线分开,这种剖面图又称为分层剖面图。

(2)适用范围

①外形复杂、内形简单,而且需要保留大部分外形、只需表达局部内形的形体。

②形体轮廓与对称轴线重合,不宜采用半剖或全剖的形体,可采用局部剖面图,如图 6-1-8 所示。

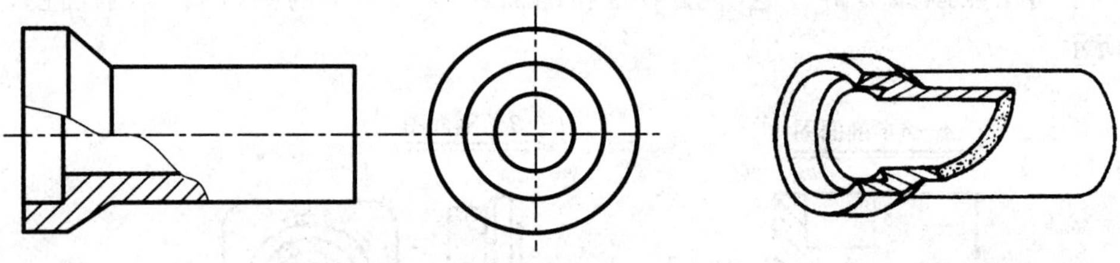

(a)局部剖面图　　(b)剖切示意图

图 6-1-6　沟管局部剖面图

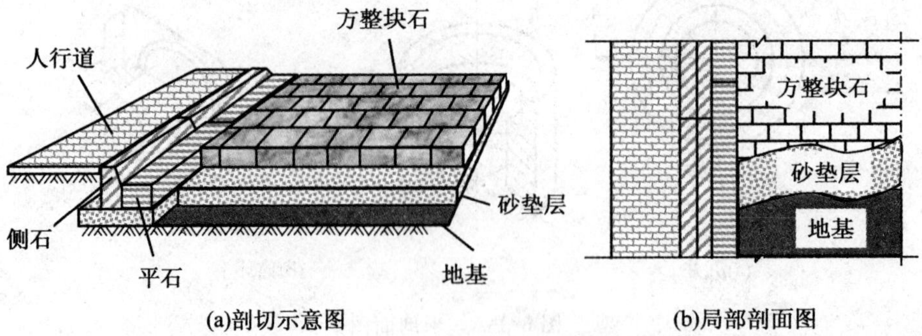


(a)剖切示意图　　(b)局部剖面图

图 6-1-7　路面结构分层局部剖面图

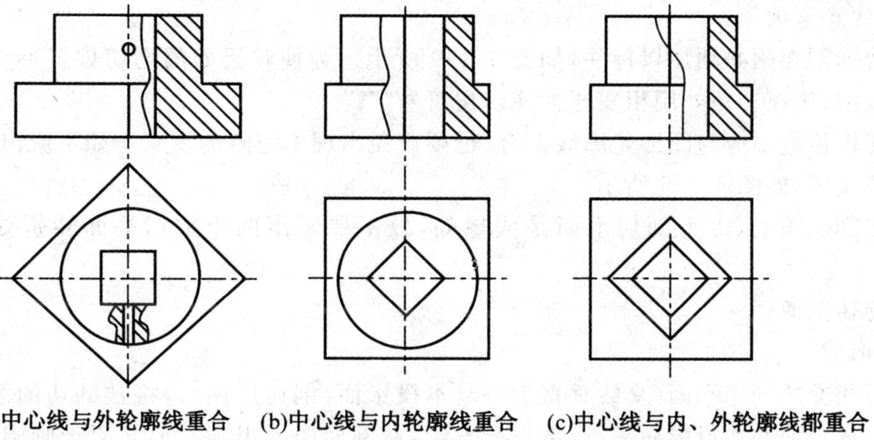


图 6-1-8　中心线与轮廓线重合的局部剖面图

(3)注意事项

①局部剖切比较灵活,但应照顾看图方便,不应过于零碎。

②用波浪线表示形体断裂痕迹,波浪线应画在实体部分,不能超过视图轮廓线或画在中空部位,不能与图上其他线条重合。

③局部剖面图只是形体整个外形投影中的一个部分,不需标注。

4.阶梯剖面图

(1)形成

当形体内部结构层次较多,采用一个剖切平面不能把形体内部结构全部表达清楚时,可以假想用两个或两个以上互相平行的剖切平面来剖切形体,所得到的剖面图称为阶梯剖面图,如图 6-1-9 所示。

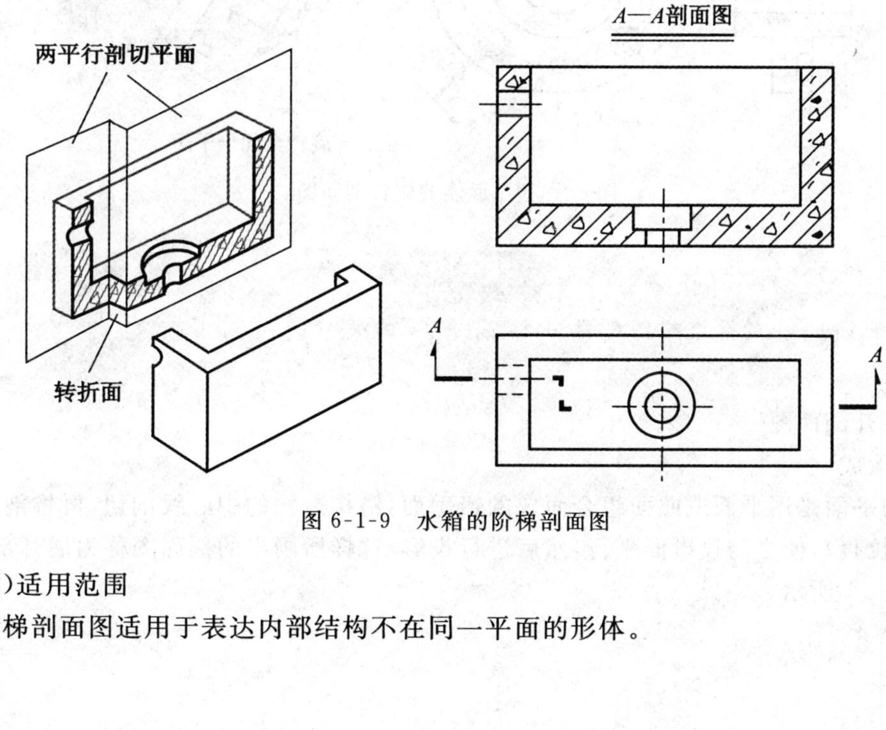


图 6-1-9　水箱的阶梯剖面图

(2)适用范围

阶梯剖面图适用于表达内部结构不在同一平面的形体。

(3)注意事项

①阶梯剖面图必须加以标注,如图 6-1-9 所示。为使转折处的剖切位置不与其他图线发生混淆,应在转角处用粗实线标注转角符号"┓"。

②转折位置不应与图形轮廓线重合,也要避免出现不完整的要素。如不应出现孔、槽的不完整投影,如图 6-1-9 所示。

③在剖面图上,由于剖切平面是假想的,故不要画出两个剖切平面转折处交线的投影。

5. 旋转剖面图

(1)形成

用两相交的剖切平面(交线垂直于一基本投影面)剖切形体后,将被剖切的倾斜部分旋转到与选定的基本投影面平行,再进行投影,使剖面图既得到实形又便于画图,这样的剖面图叫作旋转剖面图,如图 6-1-10 所示。

(2)适用范围

旋转剖面图适用于内形不在同一平面上,且具有回转轴的形体。

(3)注意事项

①两剖切平面交线一般应与所剖切的形体回转轴重合,且必须标注。

②在画旋转剖面图时,应当先剖切,后旋转,再投影。

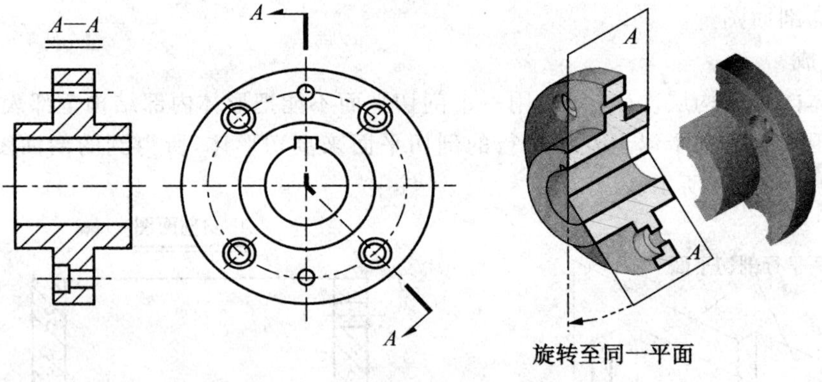


图 6-1-10 形体的旋转剖面图

**课堂思考**

图 6-1-10 中的两个视图是否满足"高平齐"的关系?

6. 展开剖面图

(1)形成

剖切平面是用平面或曲面组合而成的铅垂面,沿构造物的中心线剖切,再将剖切平面展开(或拉直),使之与投影面平行,然后进行投影,这样所画出的剖面图称为展开剖面图,如图 6-1-11 所示。

(2)适用范围

展开剖面图适用于道路路线、纵断面及带有弯曲结构的工程形体。

**课堂思考**

图 6-1-11 中弯桥的两个视图是否满足“长对正”的关系?

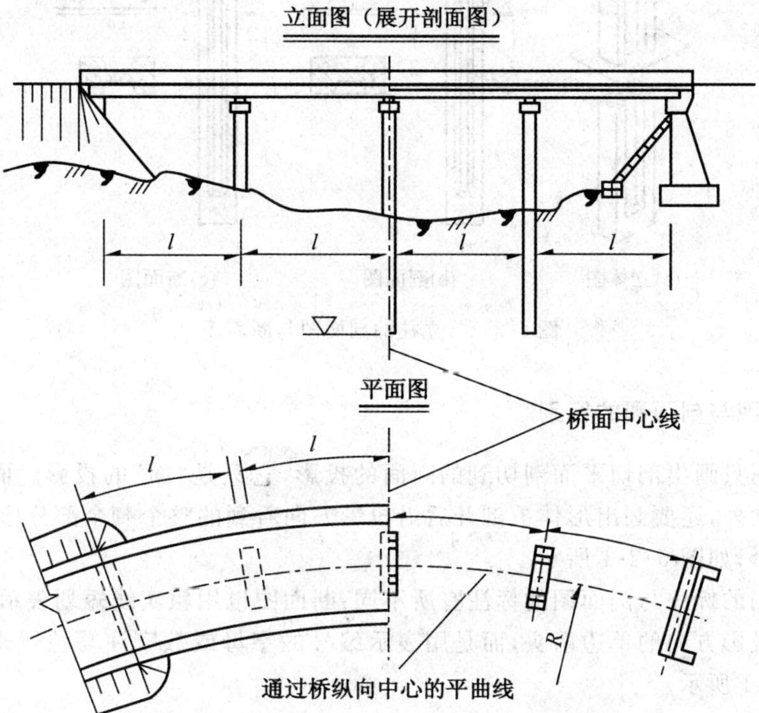


图 6-1-11　弯桥的展开剖面图

## 第二节　断面图

### 一、断面图的形成

假想用剖切平面将形体剖开后,仅画出被剖切处断面的形状(即截面),并在断面内画上材料图例或剖面线,这种图形称为断面图,如图 6-2-1 所示。

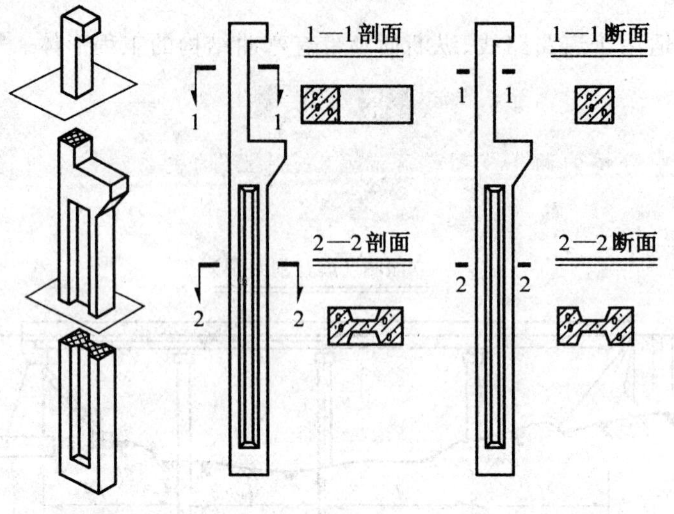


图 6-2-1 立柱的剖面图与断面图

## 二、断面图与剖面图的区别

1.断面图只画出剖切平面剖切到的断面的投影，它只是“面”的投影。而剖面图除了画出断面形状外，还要画出形体被剖开后沿投影方向看到的整个剩余部分形体的投影，它是“体”的投影，如图 6-2-1 所示。

2.断面图的标注与剖面图的标注有所不同：断面图也用粗实线短划表示剖切位置，但不再画表示投影方向的单边箭头，而是用表示编号的字母或数字注写位置来表明投影方向，如图 6-2-1 所示。

3.剖面图可用两个或两个以上的剖切平面同时进行剖切（如阶梯剖面图、旋转剖面图），断面图的剖切平面通常只能是单一的。

## 三、断面图的分类与画法

有些形体，需表达其内形，但又没必要画出剖面图时，可用断面图表示。适当选择断面图，可以简化形体的表达。常用的断面图有移出断面图、重合断面图和中断断面图。

1.移出断面图

所画断面图位于投影图的外面，就称为移出断面图，如图 6-2-2 所示。

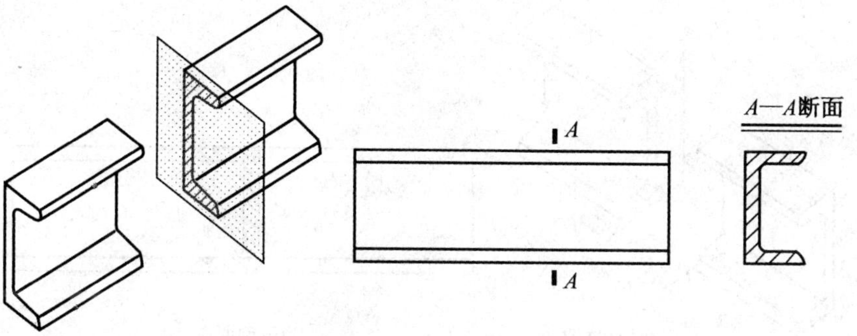


图 6-2-2　某型钢的移出断面图

画法要点：

(1)移出断面的轮廓线用粗实线画出，并且尽量配置在剖切符号或剖切平面迹线的延长线上(剖切平面迹线规定用点画线表示)。

(2)画剖面时，应设想断面是绕剖切平面迹线或剖切符号旋转后与图面重合得到的。剖面图形对称时，也可画在视图的中断处。

(3)当剖切平面通过由回转面形成的孔或凹坑的轴线时，这些结构按剖面图画出；当剖切平面通过非圆孔，会导致出现完全分离的两个剖面时，这些结构也应按剖面图绘制，如图 6-2-3 所示。

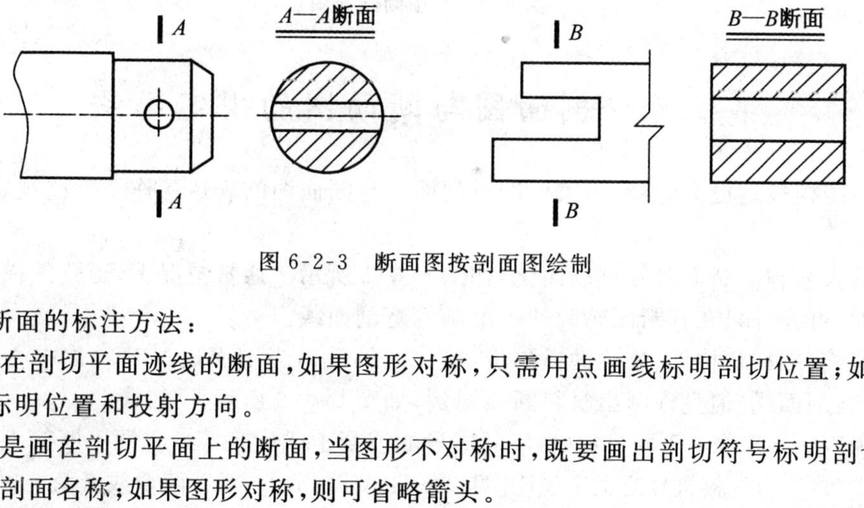


图 6-2-3　断面图按剖面图绘制

(4)断面的标注方法：

①画在剖切平面迹线的断面，如果图形对称，只需用点画线标明剖切位置；如果不对称，则需标明位置和投射方向。

②不是画在剖切平面上的断面，当图形不对称时，既要画出剖切符号标明剖切位置，还要注写剖面名称；如果图形对称，则可省略箭头。

2. 重合断面图

重叠在基本视图轮廓之内的断面图，称为重合断面图，如图 6-2-4 所示。

画法要点：

(1)重合断面的轮廓线用细实线绘制。当剖面轮廓线与视图轮廓线重合时，视图中的轮廓线仍应连续画出，不可间断。

(2)断面对称时，可不标注；如不对称，则应标明位置和投射方向。

(3)只在不影响视图清晰和可增强被表达部位的实感时才用重合断面。

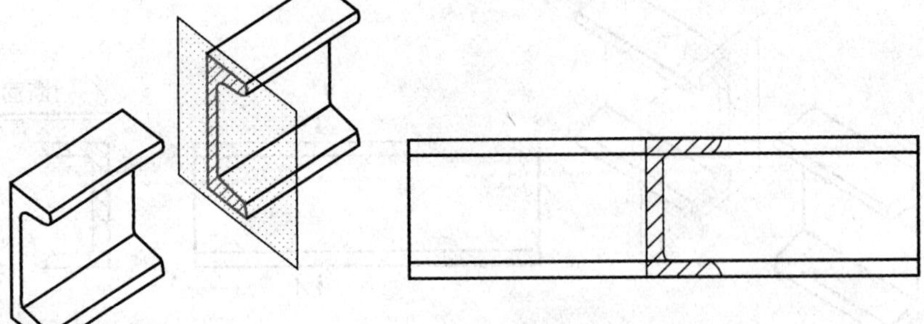


图 6-2-4　某型钢的重合断面图

3. 中断断面图

将形体的投影图断开，并把断面图画在断开间隔处，这样的断面图称为中断断面图，如图 6-2-5 所示。中断断面图不需标注，而且比例与基本视图一致。

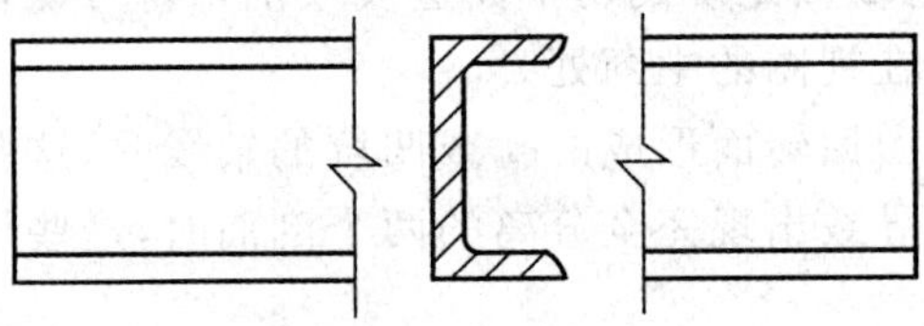

图 6-2-5　中断断面图

## 第三节　剖面图与断面图的规定画法

为使图样表达更为清晰，国家标准对剖面图与断面图的表达还作了一些规定，画图时应当遵守。

1. 较大面积的断面符号可以简化，如图 6-3-1 所示。通常情况下，道路的横断面图因面积较大，可允许只在其断面轮廓的边沿画等宽剖面线。

2. 薄板、圆柱状构件（如梁的横隔板、桩、柱、轴等），当剖面通过其对称中心线或轴线时，均不画剖面线，但允许画出材料断面图例，如图 6-3-2 所示。

3. 为表示构造物的不同材料（如不同标号的混凝土或砂浆等），在同一断面上应画出材料分界线，并注明材料符号或文字说明[见图 6-3-3(a)(b)]。对于两个或者两个以上相邻构件的剖面，为表示区别，剖面线应画成不同倾斜方向或不同的间隔[见图 6-3-3(c)]。

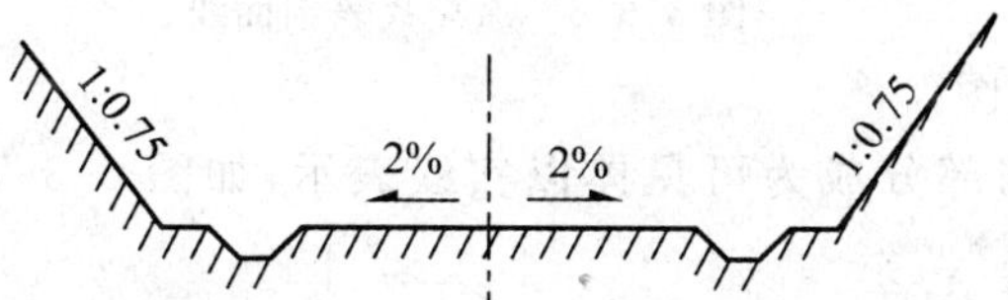


图 6-3-1 较大面积剖面线简化

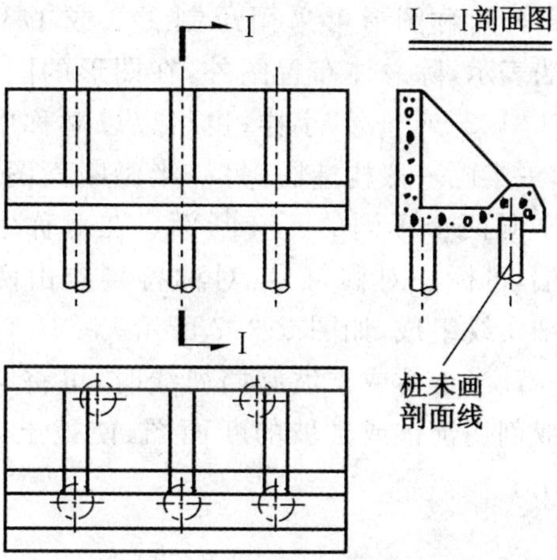


图 6-3-2 桩作不剖切表示

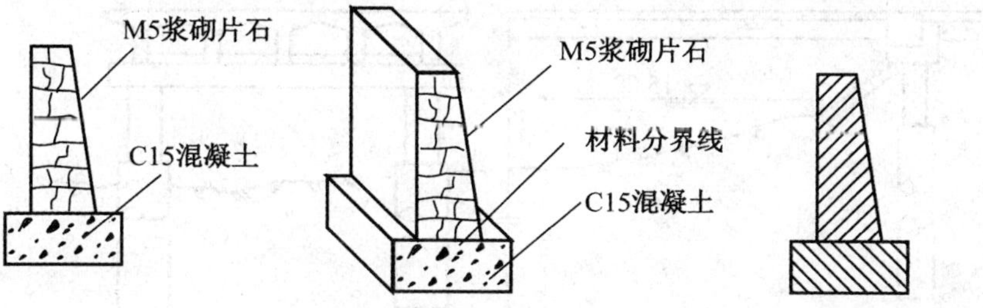


(a)剖面图 (b)立体图 (c)未指明的不同材料

图 6-3-3 挡土墙材料分界线

4. 当剖面图与断面图中有部分轮廓线与该图的基本轴线成 45°倾角时，可以将剖面线画成与基本轴线成 30°或 60°的倾斜线，如图 6-3-4 所示。

5. 在满足图形表达清楚的情况下，对于图样上实际宽度小于2 mm的狭小面积的剖面，允许用涂色的办法代替剖面线（见图 6-3-5），也允许将全部面积涂黑，但邻接部分必须留出空隙（见图 6-3-6）。

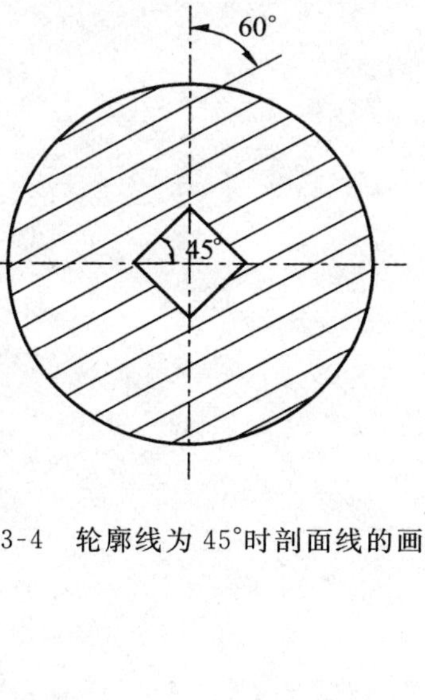


图 6-3-4 轮廓线为 45°时剖面线的画法

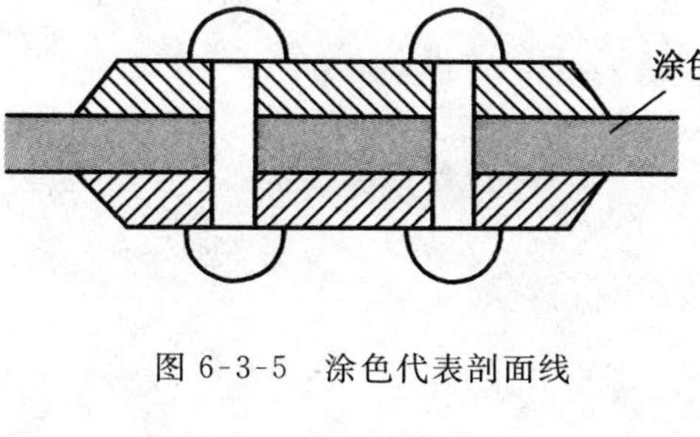


图 6-3-5 涂色代表剖面线

6.对称图形可采用绘制 1/2 或 1/4 图形的方法表示，除总体布置图外，在图形的图名前，应标注“1/2”或“1/4”字样；也可以以对称中心线为界，一半画一般构造图，另一半画断面图；也可以分别画两个不同的 1/2 断面。在对称中心线的两端，可标注对称符号，对称符号应由两条平行的细实线组成，如图 6-3-7 所示。

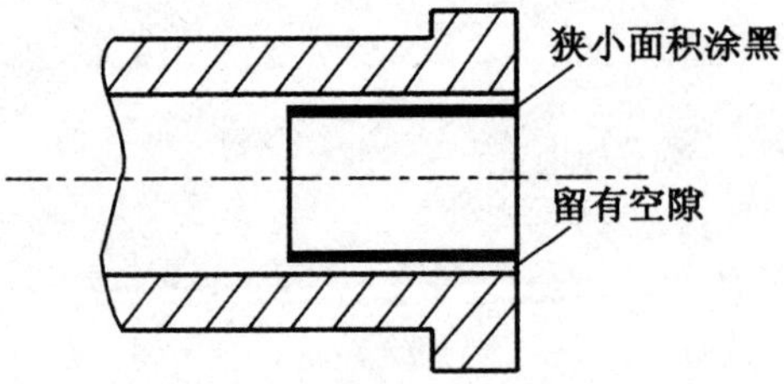


图 6-3-6　涂黑代表剖面线

7.当土体或锥坡遮挡视线时，可将结构视图画成剖切土体或锥坡的断面图，使被土体遮挡部分成为可见体以实线表示，如图 6-3-7 所示。

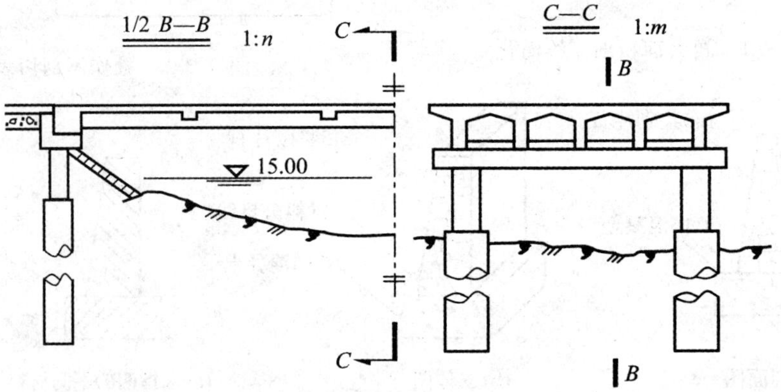


图 6-3-7　对称形体的表达

8.按习惯，剖面图上的被切断面以外的可见部分，可根据需要而决定取舍，这种图仍然为断面图，但不注写“断面”字样，仅注剖切编号字母，如图 6-3-8 所示。

9.当用虚线表示被遮挡的复杂结构图时，应仅绘制主要结构或离视图较近的不可见图线。

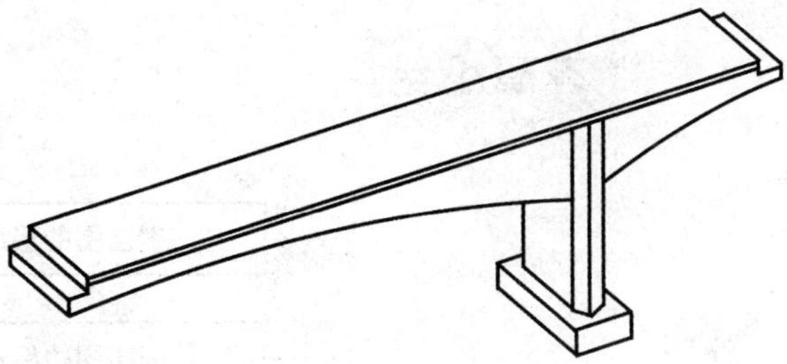

(a)立体图

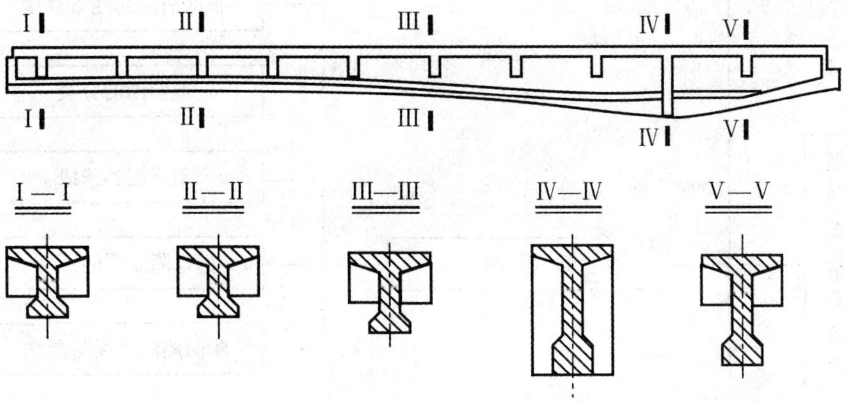


(b)断面图

图 6-3-8　装配式悬臂梁断面图

## 课后思考

1.剖面图、断面图是如何形成的？如何对剖面图、断面图进行标注？

2.剖面图和断面图的种类有哪些？分别适用于什么样的形体？

3.剖面图和断面图有什么区别？

4.剖面图和断面图有哪些规定画法？

5.剖面图、断面图与三面投影图在表达形体形状上有哪些异同点？怎样才能清楚、完整地表达一个形体？

## 本章小结

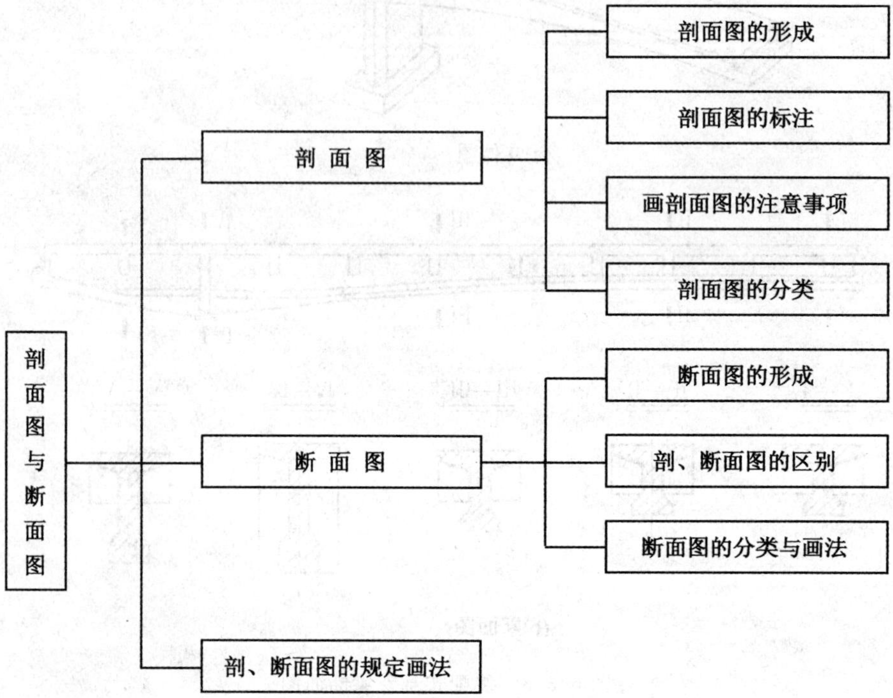
剖面图与断面图
剖 面 图
剖面图的形成
剖面图的标注
画剖面图的注意事项
剖面图的分类
断 面 图
断面图的形成
剖、断面图的区别
断面图的分类与画法
剖、断面图的规定画法

# 第七章　标高投影

## 知识目标

1. 理解标高投影的概念。
2. 掌握点、线、面的标高投影特性。
3. 掌握等高线、坡度比例尺的投影特性。
4. 掌握曲面的标高投影特性。
5. 认识地形图、地形断面图的形成及特点。
6. 掌握建筑物的坡脚线、开挖线和坡面交线的求作方法。

## 能力目标

1. 能在平面内作出其等高线。
2. 能够求解平面、曲面与地形面的交线。
3. 能识读地形图、地形断面图。
4. 能解决标高投影在土建工程中的实际应用问题。

**课堂引入**

道路工程与地形有着紧密的联系，在设计和施工过程中，常常需要绘制反映地形地貌的地形图，以便解决相关的工程问题。由于地面的形状往往比较复杂，长度方向尺寸和高度方向尺寸相差很大，如果仍用前面学习的三面正投影法表示，作图困难，且不易表达清楚。因此，在工程实践中常采用给水平投影并标注高度表示形体形状的标高投影法来表示地形图。

所谓标高投影法，指在物体的水平投影上加注某些特征面、线及控制点的高程数值和绘图比例来表示空间物体的方法。

标高投影是以水平投影面 $H$ 为投影面，称为基准面。标高就是空间点到基准面 $H$ 的距离。一般规定：$H$ 面的标高为零，$H$ 面上方的点标高为正值，下方的点标高为负值。标高的单位常用米(m)。标高投影包括水平投影、高程数值、绘图比例三要素。

标高投影图是一种单面正投影图，即水平投影，它必须标明比例或画出比例尺，否则就无法从单面正投影图中准确地确定物体的空间形状、具体尺寸和位置。其长度单位，如果图中没有注明，则单位以米(m)计。除了地形面以外，也常用标高投影法来表示其他一些复杂曲面。

# 第一节　点、直线的标高投影

## 一、点的标高投影

将点向 $H$ 面作正投影，然后在其右边标出该点到 $H$ 面的实际距离（即标高数值），即得到该点的标高投影。

如图 7-1-1 所示，图(a)表示 $A$、$B$、$C$ 三点与水平面的空间位置，图(b)即为三点的标高投影。点 $A$ 在 $H$ 面上方4 m，点 $B$ 在 $H$ 面下方3 m，点 $C$ 在 $H$ 面上，在 $A$、$B$、$C$ 三点的水平投影 $a$、$b$、$c$ 的右下角标明其高度数值 4、−3、0，就可得到 $A$、$B$、$C$ 三点的标高投影图。高度数值 4、−3、0 称为高程或标高，其单位以米(m)计，在图上一般不需注明。

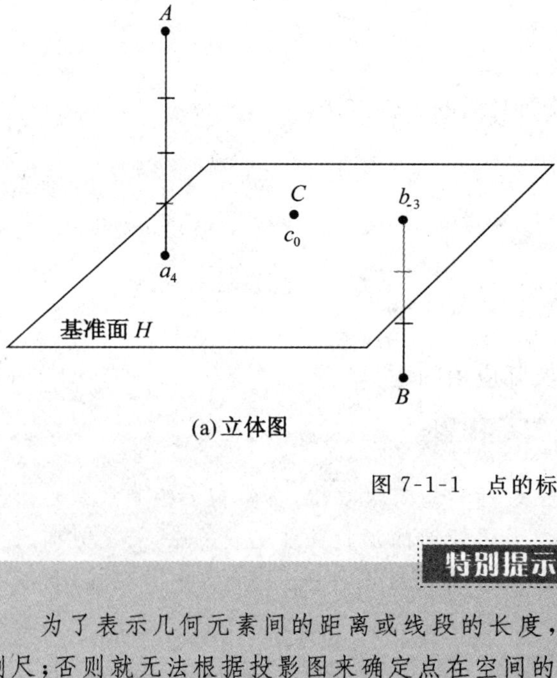


(a)立体图

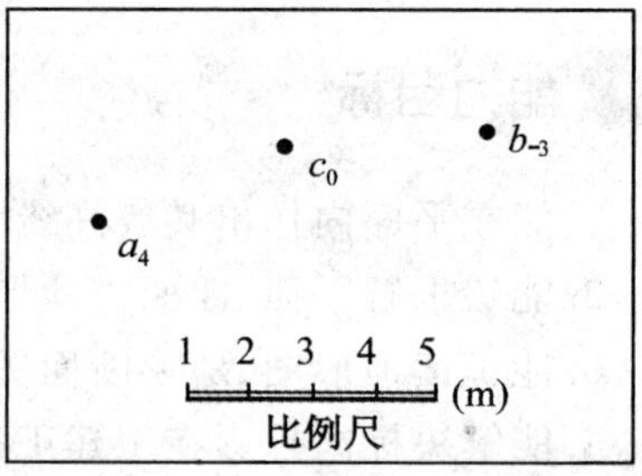


(b)投影图

图 7-1-1　点的标高投影

**特别提示**

为了表示几何元素间的距离或线段的长度，标高投影图中都要标明比例或附以比例尺；否则就无法根据投影图来确定点在空间的位置。如图 7-1-1 中，如果用所附的比例尺度量，即可知道 $A$、$B$、$C$ 任意两点间的实际水平距离。

## 二、直线的标高投影

1. 直线的标高投影表示法

由于直线的位置是由直线上的两个点或者直线上一点及该直线的方向确定的，因此，直线的标高投影的表示法有两种：

(1)用直线的水平投影并标注直线上两个点的高程来表示，如图 7-1-2 所示，图(a)中倾斜直线 $AB$、铅垂线 $CD$、水平线 $EF$ 的标高投影可分别表示成图(b)中的 $a_2b_6$、$c_5d_2$ 和$e_3f_3$。

(2)用直线上一点的标高投影加注直线的坡度和方向来表示。实心全箭头表示下坡方向，$i$ 为该直线的坡度，如图 7-1-3 所示。

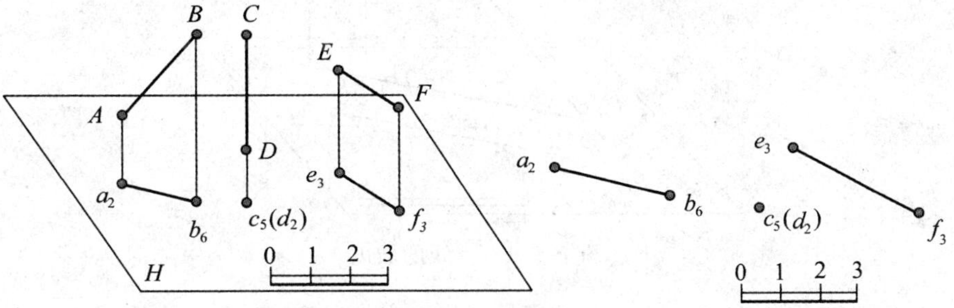


(a)立体图　　(b)投影图

图 7-1-2　直线的标高投影表示法一

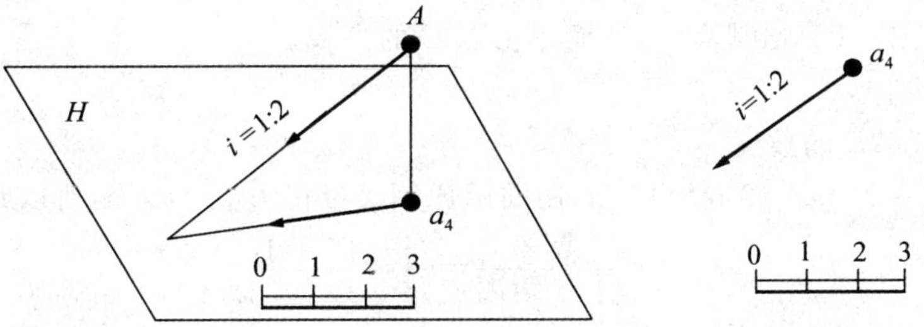


(a)立体图　　(b)投影图

图 7-1-3　直线的标高投影表示法二

2. 直线的坡度和平距

直线的坡度是指直线上两点的高差与两点间水平距离之比，用符号 $i$ 表示，即：

$$坡度(i)=\frac{高差(H)}{水平距离(L)}=\tan\alpha$$

由上式可知，当两点间的水平距离为 1 个单位时，两点间的高差即为坡度。

如图 7-1-4 所示，直线 $AB$ 的高 $H=3$ m，用比例尺量得其水平距离 $L=4.5$ m，则该直线的坡度 $i=\frac{H}{L}=\frac{3}{4.5}=\frac{1}{1.5}$，一般写作 1∶1.5。

直线的平距是指两点间的水平距离与它们的高差之比，用符号 $l$ 表示，即：

$$平距(l)=\frac{水平距离(L)}{高差(H)}=\cot\alpha=\frac{1}{i}$$

由上式可知，当两点间的高差为 1 时，两点间的水平距离即为平距($l$)，平距和坡度互为倒数，即 $i=\frac{1}{l}$。坡度越大，平距越小；坡度越小，平距越大。

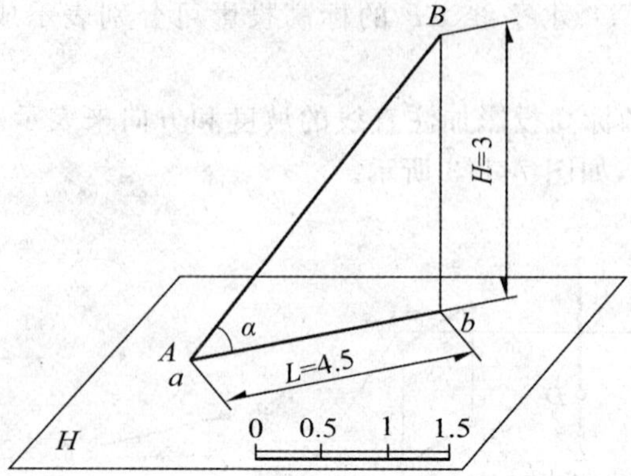


图 7-1-4　直线的坡度

**【例题 7-1-1】**　如图 7-1-5(a)所示，已知直线 $AB$ 的高程 $a_{12}$、$b_{27}$，求直线上点 $C$ 的高程。

［思路分析］

由题意可先求出直线 $AB$ 的坡度，而 $AB$、$AC$ 是同一条直线，因而坡度相同，可根据 $AC$ 间的水平距离计算出其高差，从而得出点 $C$ 的高程。

［解题步骤］

(1)求直线 $AB$ 的坡度

因为 $H_{AB}=27\ \text{m}-12\ \text{m}=15\ \text{m}$，用图示比例尺量得 $L_{AB}=45\ \text{m}$，所以其坡度为：

$$i=\frac{\text{高差}}{\text{水平距离}}=\frac{H}{L}=\frac{15}{45}=\frac{1}{3}$$

(2)求点 $C$ 的高程

因为 $L_{AC}=15\ \text{m}$，$H_{AC}=L_{AC}\times i=15\ \text{m}\times 1/3=5\ \text{m}$，所以点 $C$ 的高程应为 $12\ \text{m}+5\ \text{m}=17\ \text{m}$，如图 7-1-5(b)所示。

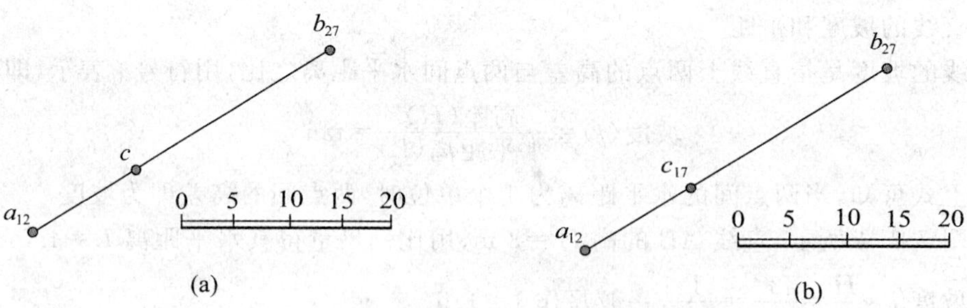


图 7-1-5　求直线上点 $C$ 的高程

3. 直线的实长和整数标高点

在标高投影中，求直线的实长可以采用正投影中的直角三角形法。如图 7-1-6 所示，图(b)中的斜边 $Ab_3$ 即为 $AB$ 实长。

在实际工作中，直线两端点常常是非整数标高点，而很多时候需要知道直线上各整数标高点的位置。解决这类问题，可利用定比分割原理作图。

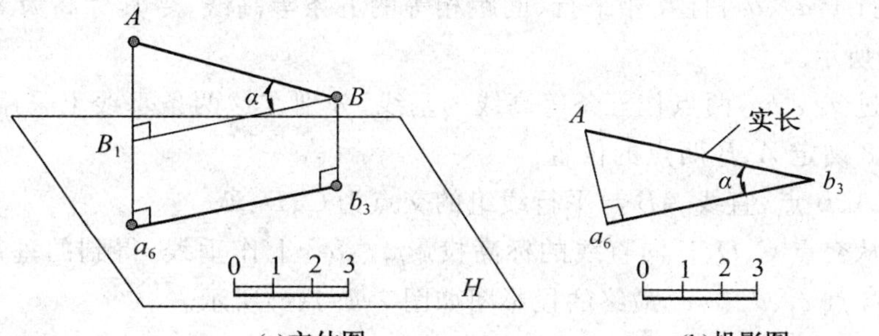


(a)立体图　　(b)投影图

图 7-1-6　求直线的实长和倾角

**【例题 7-1-2】**　如图 7-1-7(a)所示，已知直线 $AB$ 的标高投影 $a_{4.3}b_{7.8}$，试求直线 $AB$ 上各整数标高点。

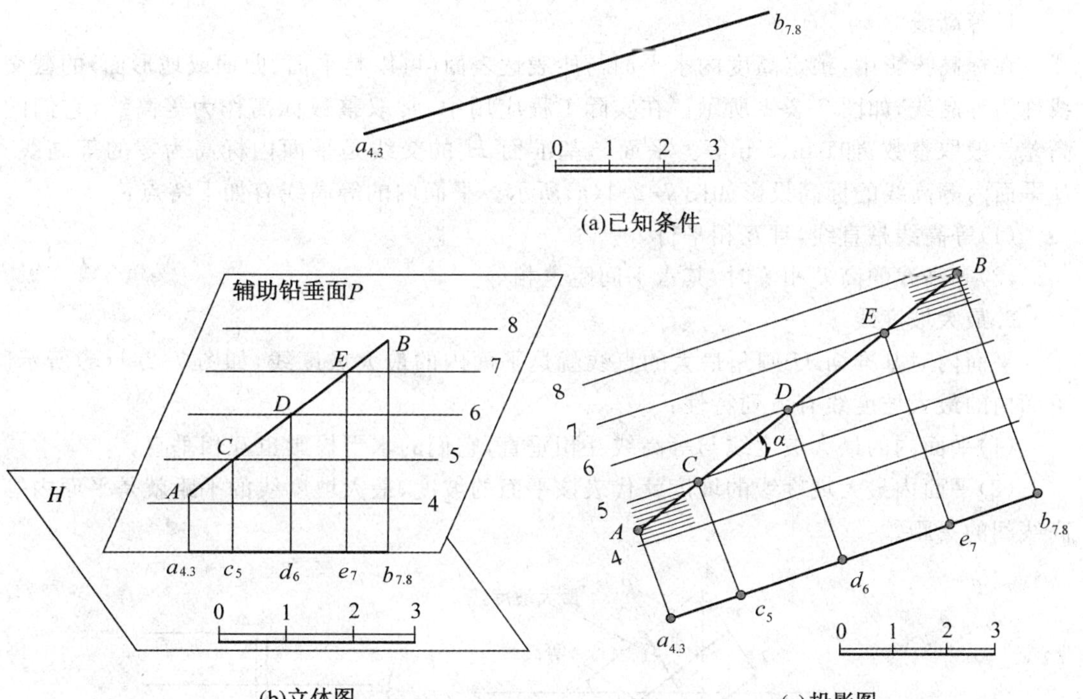


(b)立体图　　(c)投影图

图 7-1-7　求直线上的整数标高点

［思路分析］

假想过直线 $a_{4.3}b_{7.8}$ 作辅助铅垂面 $P$，并在铅垂面 $P$ 上作平行于 $a_{4.3}b_{7.8}$ 且互相平行、间距相等的五条等高线，令其标高为 8、7、6、5、4。然后过 $a_{4.3}$、$b_{7.8}$ 两点分别作这五条等高线的垂线，分别按其标高 4.3、7.8 确定出空间点 $A$、$B$。连接 $A$、$B$ 两点，则直线 $AB$ 与这五条等高线的交点 $C$、$D$、$E$ 即为空间直线 $AB$ 上的整数标高点。再将 $C$、$D$、$E$ 三个点投影

到 $H$ 面上，即得到 $a_{4.3}b_{7.8}$ 上的整数标高点 $c_5$、$d_6$、$e_7$。

［作图步骤］

①作平行于 $a_{4.3}b_{7.8}$ 且互相平行、间距相等的五条等高线，令其标高为 8、7、6、5、4，如图 7-1-7(b)所示。

②分别过 $a_{4.3}$、$b_{7.8}$ 两点作五条等高线的垂线，分别在这两条垂线上采用内插法，按标高 4.3 和 7.8 确定 $A$、$B$ 两点的位置。

③连接 $A$、$B$ 点，直线 $AB$ 与平行线组的交点为 $C$、$D$、$E$。

④分别从交点 $C$、$D$、$E$ 向直线的标高投影 $a_{4.3}b_{7.8}$ 上作垂线，得到的垂足即为直线上的各整数标高点 $c_5$、$d_6$、$e_7$。最终的投影图如图 7-1-7(c)所示。

## 第二节　平面的标高投影

### 一、平面标高投影的相关概念

1. 等高线

在标高投影中，预定高度的水平面与所表达表面（可以是平面、曲面或地形面）的截交线称为等高线，如图 7-2-1 所示。在实际工程应用中，常取整数标高作为等高线，它们的高差一般取整数，如1 m、5 m等。平面与基准面 $H$ 的交线是平面内标高为零的等高线。$P$ 平面内等高线的标高投影如图 7-2-1(a)所示。平面内的等高线有如下特点：

(1)等高线是直线，且互相平行。

(2)等高线的高差相等时，其水平间距也相等。

2. 最大坡度线

平面内对基准面 $H$ 倾角最大的直线就是平面内的最大坡度线，如图 7-2-1(a)所示。平面内的最大坡度线有下列特性：

(1)平面内的最大坡度线与等高线互相垂直，它们的水平投影也互相垂直。

(2)平面内最大坡度线的坡度就代表该平面的坡度，最大坡度线的平距就是平面内等高线间的平距。

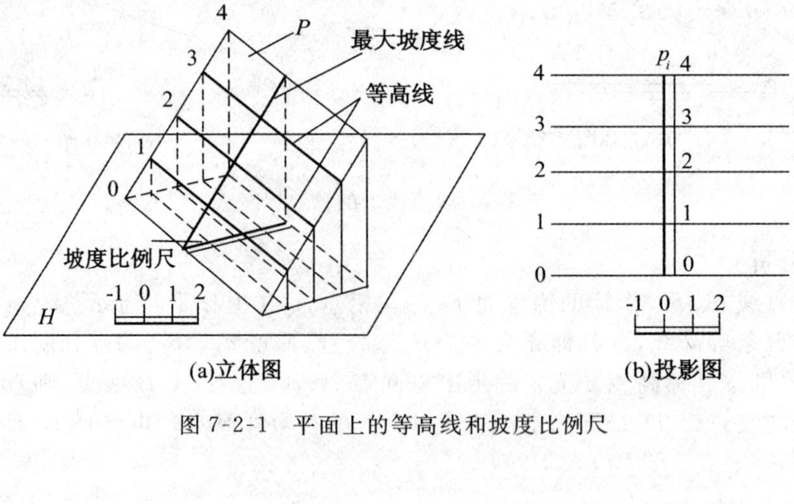

(a)立体图　(b)投影图

图 7-2-1　平面上的等高线和坡度比例尺

3. 坡度比例尺

将平面上最大坡度线的投影附以整数标高，并画成一粗一细的双线，使其与一般直线有所区别，这种表示法称为平面的坡度比例尺，如图 7-2-1 所示。

由于最大坡度线垂直于 $P_H$，也和平面上的水平线相垂直，根据直角一边平行于投影面的原理，可知最大坡度线的投影(坡度比例尺)和平面上的等高线的投影互相垂直。最大坡度线的平距就是等高线的平距。

## 二、平面的表示法

在正投影中所介绍的用几何元素和迹线表示平面的方法在标高投影中仍然适用。在标高投影中，平面常采用以下几种方法表示：

1. 等高线表示法

等高线在前面已经介绍过，在实际应用中我们一般采用高差相等、标高为整数的一系列等高线来表示平面，并把基准面 $H$ 上的等高线作为标高为零的等高线，如图 7-2-1 所示。当高差相同时，等高线间距也相等。

2. 坡度比例尺表示法

这种表示法实质上就是最大坡度线表示法，如图 7-2-2(a)所示。

已知平面的等高线组，可以利用等高线与坡度比例尺的相互垂直关系，作出平面上的坡度比例尺，反之亦然。

图 7-2-2(b)就是根据 $P$ 平面的坡度比例尺作出的平面上的等高线。要注意的是，在用坡度比例尺表示平面时，标高投影的比例尺或比例一定要给出。

**特别提示**

如果坡度比例尺已知，则平面对基准面的倾角可以利用直角三角形法求得。

3. 用平面上的一条等高线和平面的坡度表示平面

如图 7-2-3(a)所示，可用一条等高线和坡度表示一个平面。

已知平面上的一条等高线，可定出坡度线的方向，由于平面的坡度已知，该平面的方向和位置就确定了。图 7-2-3(b)是作平面上的等高线的方法，可利用坡度求得等高线的平距为 2，然后作已知等高线的垂线，在垂线上按图中所给比例尺截取平距，再过各分点作已知等高线的平行线，即可作出平面上一系列等高线的标高投影。

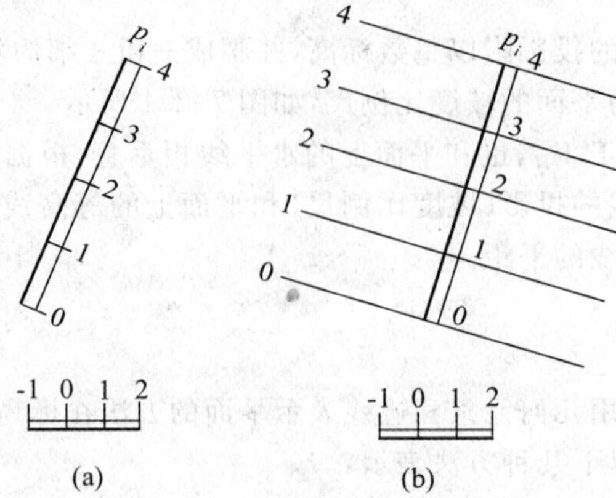


图 7-2-2　坡度比例尺表示法

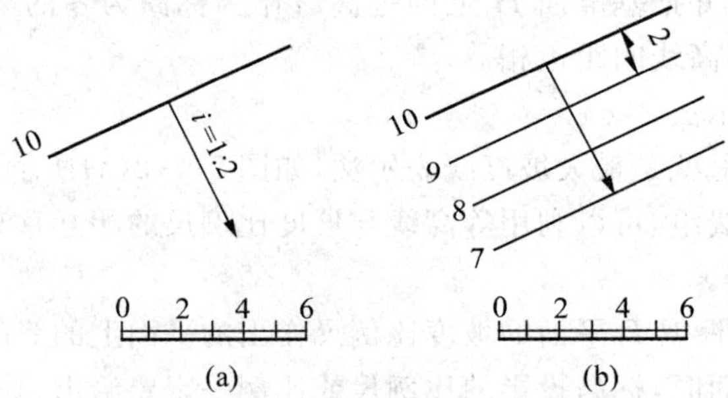


图 7-2-3　用一条等高线和坡度表示平面

4.用平面上的一条非等高线加平面坡度、倾向的表示法

图 7-2-4(a)所示为一标高为5 m的水平场地及一坡度为 1∶3 的斜坡引道，斜坡引道两侧的倾斜平面 $ABC$ 和 $DEF$ 的坡度均为 1∶2，这种倾斜平面可由平面内一条倾斜直线的标高投影加上该平面的坡度来表示。如图 7-2-4(b)所示，图中 $a_2b_5$ 旁边的箭头只是表明该平面向直线的某一侧倾斜，并非代表平面的坡度线方向，坡度线的准确方向需作出平面上的等高线后才能确定，所以用细虚线表示。

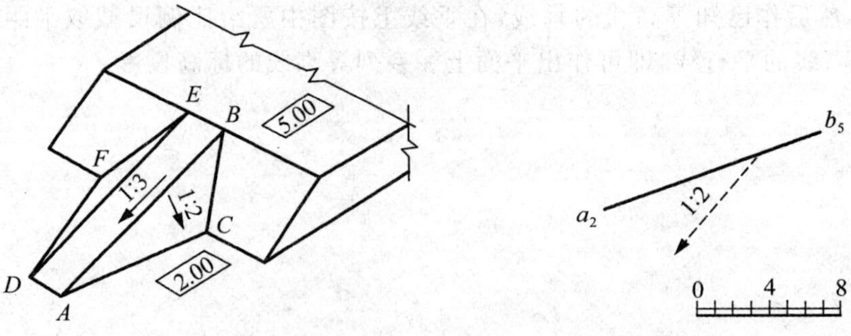


图 7-2-4　用非等高线和坡度、倾向的方法表示平面

【例题 7-2-1】 如图 7-2-5 所示，已知平面上一条倾斜直线 $AB$ 的标高投影 $a_2b_5$，平面的坡度 $i=1:2$，作出该平面的等高线和坡度线。

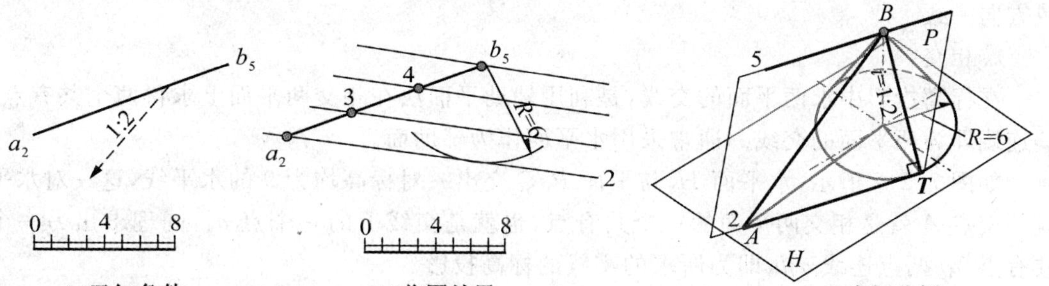


(a)已知条件 (b)作图结果 (c)空间分析

图 7-2-5 平面的等高线和坡度线

［思路分析］

假定以空间直线的端点 $B$ 为顶点，作一个锥底角等于平面倾角的圆锥，即该圆锥的任何一条素线与基准面 $H$ 的坡度值均等于平面的坡度值 1：2［见图 7-2-5(c)］。因此，只要包含已知直线作该圆锥的切平面，则所作平面同时满足：过直线 $AB$ 和给定坡度值为 $i$ 两个条件的结果有两个，但平面的倾向已经确定，则结果只有一个。

锥顶和锥底的高差 $H=H_b-H_a=3$ m，锥底面圆周的半径 $L=H/i=6$ m。

［作图步骤］

①以 $b_5$ 为圆心，以 6 为半径在平面倾斜方向一侧画圆弧，该圆弧是圆锥面上标高为 2 的等高线。

②过 $a_2$ 点向该圆弧作切线，则该切线是平面 $P$ 上标高为 2 的等高线。

③过 $b_5$ 点作标高为 2 的等高线的平行线，这条平行线即是标高为 5 的等高线。

④将两平行线的间距 3 等分，过等分点作其他等高线的平行线，就可求得标高分别为 3、4 的等高线，如图 7-2-5(b)所示。

## 三、两平面的相对位置

两平面在空间的相对位置可分为平行与相交两种情况，如图 7-2-6 所示。

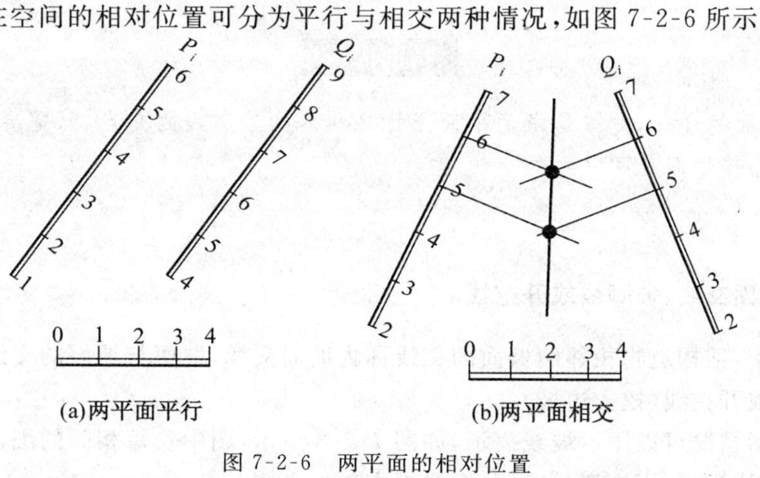


(a)两平面平行 (b)两平面相交

图 7-2-6 两平面的相对位置

1. 平行

如果两平面平行，则它们的坡度比例尺和等高线互相平行，平距相等，标高数字的增减方向一致。

2. 相交

在标高投影中求两平面的交线，是利用辅助平面法在相交两平面上求得两个共有点，其连线即为两平面的交线。通常采用水平面作为辅助面。

如图 7-2-7 所示，水平面 $H_9$ 与平面 $P$、$Q$ 交出一对标高均为 9 的水平线，这一对水平线的交点 $A$ 就是相交两平面的一个共有点，也就是交线上的一个点 $a_9$，同理求出另一个共有点 $b_6$，两点连线 $a_9b_6$ 即为所求的交线的标高投影。

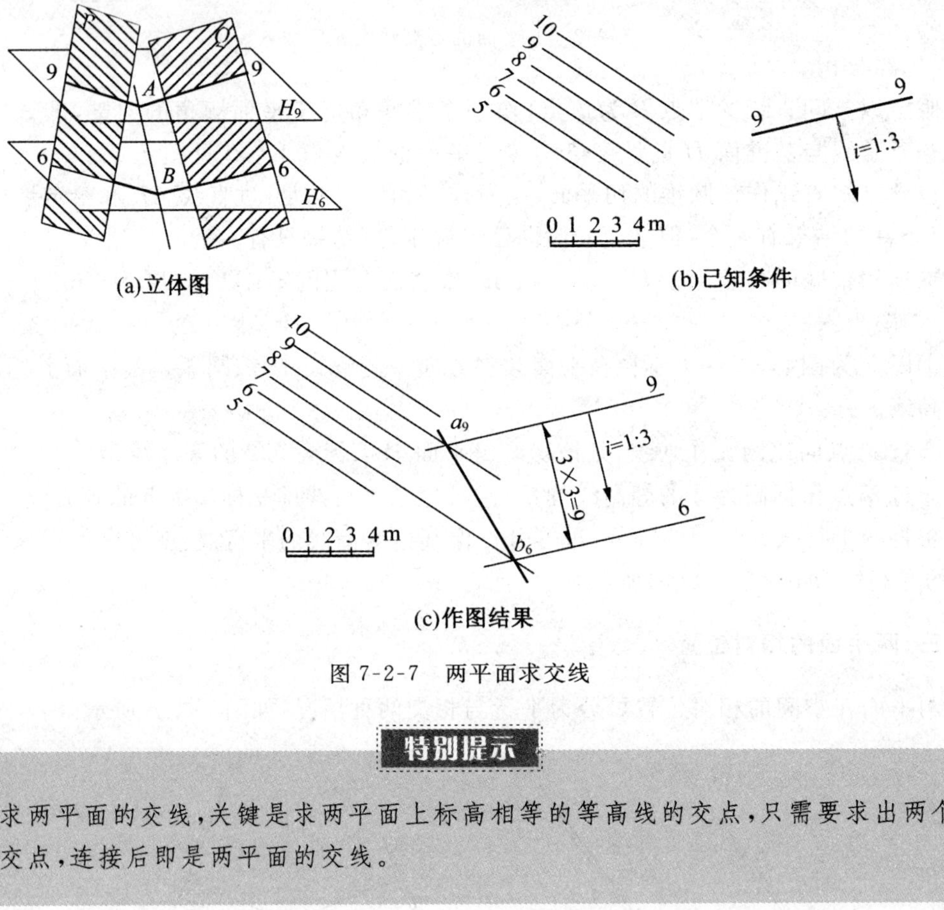


图 7-2-7　两平面求交线

**特别提示**

求两平面的交线，关键是求两平面上标高相等的等高线的交点，只需要求出两个这样的交点，连接后即是两平面的交线。

### 四、求坡面交线、坡脚线或开挖线

在工程中，把构筑物相邻两坡面的交线称为坡面交线，坡面与地面的交线称为坡脚线（填方边坡）或开挖线（挖方边坡）。

坡面倾斜情况可以用示坡线表示，如图 7-2-8 所示，图中长短相间的细实线即为示坡线，它与等高线垂直，用来表示坡面，短线画在高的一侧。

【例题 7-2-2】 如图 7-2-8 所示，已知主堤和支堤相交，顶面标高分别为 3 m 和 2 m，地面标高为±0.00，各坡面坡度如图所示，试作相交两堤的标高投影图。

[作图步骤]

(1)求坡脚线。以主堤为例，先求堤顶边缘到坡脚线的水平距离 $L=H/i=(3-0)/1=3(\mathrm{m})$，再沿两侧坡面坡度线方向按比例量取，过零点作顶面边缘的平行线，即得主堤两侧坡面的坡脚线。用同样方法作出支堤的坡脚线。

(2)求支堤顶面与主堤坡面的交线。支堤顶面标高为 2 m，与主堤坡面交线就是主堤坡面上标高为2 m的等高线中的一段。

(3)求主堤坡面与支堤坡面的交线。

(4)检查结果，加深，画出各坡面的示坡线，如图 7-2-8(c)所示。

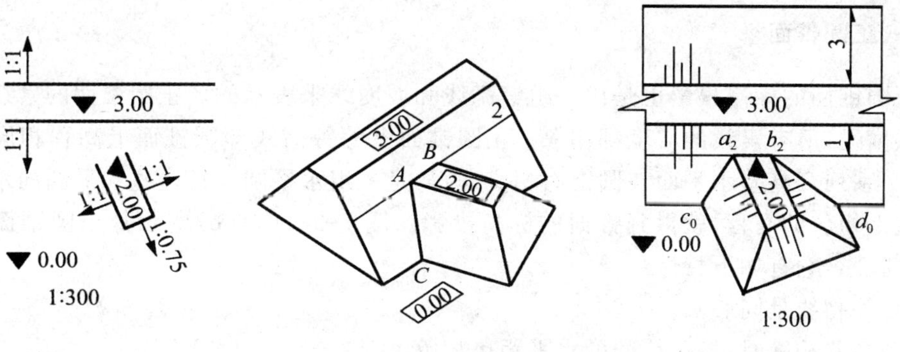


(a)已知条件 (b)立体图 (c)作图结果

图 7-2-8 完成土堤、支堤相交的标高投影

【例题 7-2-3】 如图 7-2-9(a)所示，一斜坡引道直通水平场地，设地面高程为2 m，水平场地顶面高程为5 m，试画出其坡脚线和坡面交线。

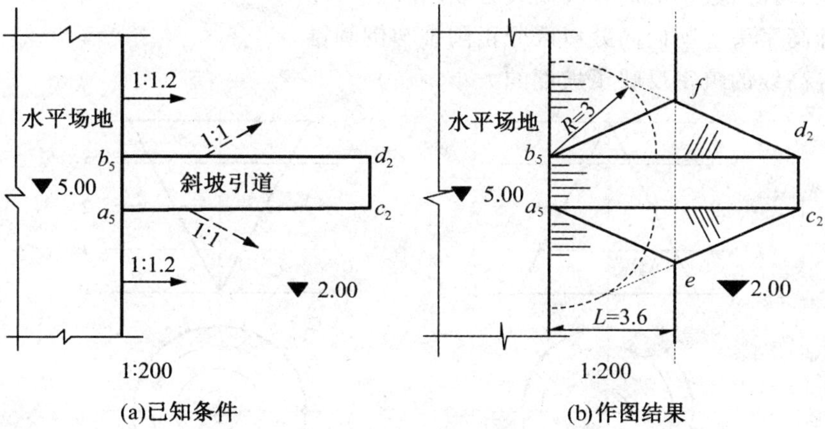


(a)已知条件 (b)作图结果

图 7-2-9 求引道与水平场地的标高投影

[作图步骤]

(1)求坡脚线。水平场地边缘与坡脚线的水平距离 $L=1.2\times3\ \mathrm{m}=3.6\ \mathrm{m}$。斜坡引

道坡脚线求法如图 7-2-9(b)所示，分别以 $a_5$ 和 $b_5$ 为圆心，以 $R=1\times3$ m$=3$ m为半径画弧，再自 $c_2$ 和 $d_2$ 分别作此两弧的切线，即为引道两侧的坡脚线。

(2)求坡面交线。水平场地与斜坡引道的坡脚线分别交于 $e_2$ 和 $f_2$，连接 $a_5e_2$ 和 $b_5f_2$，就是所求的坡面交线。

(3)将结果加深，画出各坡面的示坡线。

## 第三节　曲面的标高投影

在实际工程中，曲面也是常见的。在标高投影中，是用一系列高差相等的水平面与曲面相截来表示曲面的。常见的曲面有圆锥面、同坡曲面和地形面等。

### 一、正圆锥面

正圆锥面的标高投影也是用一组等高线和坡度线来表示的。正圆锥面的素线是锥面上的坡度线，所有素线的坡度都相等。正圆锥面上的等高线即圆锥面上高程相同点的集合，用一系列等高差水平面与圆锥面相交即得，是一组水平圆。将这些水平圆向水平面投影并注上相应的高程，就得到锥面的标高投影。图 7-3-1(a)(b)所示是正圆锥面等高线的标高投影，它有如下特性：

(1)等高线是同心圆。

(2)高差相等时，等高线间的水平距离相等。

(3)当圆锥面正立时，等高线越靠近圆心其高程数值越大，如图 7-3-1(a)所示；当圆锥面倒立时，等高线越靠近圆心其高程数值越小，如图 7-3-1(b)所示。

在绘制圆锥曲面的标高投影时，应注意以下方面：

(1)圆锥一定要注明锥顶高程，否则无法区分圆锥与圆台。

(2)在有标高数字的地方等高线必须断开。

(3)标高字头应朝向高处以区分正圆锥与倒圆锥。

(4)等高线的疏密反映了坡度的大小。

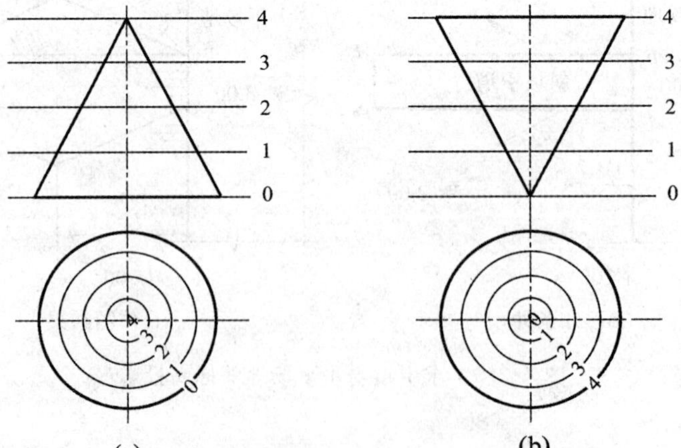


(a)　　(b)

图 7-3-1　正圆锥面的标高投影图

在土石方工程中，常将建筑物的侧面做成坡面，而将其转角处做成与侧面坡度相同的圆锥面，如图 7-3-2 所示。

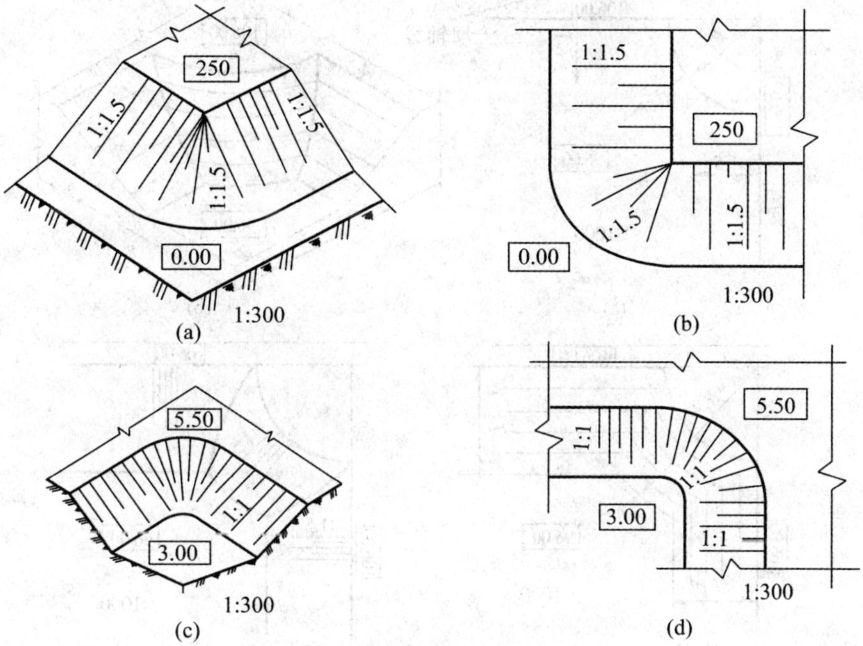


图 7-3-2　圆锥曲面应用示例

**【例题 7-3-1】** 如图 7-3-3 所示，在土坝与河岸的连接处用圆锥面护坡，河底高程为96.00 m，土坝、河岸、圆锥台顶面高程为106.00 m，各坡面坡度如图所示，求坡脚线及各坡面交线。

［思路分析］

河岸坡面和土坝坝面的坡脚线都是直线，圆锥面的坡脚线是圆弧线，河岸坡面与圆锥面的交线以及土坝坡面与圆锥面的交线均为圆锥曲线。

［作图步骤］

(1)求坡脚线。如图 7-3-3(c)所示，由于河底高程为96.00 m，因此，土坝、河岸的坡脚线是高程为96.00 m的等高线，且与同一坡面上的等高线平行。其水平距离分别为 $L_1=(106-96)\text{m}\times1.5=15\ \text{m}$，$L_2=(106-96)\text{m}\times2=20\ \text{m}$。圆锥护坡的坡脚线圆与圆锥台顶圆在同一圆锥面上，它们的投影是同心圆，其水平距离 $L_3=L_1=15\ \text{m}$。需要注意的是：圆锥面坡脚线的圆弧半径为圆锥台顶半径 $R_1$ 与其水平面距离 $L_3$ 之和，即 $R=R_1+L_3$。

(2)求坡面交线。如图 7-3-3(b)所示，两条坡面的交线为平面曲线，需求出一系列共有点，其作图方法为：在相邻坡面上作出相同高程的等高线，同高程等高线的交点，即为两坡面的共有点，如图 7-3-3(c)所示。用光滑曲线分别连接左右两边的共有点，即得出坡面交线。

(3)画出各坡面的示坡线，完成作图，如图 7-3-3(d)所示。

注意:圆锥面上的示坡线应通过锥顶。

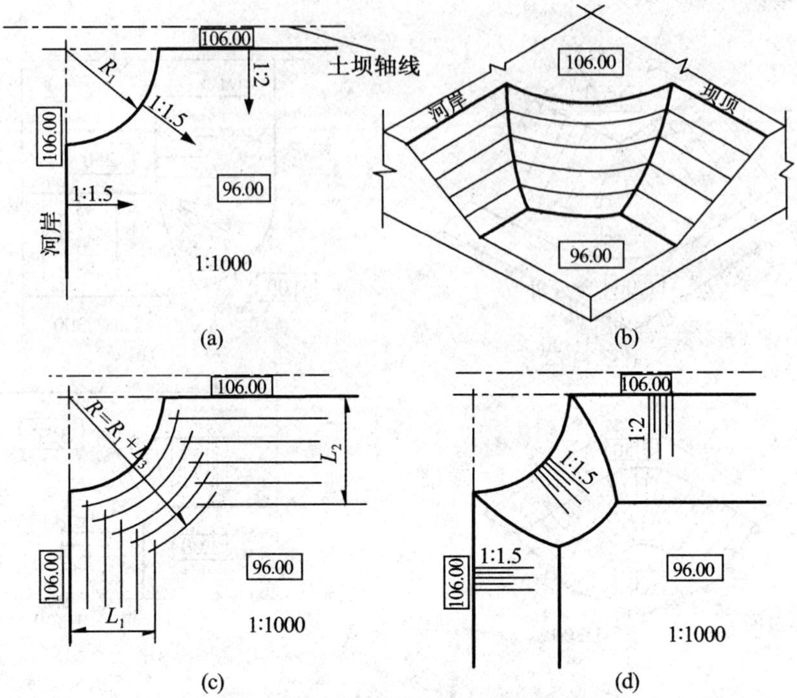


图 7-3-3　作土坝与河岸连接处的标高投影图

## 二、同坡曲面

图 7-3-4(a)所示是一段倾斜的弯曲道路,道路两侧的边坡是曲面,曲面上任何地方的坡度都相同,这种曲面称为同坡曲面,即各处的坡度皆相等的曲面。工程上常用到同坡曲面,道路在弯道处,无论路面有无纵坡,其边坡均为同坡曲面。

同坡曲面的形成如图 7-3-4(b)所示,一正圆锥面的顶点沿一空间曲导线($MN$)运动,运动时圆锥的轴线始终垂直于水平面,则外公切于所有正圆锥的曲面(包络曲面)即为同坡曲面,曲面的坡度就等于运动的正圆锥的坡度。

同坡曲面具有以下特性:

(1)运动的正圆锥在任何位置都和同坡曲面相切。

(2)同坡曲面与运动的正圆锥上同标高的等高线相切。

(3)运动的正圆锥的坡度就是同坡曲面的坡度。当同坡曲面上高差相同时,等高线的间距也相等。

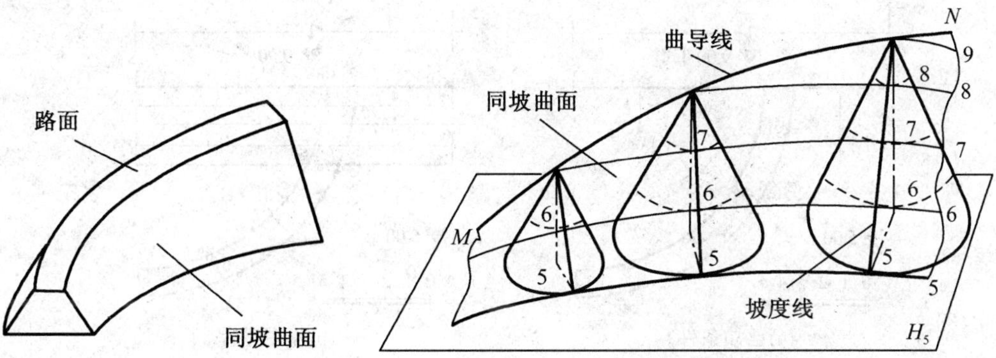


(a)弯曲道路　　(b)同坡曲面的形成

图 7-3-4　同坡曲面

**【例题 7-3-2】** 如图 7-3-5(a)所示，已知同坡曲面上一条空间曲线的标高投影，曲线上 $A$ 点的标高投影为 $a_0$，曲线的坡度 $i_0=1:5$。又知同坡曲面的坡度 $i=1:2.5$ 和坡面的倾斜方向，求出同坡曲面上整数标高的等高线。

［作图步骤］

(1)算出曲导线上高差为1 m的整数标高点的平距为 $l_0=1/i_0=5$ m，从而作出曲导线上的整数标高点 $b_1$、$c_2$、$d_3$。

(2)算出同坡曲面上高差为1 m时，整数标高的等高线间的平距 $l=1/i=2.5$ m。

(3)分别以点 $b_1$、$c_2$、$d_3$ 为圆心，以 $l=2.5$ m为级差调整半径作出同心圆，即为各圆锥面的等高线。

(4)作出各圆锥面上同标高等高线的公切线，即得同坡曲面上相应标高等高线的公切线，如图 7-3-5(b)所示。

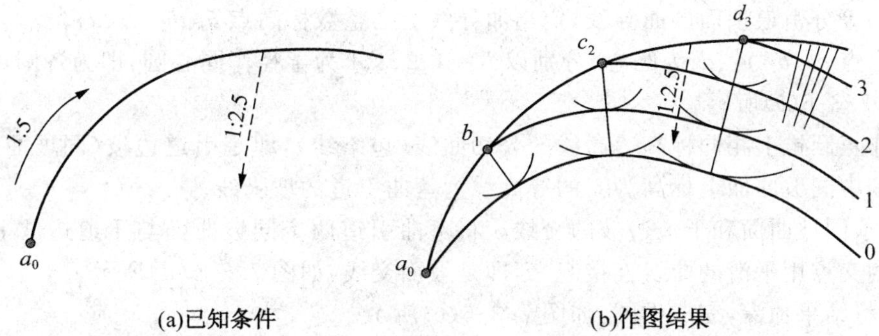


(a)已知条件　　(b)作图结果

图 7-3-5　作同坡曲面上的等高线

**【例题 7-3-3】** 如图 7-3-6(a)所示，一条弯曲倾斜道路与主干道相连，干道顶面标高为9.00 m，地面标高为5.00 m，弯曲引道由地面逐渐升高与干道相连，求坡脚线与坡面交线。

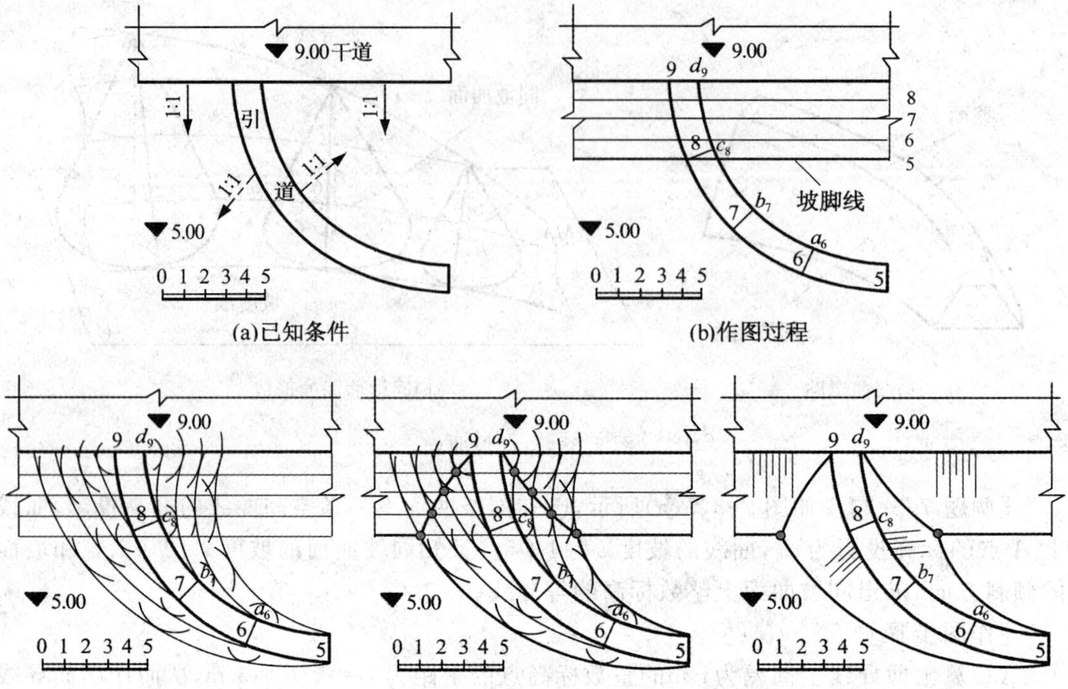


(a)已知条件 (b)作图过程

(c)作图过程 (d)作图过程 (e)作图结果

图 7-3-6 求主干道与弯曲引道的标高投影

[作图步骤]

(1)求作边坡等高线及坡脚线。算出边坡平距，作干道坡面上标高为 8、7、6、5 的等高线，其中坡面上标高为 5 的等高线即为干道坡脚线，如图 7-3-6(b)所示。

(2)求引道两侧同坡曲面上的等高线和坡脚线。

①四等分引道顶面的曲导线，定出曲导线上的整数标高点 $a_6$、$b_7$、$c_8$、$d_9$。

②以点 $a_6$、$b_7$、$c_8$、$d_9$ 为圆心，分别以 $R=1$、2、3、4 为半径作同心圆，即为各圆锥的等高线，如图 7-3-6(c)所示。

③作正圆锥上相同标高等高线的公切曲线(包络线)，即是引道边坡(同坡曲面)的等高线。其中同坡曲面上标高为 5 的等高线为弯曲引道的坡脚线。

(3)求同坡曲面和干道边坡的交线。将弯曲引道两个同坡曲面与干道边坡上同标高等高线的交点用平滑的曲线连接起来，即是坡面交线，如图 7-3-6(d)所示。

(4)将结果加深，完成作图，如图 7-3-6(e)所示。

## 三、地形面

地形面是一个不规则曲面，在标高投影中仍然是用一系列等高线表示。如图 7-3-7 所示，假想用一组高差相等的水平面切割地形面，截交线即是一组不同高程的等高线，画出等高线的水平投影，并标注其高程值，即为地形面的标高投影，通常也叫地形图。

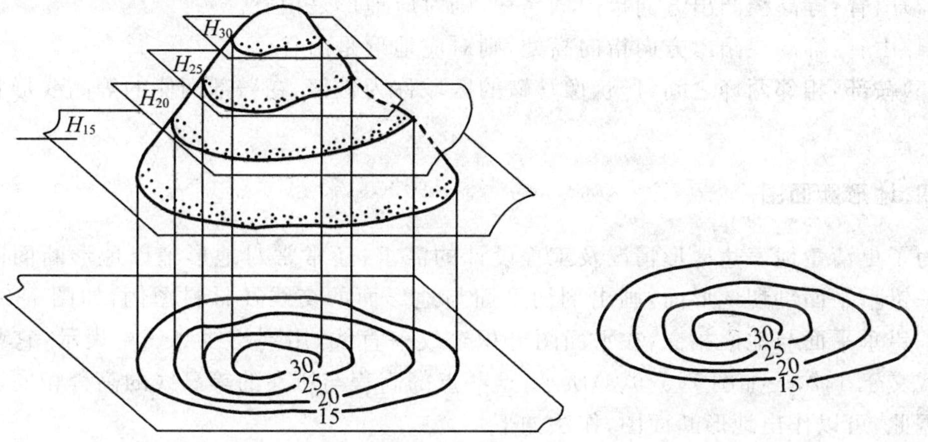


(a) (b)

图 7-3-7　地形面表示法

地形图等高线有如下特性：

(1)等高线一般是封闭曲线。

(2)等高线愈密表明地势愈陡；反之，地势愈平坦。

(3)除悬崖绝壁的地方外，等高线不相交。

在一张完整的地形等高线图中，为了便于看图，一般每隔四条等高线有一条画成粗线，这样的粗等高线称为计曲线。不加粗的等高线称为首曲线。

为了便于看地形图，把典型地貌在地形图上的特征归纳如下(见图 7-3-8)：

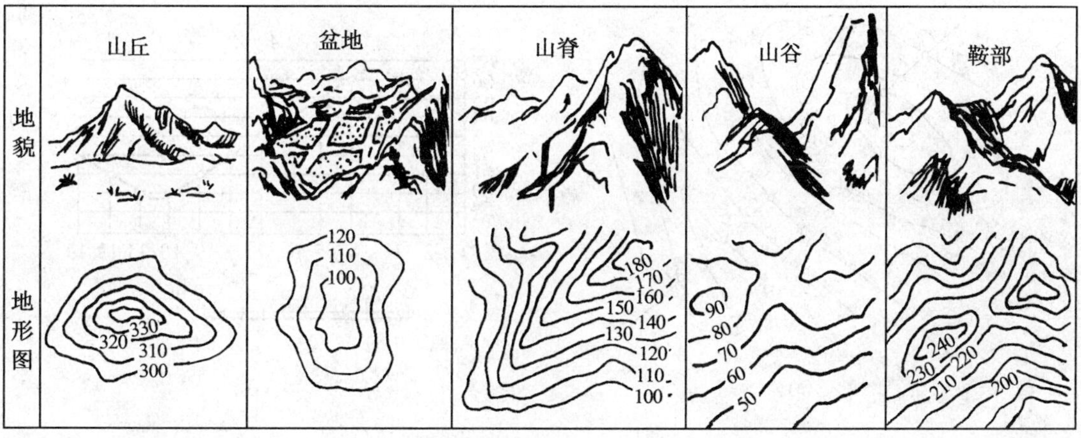


(a) (b) (c) (d) (e)

图 7-3-8　典型地貌在地形图上的特征

(1)山丘：等高线闭合圈由小到大高程依次递减，等高线亦随之渐稀，则对应地形是山丘。

(2)盆地：等高线闭合圈由小到大依次递增，等高线亦随之渐稀，则对应地形是盆地。

(3)山脊:等高线凸出方向指向低高程,则对应地形是山脊。

(4)山谷:等高线凸出方向指向高处,则对应地形是山谷。

(5)鞍部:相邻两峰之间,形状像马鞍的区域称为鞍部,在鞍部两侧的等高线形状接近对称。

### 四、地形断面图

为了更清楚地表达地形情况及工程设计的需求,还常常对地形辅以地形断面图。它是用一铅垂平面剖切地形面,画出剖切平面与地形面的交线及材料图例,如图 7-3-9(b)所示。铅垂平面与地面相交,在平面图上积聚成一直线,用剖切线 $A—A$ 表示,它与地面等高线交于 1,2,… 如图 7-3-9(a)所示,这些点的高程与所在的等高线的高程相同。

据此,可以作出地形断面图,作法如下:

(1)以高程为纵坐标,以 $A—A$ 剖切线的水平距离为横坐标作一直角坐标系。根据地形图上等高线的高差,按比例将高程注在纵坐标轴上,如图 7-3-9(b)中的 59、60 等,过各高程点作平行于横坐标轴的高程线。

(2)将剖切线 $A—A$ 上的各等高线交点 1,2,… 移至横坐标轴上。

(3)由 1,2,… 各点作纵坐标轴的平行线,使之与相应的高程线相交,如 4 点的高程为 66,过 4 点作纵坐标轴的平行线与高程线 66 相交得交点 $K$。同理作出其他各点。

(4)徒手将各点连成曲线,加上自然土图例,即得地形断面图,如图 7-3-9(b)所示。

一般来说,地面的高差与水平距离数值相差很大,有时不需作剖面的实际形状,而只要了解断面处的地形变化,此时在地形断面图中,高度方向的比例可以不同于水平方向的比例。

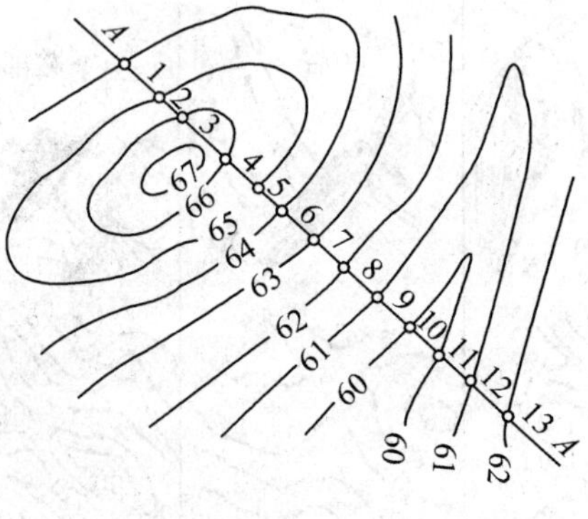


(a)

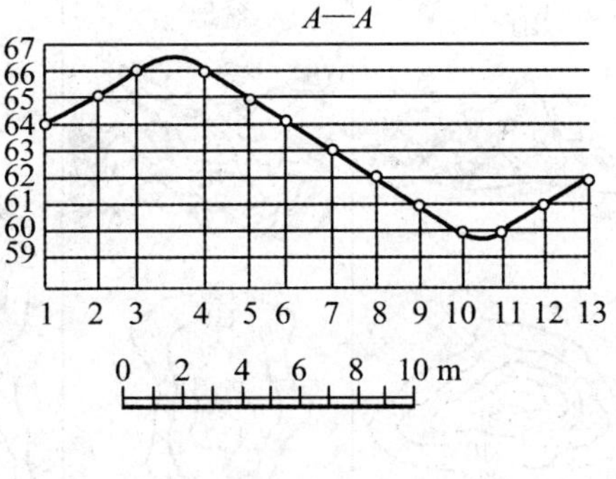


(b)

图 7-3-9 地形断面图

## 第四节 标高投影在土建工程中的应用

在土建工程中,经常要应用标高投影来求解工程构筑物坡面的交线以及坡面与地面的交线,即坡脚线和开挖线。由于构筑物的表面可能是平面或曲面,地形面也可能是水平地面或是不规则地面，因此，它们的交线形状也不一样，但是求解交线的基本方法仍然是采用水平辅助平面来求两个面的共有点。如果交线是直线，只需求出两个共有点并连成直线；如果交线是曲线，则应求出一系列共有点，然后依次光滑连接。

## 一、平面与地形面的交线

**【例题 7-4-1】** 如图 7-4-1(a)所示，地形面与一个斜坡平面相交，求作地形面与斜坡平面的交线。

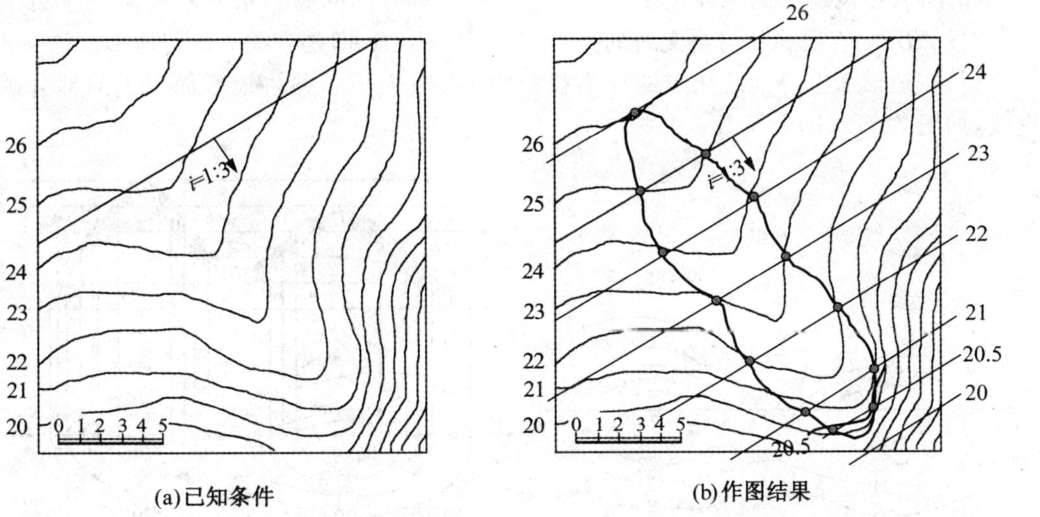


图 7-4-1 求平面与地形面的交线

[思路分析]

根据平面上的一条等高线和平面的坡度、方向，可以求出平面上的一系列等高线。这样可以得出地形图上与平面上标高相等的等高线的一系列交点，也就是平面和地形面交线上的点。等高线 20 和 21 之间的交线需用内插法求解，即分别对坡面和地面上的等高线按相应间距加密，求出更多的交点。最后，将这一系列的交点用平滑的曲线连接起来，即为所求的交线。

[作图步骤]

(1)根据已知条件求出斜坡平面的平距为：$l=1/i=3$ m。

(2)根据图示的比例尺，作出斜坡平面中等高线 25 的平行线组，即得出斜坡平面上等高线和地形面上标高相同的等高线的交点。

(3)在地形图等高线 20、21 之间内插一条标高为 20.5 的等高线，同样求出斜坡平面中标高为 20.5 的等高线，求出两条标高为 20.5 等高线的两个交点。

(4)用平滑的曲线顺次连接各交点，对于标高小于 20.5 的一小段交线，应根据两边交线的走势，将其延长连接起来，完成开挖线的作图，如图 7-4-1(b)所示。

**【例题 7-4-2】** 如图 7-4-2(a)所示，已知直管线两端的标高分别为 21.5 和 23.5，求管线 $AB$ 与地形面的交点。

[思路分析]

求直线与地形面的交点，通常是作一个包含直线的铅垂面，先求出该铅垂面与地形面的截交线，再求直线与截交线的交点，就是直线与地形面的交点。

[作图步骤]

(1)作间距相等的标高分别为 21、22、23、24、25 的平行线组。

(2)将管线的标高投影与地形面上等高线的交点按照它对应的标高和水平距离画到平行线组中，连接各点得到辅助铅垂面和地形面的截交线。

(3)将管线两端点的标高投影 $a_{21.5}b_{23.5}$ 按照其对应的标高和水平距离画到平行线组中，连接 $AB$，则直线 $AB$ 与截交线的交点 $K_1$、$K_2$、$K_3$、$K_4$ 即是直线 $AB$ 与地形面的交点。

(4)在地形面上得到的交点的标高投影为 $k_1$、$k_2$、$k_3$、$k_4$，并将地形面以下的部分画成虚线，如图 7-4-2(b)所示。

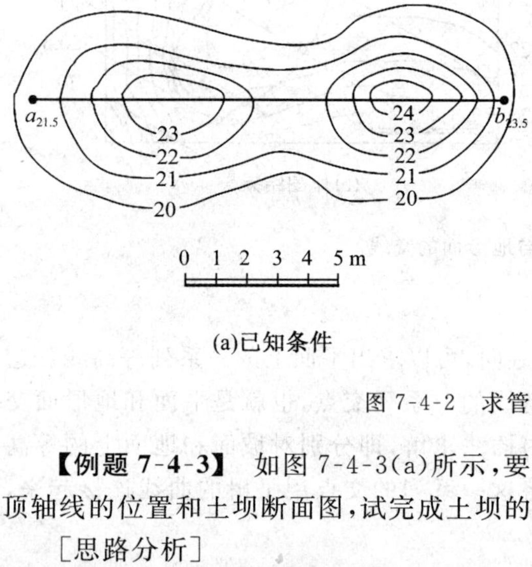


(a)已知条件

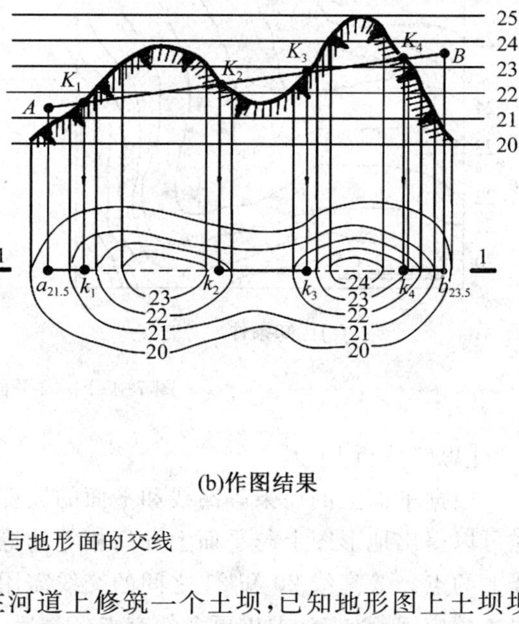


(b)作图结果

图 7-4-2　求管线与地形面的交线

**【例题 7-4-3】**　如图 7-4-3(a)所示，要在河道上修筑一个土坝，已知地形图上土坝坝顶轴线的位置和土坝断面图，试完成土坝的标高投影图。

[思路分析]

由图 7-4-3(a)中的断面图可以看出，坝顶标高为62.00 m，高于地形图，所以是填方。坝顶、马道和上、下端坡面都与地面有交线，即坡脚线，它们都是不规则曲线。

[作图步骤]

(1)求坝顶与地面的交线。坝顶面是高程为62 m的水平面，它与地面的交线是地面上高程为62 m的等高线。用内插法在地形图上用虚线画出62 m的等高线，将坝顶边线画到与62 m等高线相交处[见图 7-4-3(b)]。

(2)求上游坝面的坡脚线。根据上游坡面的坡度 1 : 2.5，因为地形面上的等高距是5 m，所以坡面上的等高距也应取5 m，故上游坝面上相邻等高线的水平距离 $L_1=5\times 2.5\ \text{m}=12.5\ \text{m}$。画出坝面上一系列标高为 60、55、50、45 的等高线，求出它们与地面相同高程等高线的交点。

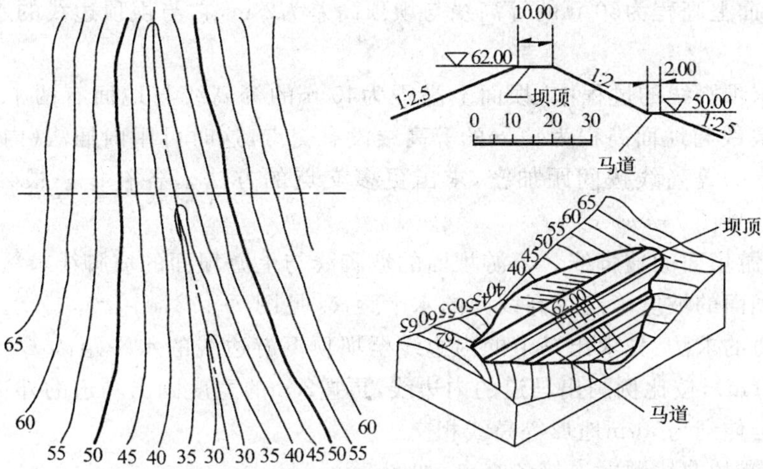


(a)已知条件

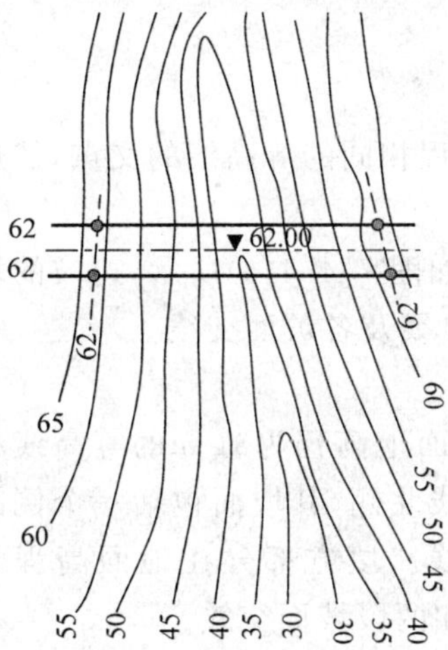


(b)作图过程

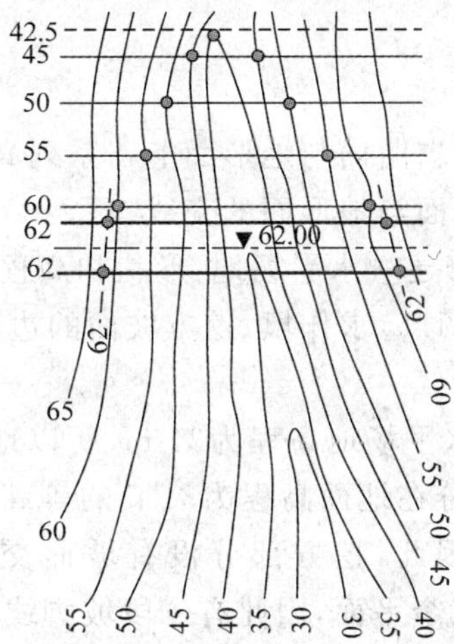


(c)作图过程

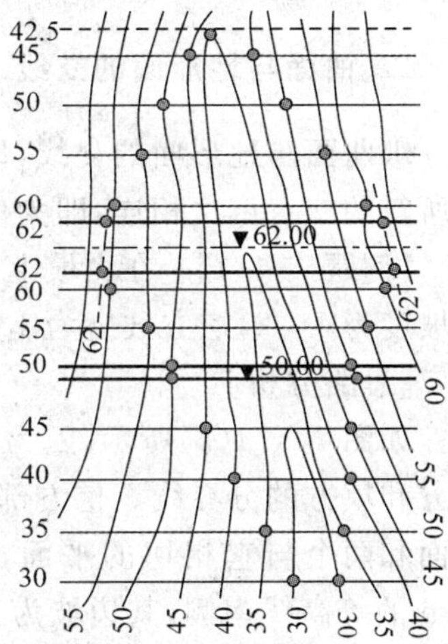


(d)作图过程

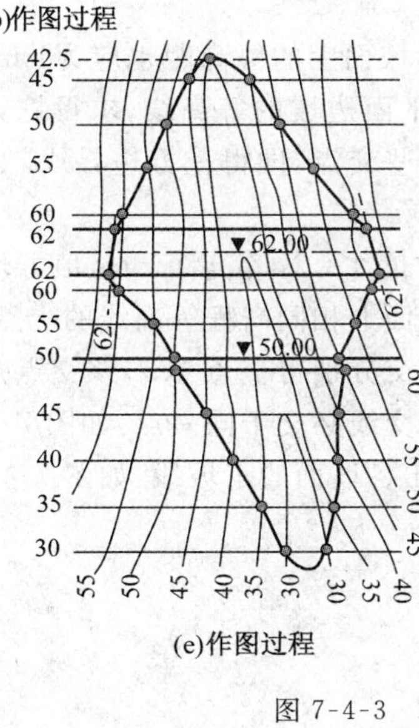


(e)作图过程

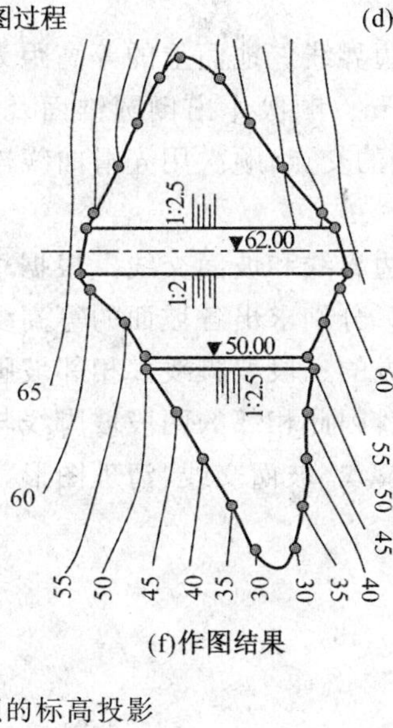


(f)作图结果

图 7-4-3 求土坝的标高投影

注意：坝面上高程为60 m的等高线与坝顶高差为2 m，它与坝顶边线的水平距离应为平距5 m。

在上述求坝脚线的过程中，坝面上高程为45 m的等高线与地面有两个交点，但高程为40 m的等高线与地面高程为40 m的等高线没有交点，这时可用内插法(内插法：分别对坡面和曲面上的等高线按间距加密，求出更多交点的方法)，各补作一根42.5 m的等高线，再求交点[见图 7-4-3(c)]。

(3)求下游坝面的坡脚线。下游坝面的坡脚线与上游坝面的坡脚线求法基本相同，应注意按下游坝面的坡度确定等高线间的水平距离[见图 7-4-3(d)]。

注意马道的求法：先求出马道的内边线至坝顶下游边线的水平距离 $L=H/i=(62-50)/0.5=24(\mathrm{m})$，按比例画出马道的内边线，再按2 m的宽度画出马道的外边线。马道面的边界线应延伸到与50 m地形等高线相交。

(4)用平滑的曲线顺次连接各交点，如图 7-4-3(e)所示。

(5)加深图线，清理图形，画出坝面上的示坡线，注明坝面坡度[见图 7-4-3(f)]。

## 二、曲面与地形面的交线

求曲面与地形面的交线，即求曲面与地形面上一系列高程相同的等高线的交点，然后把所得的交点依次相连，即为曲面与地形面的交线。

**【例题 7-4-4】** 在山坡上修建一水平场地，形状和高程如图 7-4-4(a)所示，边坡的填方坡度为 1∶2，挖方坡度为 1∶1.5，求作填、挖方坡面的边界线及各坡面交线。

[思路分析]

如图 7-4-4(b)所示，因为水平场地高程为31 m，所以地面上高程为31 m的等高线是挖方和填方的分界线。挖方部分在地面高程为31 m的等高线北侧，其坡面包括一个倒圆锥面和两个与它相切的平面，因此，挖方部分没有坡面交线。填方部分在地面高程为31 m的等高线南侧，其边坡为三个平面，因此有三段坡脚线和两段坡面交线。

[作图步骤]

(1)求挖方边界线。地面上的等高距为1 m，坡面上的等高距也应为1 m，等高线的平距 $l=1/i=1.5$ m。顺次作出倒圆锥面及两侧平面边坡的等高线，求得挖方坡面与地面相同高程等高线的交点，顺次用光滑曲线连接这些交点，即得挖方边界线，如图 7-4-4(c)所示。

(2)求填方边界线和坡面交线。根据填方坡度 1∶2，等高距1 m，填方坡面上等高线的平距 $l=2$ m。分别求出各坡面的等高线与地面上相同高程等高线的交点，顺次连接这些交点，可得填方的三段坡脚线。相邻坡脚线相交分别得交点 $c$、$d$，该交点是相邻两坡面与地面的共有点，因此相邻的两段坡脚线与坡面交线必交于同一点，如图 7-4-4(d)所示。

(3)加深坡脚线、坡面交线，清理图形，并画出各坡面的示坡线，如图 7-4-4(e)所示。

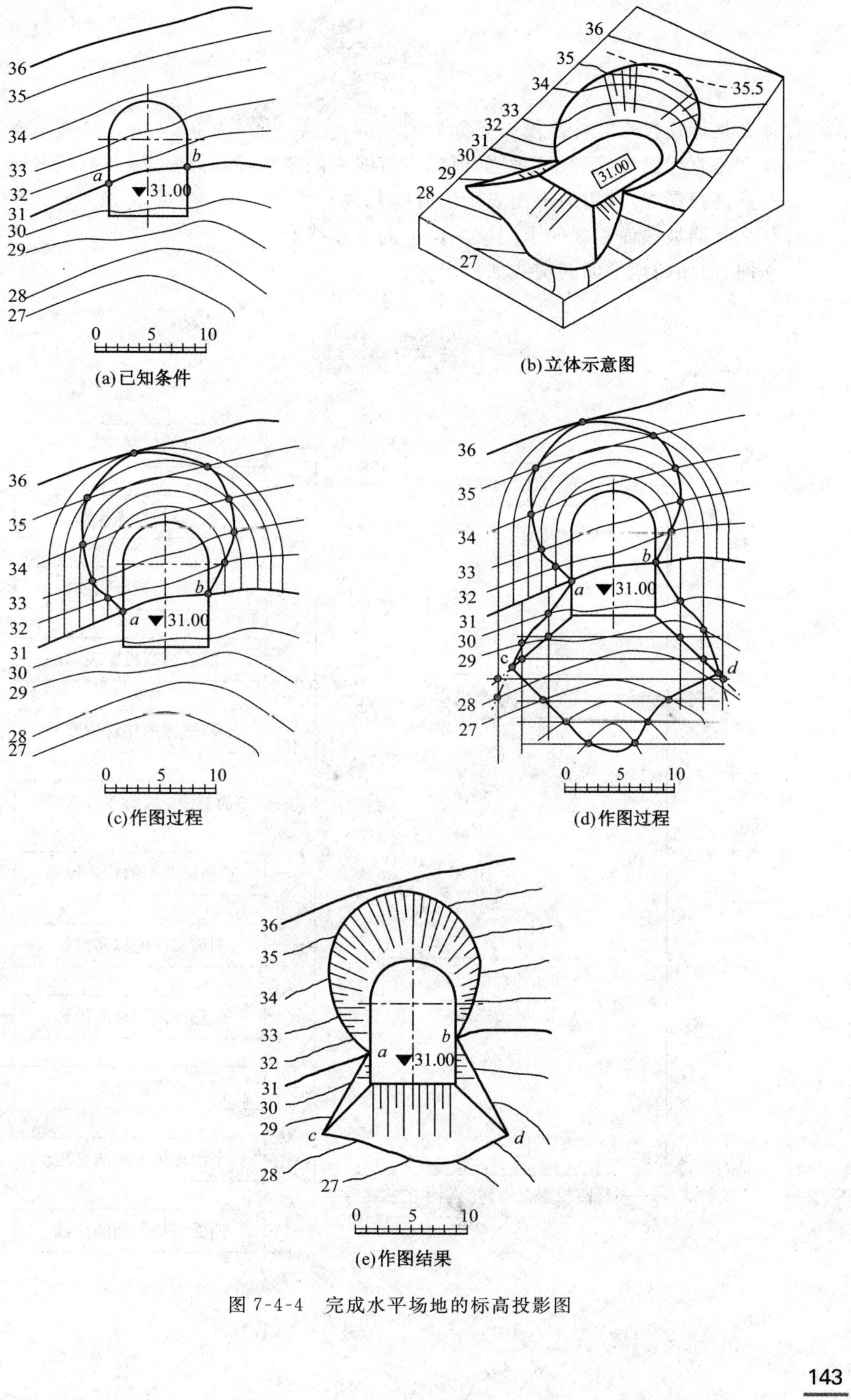


(a)已知条件 (b)立体示意图 (c)作图过程 (d)作图过程 (e)作图结果

图 7-4-4 完成水平场地的标高投影图

## 课后思考

1. 什么是标高投影？标高投影是如何形成的？
2. 什么是直线的坡度和平距？如何确定直线上的整数标高点？
3. 在标高投影中，常用的平面表示法有哪几种？
4. 什么是同坡曲面？如何求同坡曲面上的等高线？
5. 平面、曲面与地形面的交线如何求得？

## 本章小结

# 第八章　道路路线工程图

## 知识目标

1. 理解路线工程图的组成及内容。
2. 掌握路线工程图的图示特点及绘制要点。
3. 掌握道路工程中常用的各种图形的绘制方法和技巧。

## 能力目标

1. 能阅读路线平面图、纵断面图和横断面图。
2. 能按照制图规范要求绘制道路路线工程图。

**课堂引入**

道路工程具有组成复杂、长宽高三向尺寸相差大、形状受地形影响大和涉及学科广的特点，仅简单地用三面投影来表示，作图困难，且不易表达清楚，因此我们在地形图的基础上绘制道路路线平面图、以道路路线纵向展开断面图作为立面图、以道路路线横断面作为侧面图，并且大都各自画在单独的图纸上。也就是说，道路路线设计的最后结果是以平面图、纵断面图和横断面图来表达，利用这三种工程图，就可以合理、准确地表达道路的空间位置、线型和尺寸。

道路是建筑在地面上的，供车辆行驶和人们步行的窄而长的线性工程构筑物。道路可看作由路线线形和结构两部分组成。道路路线线形是指道路中线的空间几何形状和尺寸。道路的位置和形状与所在地区的地形、地貌、地物以及地质有很密切的关系。由于道路路线有竖向高度变化（上坡、下坡、竖曲线）和平面弯曲（左向、右向、平曲线）变化，所以实质上从整体来看道路路线是一条空间曲线。道路结构是承受荷载和自然因素影响的结构物，其基本组成包括路基、路面、桥梁、涵洞、隧道、防护工程和排水设施等。道路根据它们不同的组成和功能特点，可分为公路和城市道路两种。位于城市郊区和城市以外的道路称为公路，位于城市范围以内的道路称为城市道路。

本章介绍道路路线工程的图示方法、画法特点及表达内容。绘制道路路线工程图时，应遵守《道路工程制图标准》(GB 50162—92)中的有关规定。

## 第一节　公路路线工程图

公路工程图由表达线路整体状况的路线工程图和表达各工程实体构造的桥梁、隧道、涵洞等工程图组合而成。公路路线工程图主要是用公路路线平面图、公路路线纵断面图和公路路线横断面图来表达的。

### 一、公路路线平面图

路线平面图的作用是表达路线的方向、平面线形(直线和左、右弯道)以及沿线两侧一定范围内的地形、地物情况。

图 8-1-1 所示为某公路从 K6＋500 至 K8＋500 段的路线平面图。下面分地形和路线两部分来介绍平面图的画法特点和表达内容。

1. 地形部分

(1)比例

道路路线平面图所用比例一般较小，通常在城镇区为 1∶500 或 1∶1000，山岭区为 1∶2000，丘陵区和平原区为 1∶5000 或 1∶10000。

(2)方向

在路线平面图上应画出指北针或测量坐标网，用来指明道路在该地区的方位与走向。指北针的箭头所指为正北方向，指北针宜用细实线绘制。坐标网 $X$ 轴方向为南北方向(数值增大的方向为北)，$Y$ 轴方向为东西方向(数值增大的方向为东)。坐标值的标注应靠近被标注点，书写方向应平行于网格或在网格延长线上；数值前应标注坐标轴线代号。如图 8-1-1 中，“$X2500$，$Y2000$”表示两垂直线的交点坐标为距坐标网原点向北 2500、向东 2000，单位为米(m)。

(3)地形

平面图中的地形起伏情况主要用等高线表示，图 8-1-1 中每两根等高线之间的高差为2 m，每隔四条等高线画出一条粗的计曲线，并标有相应的高程数值。根据图中等高线的疏密可以看出，该地区西南和西北地势较高，沿河流两侧地势低洼且平坦。

(4)地貌、地物

在平面图中，地形面上的地貌、地物，如河流、房屋、道路、桥梁、电力线、植被等，都是按规定图例绘制的。常见道路工程地形图图例和常用结构物图例如表 8-1-1 和表 8-1-2 所示。对照图例可知，该地区中部有一条虹河自北向南流过，河岸两边是水稻田，山坡为旱地，并栽有果树。河流东北侧和西岸中部各有一个村落，分别为陈家庄和色树村。乡间小路沿虹河西岸而行。

(5)水准点

沿路线附近每隔一段距离，就在图中标有水准点的位置，用于路线的高程测量。如 $\otimes\frac{\mathrm{BM}12}{17.922}$ 表示路线沿线的第 12 个水准点，该点高程为17.922 m。

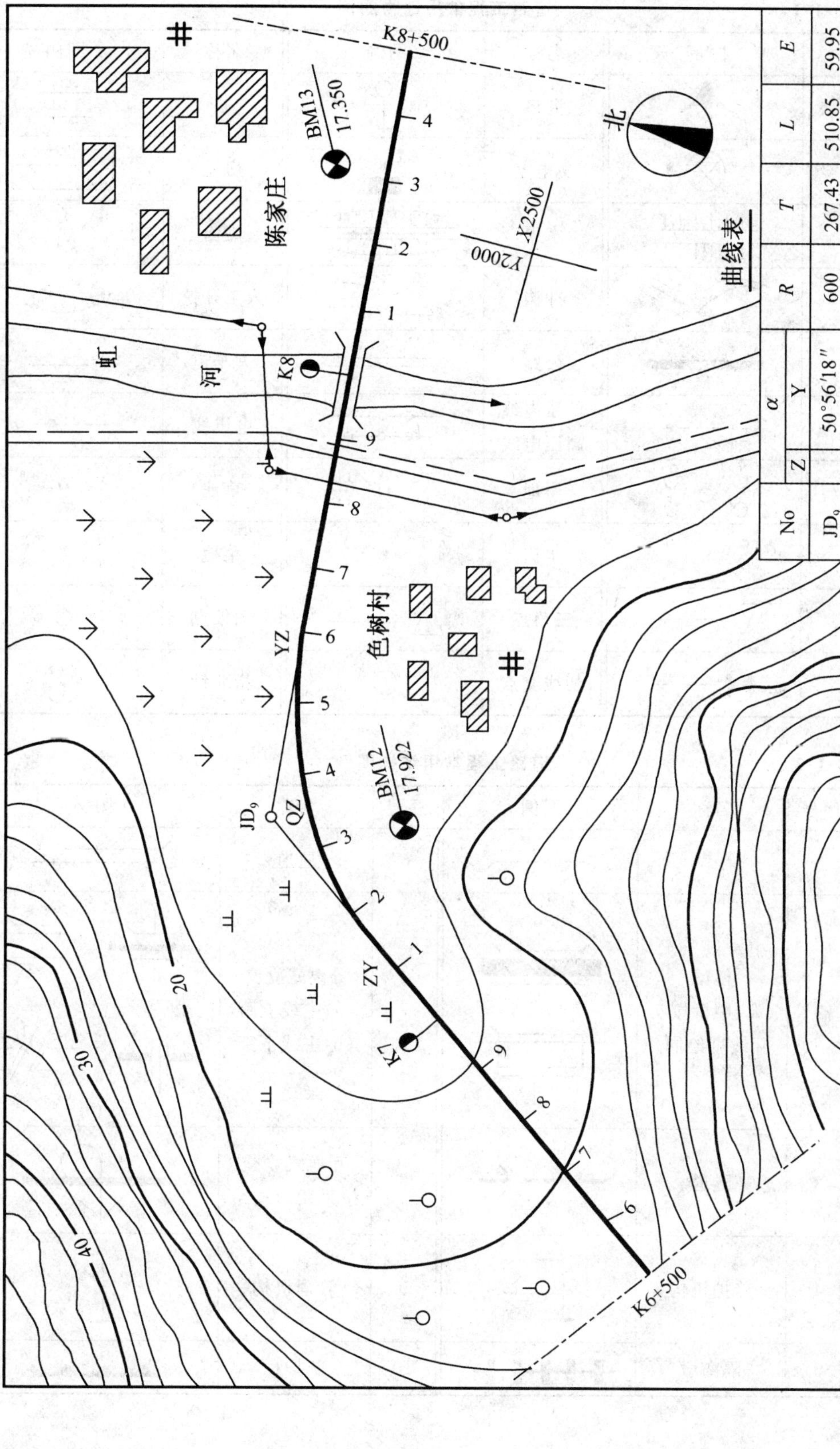
K8+500
K6+500
BM13
17.350
BM12
17.922
陈家庄
色树村
虹
河
K8
K7
JD9
QZ
YZ
ZY
北
X2500
Y2000
曲线表
No JD9
α Z Y 50°56′18″
R 600
T 267.43
L 510.85
E 59.95
20
30
40

图8-1-1 路线平面图

表 8-1-1　　道路工程常用地物图例

| 名称 | 图例 | 名称 | 图例 | 名称 | 图例 |
|---|---|---|---|---|---|
| 机场 | 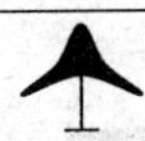 | 港口 |  | 井 | 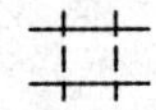 |
| 学校 |  | 交电室 |  | 房屋 | 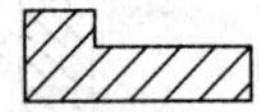 |
| 土堤 | 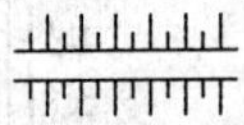 | 水渠 | 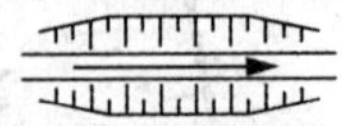 | 烟囱 |  |
| 河流 |  | 冲沟 |  | 人工开挖 |  |
| 铁路 |  | 公路 |  | 大车道 |  |
| 小路 |   | 低压电线<br>高压电线 | 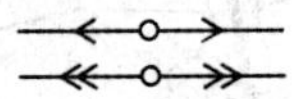 | 电讯线 | 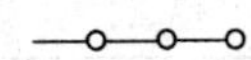 |
| 果园 | 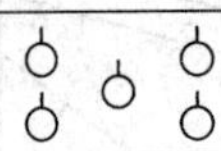 | 旱地 | 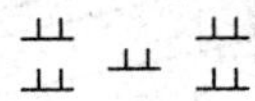 | 草地 | 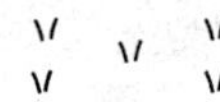 |
| 林地 |  | 水田 |  | 菜地 | 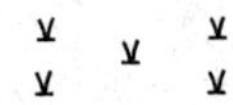 |
| 导线点 | 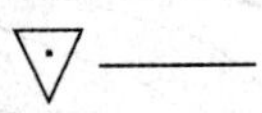 | 三角点 | 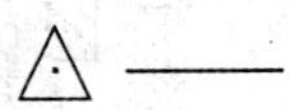 | 图根点 | 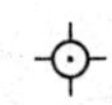 |
| 水准点 |  | 切线交点 |  | 指北针 |  |

表 8-1-2　　道路工程常用结构图例

| | 序号 | 名称 | 图例 | 序号 | 名称 | 图例 |
|---|---|---|---|---|---|---|
| 平面 | 1 | 涵洞 | 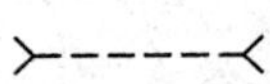 | 6 | 通道 | 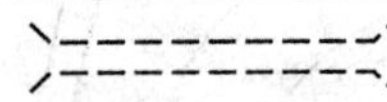 |
| | 2 | 桥梁<br>（大、中桥按实际线度绘制） | 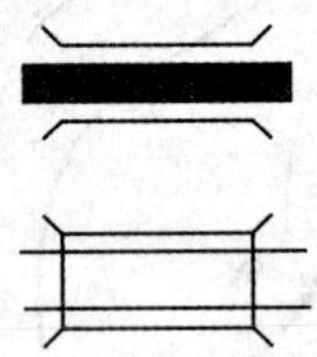 | 7 | 分离式立交<br>（a）主线上跨<br>（b）主线下穿 | 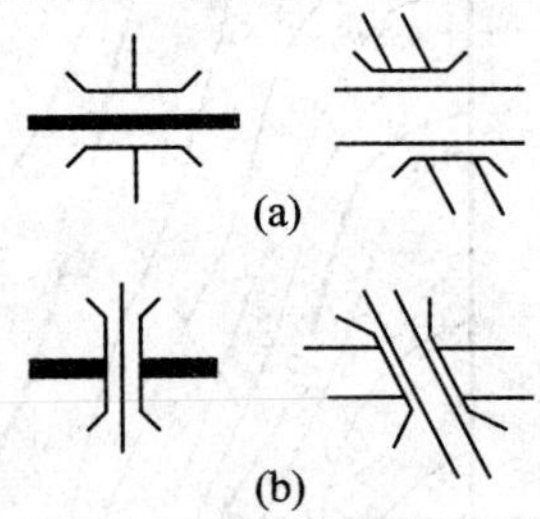 |
| | 3 | 隧道 |  | 8 | 互通式立交<br>（按采用形式绘） |  |
| | 4 | 养护机构 | 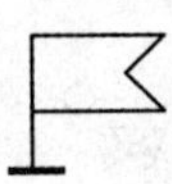 | 9 | 管理机构 | 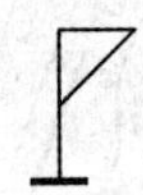 |
| | 5 | 隔离墩 | 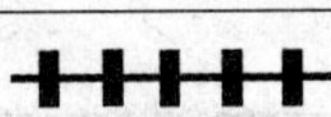 | 10 | 防护栏 |  |

**续表**

| | 序号 | 名称 | 图例 | 序号 | 名称 | 图例 |
|---|---|---|---|---|---|---|
| 纵面 | 1 | 箱涵 |  | 5 | 桥梁 | 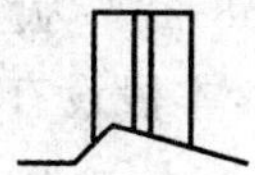 |
| | 2 | 盖板涵 | 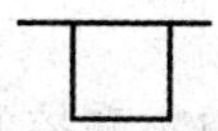 | 6 | 箱形通道 | 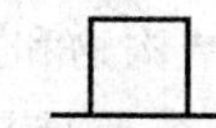 |
| | 3 | 拱涵 |  | 7 | 管涵 |  |
| | 4 | 分离式立交<br>(a)主线上跨<br>(b)主线下穿 | 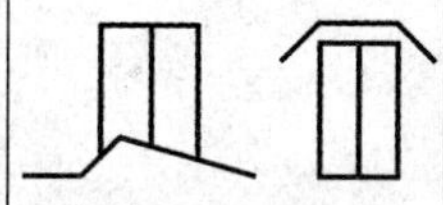<br>(a) (b) | 8 | 互通式立交<br>(a)主线上跨<br>(b)主线下穿 | 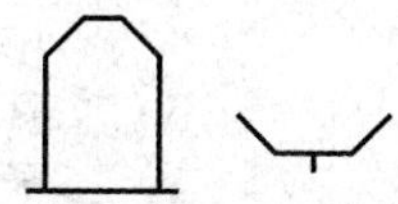<br>(a) (b) |

2. 路线部分

(1)设计路线

用加粗实线表示路线，由于道路的宽度相对于长度来说尺寸小得多，公路的宽度只有在较大比例的平面图中才能画清楚，因此，通常是沿道路中心线画出一条加粗的实线（$2b$）来表示新设计的路线。

(2)里程桩

道路路线的总长度和各段之间的长度用里程桩号表示。里程桩号应从路线点依次顺序编号，在平面图中路线的前进方向总是从左向右的。里程桩分公里桩和百米桩两种，公里桩宜标注在路线前进方向的左侧，用符号"◑"表示桩位，公里数注写在符号的上方，如"K7"表示离起点7 km；百米桩宜标注在路线前进方向的右侧，用垂直于路线的细短线表示桩位，用字头朝向前进方向的阿拉伯数字表示百米数，注写在短线的端部，如在K7公里桩的右侧注写的"4"，表示桩号为K7＋400，说明该点距路线起点为7400 m。

(3)平曲面

路线的平面线形包含直线和平曲线两类几何元素，而平曲线又包含缓和曲线和圆曲线。由道路的使用功能决定，路线的各几何元素必须光滑连接。在路线平面图中，将导线的交点标记为"JD"，并沿路线前进方向按顺序编号，如图8-1-2中，$JD_2$ 表示该设计路线段上第二个交点。根据实际情况在每个交点处设置圆曲线或带有缓和曲线的圆曲线，如只设置圆曲线，圆曲线与前后直线的切点分别标记为"ZY"（直圆点）、"YZ"（圆直点），把圆曲线的中点标记为"QZ"（曲中点），如图8-1-2中 $JD_1$ 处所示；如设置带有缓和曲线的圆曲线，则有"ZH"（直缓点）、"HY"（缓圆点）、"QZ"（曲中点）、"YH"（圆缓点）和"HZ"（缓直点）五个主点，如图8-1-2中 $JD_2$ 处所示。

除上述控制曲线位置的要素外，控制曲线形态的要素还有 $\alpha$、$R$、$T$、$E$、$L$、$L_S$。其中，$\alpha$ 为转折角，是路线前进时向左（$\alpha_Z$）或向右（$\alpha_Y$）偏转的角度；$R$ 为圆曲线半径，是连接圆弧的半径长度；$T$ 为切线长，是切点与交角点之间的长度；$E$ 为外距，是曲线中点到交角点的距离；$L$ 为曲线长，是圆曲线两切点之间的弧长，如设有缓和曲线，还有缓和曲线长 $L_S$。这些曲线要素应填入路线平面图中的曲线要素表，高等级公路还应列出导线点的坐标表。

图 8-1-1 为新设计的路线平面图中的一张，表达的是公路从 K6＋500 至 K8＋500 中的一段，本段设有一个交点 $JD_9$，方向右转，转折角 $\alpha_Y=50°56'18''$，圆曲线半径 $R=600$ m，圆曲线长 $L=510.85$ m，没有设置缓和曲线。

(4)结构物和控制点

在路线平面图上，还应标示出道路沿线的结构物和控制点，如桥梁、涵洞、三角点等。道路工程常用结构物图例如表 8-1-2 所示，结合此表可从图 8-1-1 中读出道路沿线结构物的位置、类型和分布情况等。

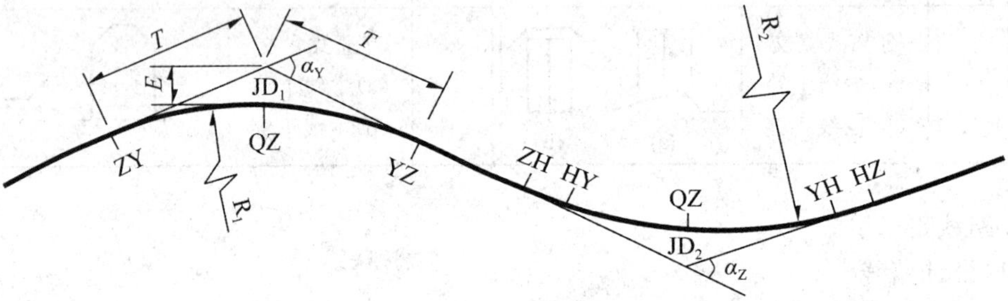


| No | α | | R | $L_S$ | T | L | E |
|---|---|---|---|---|---|---|---|
| | Z | Y | | | | | |
| $JD_1$ | | 23°16′20″ | 8300 | | 926.24 | 1800.17 | 60.85 |
| $JD_2$ | 12°31′16″ | | 5500 | 600.15 | 602.50 | 1200.35 | 32.91 |

图 8-1-2　平曲线的几何要素

## 二、公路路线纵断面图

路线纵断面图是通过公路中心线用假想的铅垂剖切面纵向剖切，然后展开绘制后获得的，如图 8-1-3 所示。由于道路路线是由直线和曲线组合而成的，所以纵向剖切面既有平面又有曲面。为了清楚地表达路线的纵断面情况，需要将此纵断面拉直展开，并绘制在图纸上，这就形成了路线纵断面图。

路线纵断面图的作用是表达路线中地面高低起伏的情况，设计路线的坡度情况，以及土壤、地质、水准点、人工构造物和平曲线的示意情况。

图 8-1-3　路线纵断面图形成示意图

图 8-1-4 所示为 K6 至 K7＋600 段的路线纵断面图。其内容包括图样和资料表两大部分，图样应布置在图幅上部，资料表应采用表格形式布置在图幅下部，高程标尺应布置在资料表的上方左侧，图样与资料表的内容要对应。

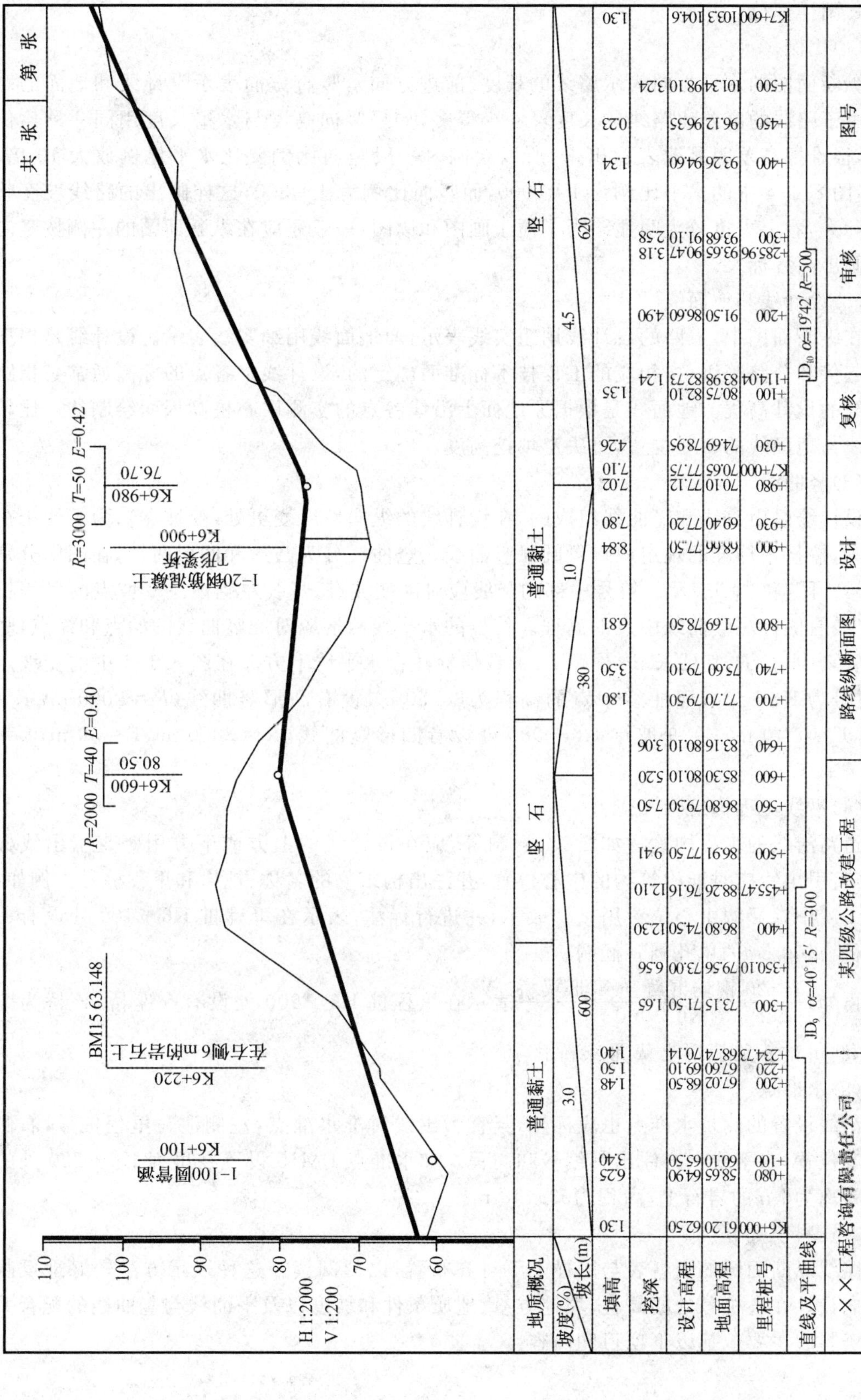


图8-1-4 某工程路线纵断面图

1.图样部分

(1)比例

纵断面图的水平方向表示路线的长度(前进方向),竖直方向表示设计线和地面的高程。由于路线的高差比路线的长度尺寸小得多,如果竖向高度与水平长度用同一种比例绘制,很难把高差明显地表示出来,所以绘制时一般竖向比例要比水平比例放大10倍。例如,图8-1-4中的水平比例为1∶2000,而竖向比例为1∶200,这样画出的路线坡度就比实际大,看上去也较为明显。为了便于画图和读图,一般还应在纵断面图的左侧按竖向比例画出高程标尺。

(2)设计线和地面线

在纵断面图中,道路的设计线用粗实线表示,原地面线用细实线表示。设计线是根据地形起伏和公路等级,按相应的工程技术标准而确定的,设计线上各点的标高通常是指路基边缘的设计高程。地面线是根据原地面上沿线各点的实测中心桩高程而绘制的。比较设计线与地面线的相对位置,可决定填挖高度。

(3)竖曲线

设计线是由直线和竖曲线组成的,在设计线的纵向坡度变更处(变坡点),为了便于车辆行驶,按技术标准的规定应设置圆弧竖曲线。竖曲线分为凸形和凹形两种,在图中分别用符号"┌┴┐"和"└┬┘"表示。符号中部的竖线应对准变坡点,竖线左侧标注变坡点的里程桩号,竖线右侧标注竖曲线中点的高程。符号的水平线两端应对准竖曲线的始点和终点,竖曲线要素(半径$R$、切线长$T$、外距$E$)的数值标注在水平线上方。在图8-1-4中的变坡点处,桩号为K6+600,竖曲线中点的高程为80.50 m,设有凸形竖曲线($R$=2000 m,$T$=40 m,$E$=0.40 m);在变坡点K6+980处设有凹形竖曲线($R$=3000 m,$T$=50 m,$E$=0.42 m)。

(4)沿线工程构筑物

道路沿线的工程构筑物如桥梁、涵洞等,应在设计线的上方或下方用竖直引出线标注,竖直引出线应对准构筑物的中心位置,并注出构筑物的名称、规格和里程桩号。例如,图8-1-4中在涵洞中心位置用"○"表示,并进行标注,表示在里程桩K6+100处设有一座直径为100 cm的单孔圆管涵洞。

再如,$\frac{\text{1－20 钢筋混凝土 T 形梁桥}}{\text{K6＋900}}$表示在里程桩K6+900处设有一座桥,该桥为跨度为20 m的钢筋混凝土T形梁桥。

(5)水准点

沿线设置的测量水准点也应标注,竖直引出线对准水准点,左侧注写里程桩号,右侧写明其位置,水平线上方注出其编号和高程。如水准点BM15设置在里程K6+220处的右侧距离为6 m的岩石上,高程为63.148 m。

2.资料表部分

路线纵断面图的资料表与图样上下对齐布置,以便阅读。这种表示方法较好地反映了纵向设计在各桩号处的高程、填挖方量、地质条件和坡度以及平曲线与竖曲线的配合关系。资料表主要包括以下项目和内容:

(1)地质概况

根据实测资料,在图中注出沿线各段的地质情况。

(2)坡度/坡长

标注设计线各段的纵向坡度和水平长度距离。表格中的对角线表示坡度方向,左下至右上表示上坡,左上至右下表示下坡,坡度和坡长分注在对角线的上下两侧。如图 8-1-4 中第一格的标注“3.0/600”,表示此段路线是上坡,坡度为 3.0%,路线长度为600 m。

(3)标高

表中有设计高程和地面高程两栏,它们应和图样互相对应,分别表示设计线和地面线上各点(桩号)的高程。

(4)填挖高度

设计线在地面线下方时需要挖土,设计线在地面线上方时需要填土,挖或填的高度值应是各点(桩号)对应的设计标高与地面标高之差的绝对值。

(5)里程桩号

沿线各点的桩号是按测量的里程数值填入的,单位为米(m),桩号从左向右排列。在平曲线的起点、中点、终点和桥涵中心点等处可设置加桩。

(6)平曲线

为了表示该路段的平面线形,通常在表中画出平曲线的示意图。在纵断面图的“平曲线”一栏中,以“——”表示直线路线,以“┌──┐”和“└──┘”或者“╱‾‾╲”和“╲__╱”四种图样表示曲线段,其中前两种表示不设缓和曲线的情况,后两种表示设置缓和曲线的情况。图中的凸凹表示路线的转向,上凸表示路线右转弯,下凹表示路线左转弯,并注明平曲线的各个要素。

(7)超高

为了减小汽车在弯道上行驶时的横向作用力,道路在平曲线处需设计成外侧高内侧低的形式,道路边缘与设计线的高程差称为超高。

## 三、路基横断面图

1.路基横断面图的作用

路基横断面图是在垂直于道路中线的方向上作的断面图。路基横断面图的作用是表达各中心桩处地面横向起伏状况以及设计路基的形状和尺寸。它主要为路基施工提供资料数据,为计算路基土石方提供面积资料。

2.路基横断面图的形成

在路线每一中心桩处,用一个假想的垂直于道路中心线的剖切平面进行剖切,画出剖切平面与地面的交线,再根据填挖高度及规定的路基宽度、边坡画出路基横断面,即形成路基横断面图。在横断面图中,设计线均采用粗实线表示,原有地面线用细实线表示,路中心线用细点画线表示,如图 8-1-5 所示。为了便于进行土石方量的计算,横断面图的水平方向和高度方向宜采用相同比例,一般为 1∶200 或 1∶100。每个断面均应标注出桩号、填挖高、填挖面积和顶面设计标高。路基横断面图一般不画出路面层和路拱,以路基边缘的标高作为路中心的设计标高。

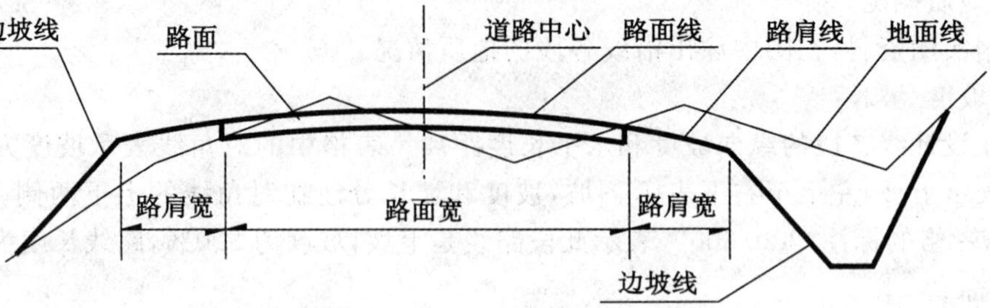


图 8-1-5 路基横断面图

3. 路线横断面图的基本形式

(1)填方路基

如图 8-1-6(a)所示，整个路基全为填土区，称为路堤，填土高度等于设计标高减去地面标高。填方边坡一般为 1∶1.5。在图下注有该断面的里程桩号、中心线处的填方高度 $H_T$(m)以及该断面的填方面积 $A_T$($m^2$)。

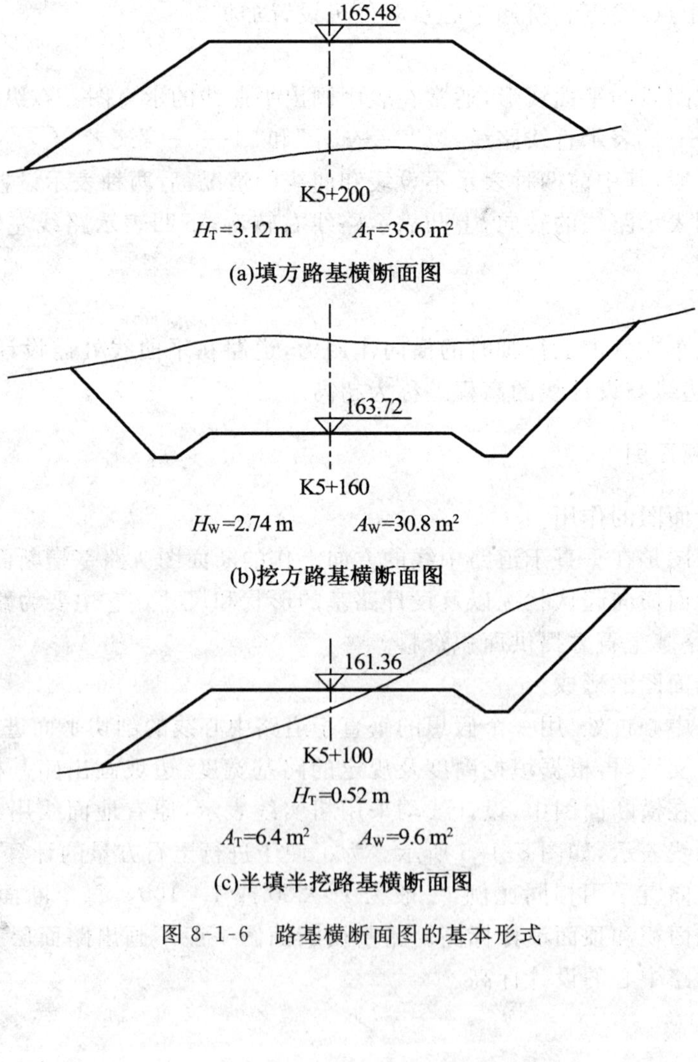


图 8-1-6 路基横断面图的基本形式

(2)挖方路基

如图 8-1-6(b)所示，整个路基全为挖土区，称为路堑，挖土深度等于地面标高减去设计标高，挖方边坡根据土质情况确定。图下注有该断面的里程桩号、中心线处挖方高度 $H_W$(m)以及该断面的挖方面积 $A_W$($m^2$)。

(3)半填半挖路基

如图 8-1-6(c)所示，路基断面一部分为填土区，一部分为挖土区，是前两种路基的综合。在图下仍注有该断面的里程桩号、中心线处的填(或挖)方高度 $H_T$ 以及该断面的填方面积 $A_T$ 和挖方面积 $A_W$。

4. 高速公路横断面图

高速公路是高标准的现代化公路，它的特点是：车速高，通行能力大，有四条以上车道并设中央分隔带，采用全封闭立体交叉，全部控制出入，有完备的交通管理设施等。高速公路路基横断面主要由中央分隔带、行车道、硬路肩、土路肩等组成，如图 8-1-7 所示。

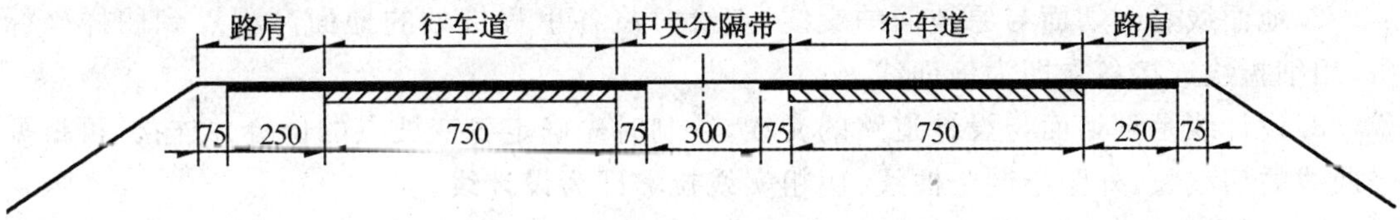


图 8-1-7　路基横断面布置示意图

## 第二节　绘制公路路线工程图的注意事项

### 一、绘制路线平面图应注意的问题

1. 先依据路线走向展绘控制导线，再画地形图，地形等高线应按先粗后细的步骤徒手画出，要求线条顺滑，同类型等高线粗细均匀。

2. 路线中心线用绘图仪器按先曲线后直线的顺序画出，要求连接光滑，粗细均匀。

3. 路线平面图应从左向右绘制，桩号为左小右大。

4. 平面图的植物图例，应朝上或向北绘制；每张图纸的右上角应有角标，注明本张图纸的序号及总张数。

5. 由于公路路线具有狭长曲折的特点，不可能将整条路线的平面图画在同一张图纸内，通常需分段绘制在若干张图纸上，使用时再将各张图纸拼接起来，如图 8-2-1 所示。平面图中路线的分段宜在直线部分整桩号处，断开的两端均应画出垂直于路线的细点画线作为接图线。相邻图纸拼接时，路线中心线应对齐，接图线重合，并以正北方向为准来检查绘制和拼接的正确性。

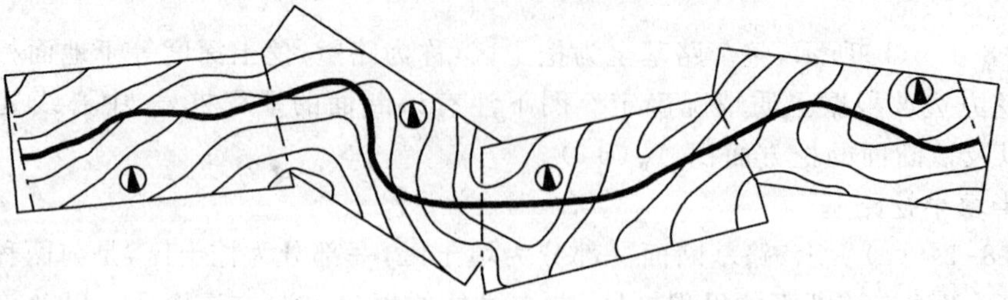

图 8-2-1　路线平面图的拼接

## 二、绘制路线纵断面图应注意的问题

1. 纵断面图的比例竖向比横向扩大 10 倍，如竖向比例为 1∶200，则横向比例为 1∶2000，纵横比例一般在第一张图的注释中说明。

2. 地面线是剖切面与原地面的交线，点绘时将各里程桩处的地面高程点到图样坐标中，用细折线连接各点即为地面线。

3. 设计线是剖切面与设计道路的交线，绘制时先确定各变坡点的位置并连接，再根据竖曲线的切线长、外距绘制竖曲线，用粗实线拉坡即为设计线。

4. 地面线用细实线，设计线用粗实线，里程桩号从左向右按桩号大小排列。

5. 当路线坡度发生变化时，变坡点应用直径为2 mm的中粗线圆圈表示；切线应用细虚线表示，竖曲线应用粗实线表示，如图 8-2-2 所示。

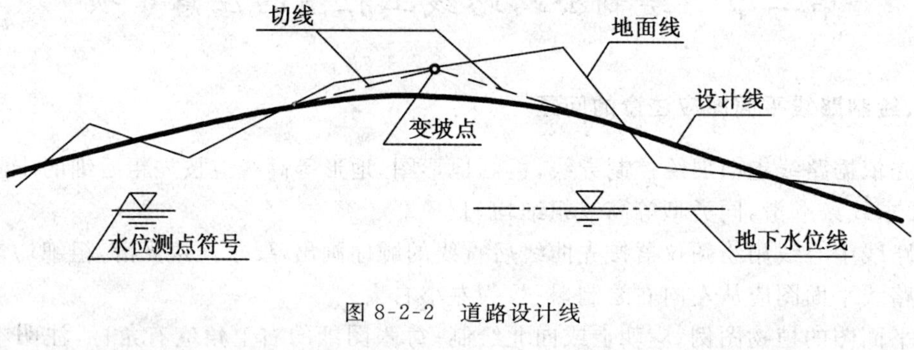


图 8-2-2　道路设计线

## 三、绘制路基横断面图应注意的问题

1. 横断面图的地面线一律用细实线，设计线用粗实线，道路的超高、加宽也应在图中表示出。

2. 在同一张图纸内绘制的路基横断面图，应按里程桩号顺序的大小，从图纸的左下方开始，由下而上，自左向右排列，如图 8-2-3 所示。

3. 在每张路基横断面图的右上角应写明图纸序号及总张数，在最后一张图纸右下角绘制标题栏。

4. 绘图比例应在图纸中注释说明。

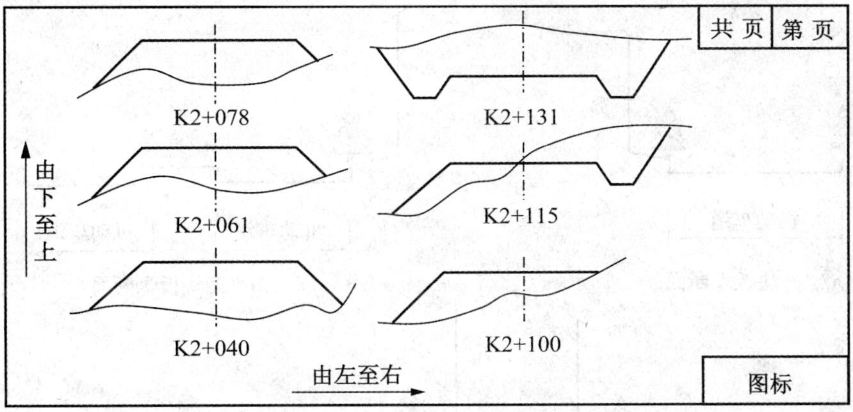


图 8-2-3　路基横断面图

# 第三节　城市道路路线工程图

凡位于城市范围以内,供车辆及行人通行的具备一定技术条件和设施的道路,称为城市道路。与公路相比,它具有组成复杂、功能多样、行人与车辆交通量大、交叉点多等特点,因此,首先需要在横断面的布置设计中综合解决。横断面图设计是矛盾的主要方面,所以城市道路先设计横断面图,再设计平面图和纵断面图。

## 一、横断面图

城市道路横断面图是道路中心线法线方向的断面图。城市道路的横断面由车行道、人行道、绿化带和分车带等几部分组成。

1. 横断面的基本形式

根据机动车道和非机动车道不同的布置形式,城市道路横断面的布置有以下四种基本形式:

(1)"一块板"断面

把所有车辆都组织在同一个车行道上混合行驶,但规定机动车在中间行驶,非机动车在两侧行驶,如图 8-3-1(a)所示。

(2)"两块板"断面

利用分隔带或分隔墩把"一块板"形式的车行道一分为二,使往返交通分离,但同向交通的机动车与非机动车仍在一起混合行驶,如图 8-3-1(b)所示。

(3)"三块板"断面

利用两条分隔带或分隔墩把车行道分隔为三块,中间为双向行驶的机动车行道,两侧为方向相反且单向行驶的非机动车行道,如图 8-3-1(c)所示。

(4)"四块板"断面

在"三块板"断面的基础上,再用分隔带把中间的机动车车行道一分为二,分向行驶,如图 8-3-1(d)所示。

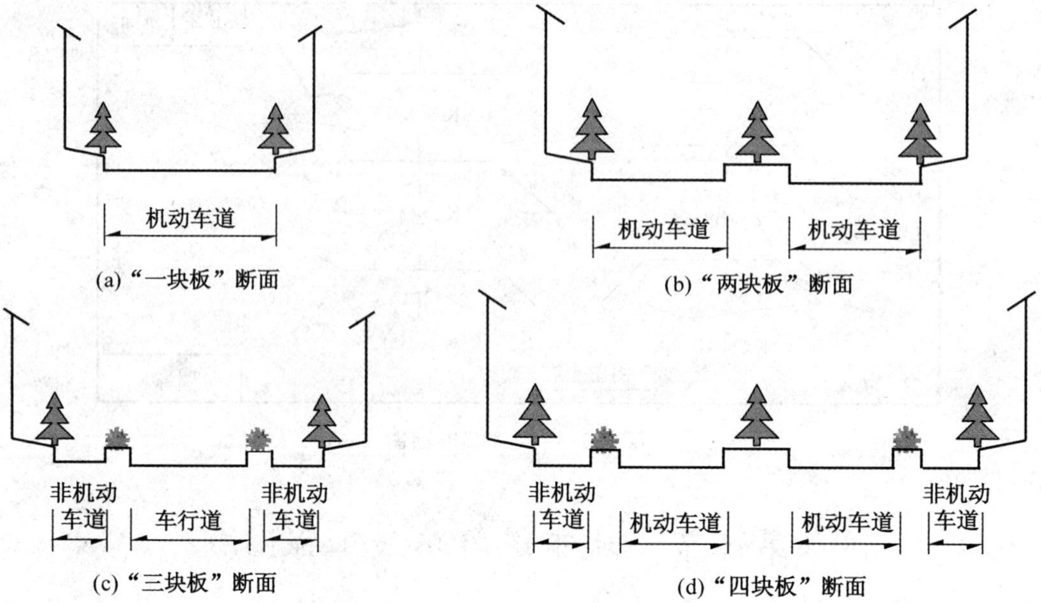


图 8-3-1　道路横断面示意图

四种形式的横断面各有优缺点和适用条件，必须根据具体情况，结合地区特点、交通性质、占地和拆迁等因素综合考虑，反复研究并经过技术经济比较后才能选定。另外，随着城市交通的发展和变化，城市道路横断面形式也随之发生相应的变化。

2.横断面图的内容

横断面设计的最后结果用标准横断面设计图表示，图中要表示出横断面各组成部分的位置和宽度，以及排水方向和横坡等。

图 8-3-2 所示横断面图表示了该路段采用“四块板”断面形式，使机动车与非机动车分道单向行驶。两侧为人行道，中间有隔离带。图中还表示了各组成部分的宽度以及结构设计要求。

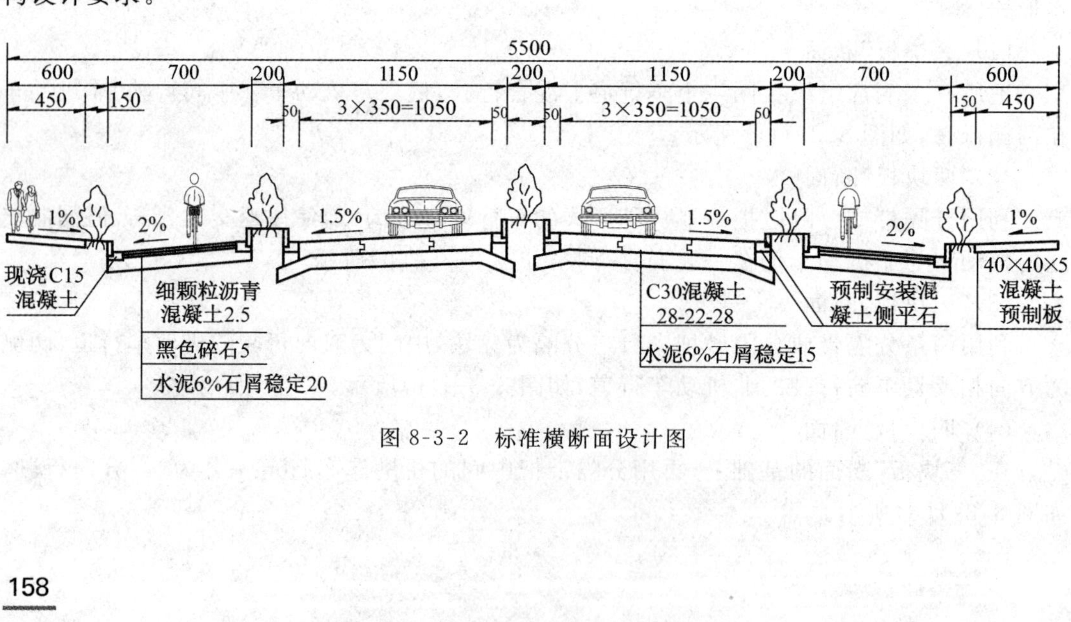


图 8-3-2　标准横断面设计图

除了需绘制近期设计的横断面图之外，对分期修建的道路还要画出远期规划设计横断面图。为了设计土石方工程量和施工放样，与公路横断面图相同，需绘出各个中线桩的横断面图，并加绘设计横断面图，标出中线桩的里程和设计标高，称为施工横断面图。

## 二、平面图

城市道路平面图与公路路线平面图相似，它是用来表示城市道路的方向、平面线形和车行道布置以及沿路两侧一定范围内的地形和地物情况。图 8-3-3 所示为一段城市道路南平路的平面图，它主要表示了环形交叉口和市区道路的平面设计情况。城市道路平面图的内容可分为道路、地形和地物两部分。

1. 道路情况

(1)道路中心线用点画线表示。为了表示道路的长度，在道路中心线上标有里程。如图 8-3-3 所示的平面图表示从 K6＋520 至 K6＋730 一段城市道路的平面图。

(2)道路的走向用坐标网来确定(或画出指北针)。如图 8-3-3 中，$JD_5$ 的坐标 $X$＝2 892727.505，$Y$＝431963.005。读图时可几张图拼接起来阅读。从指北针方向可知，道路的走向为北偏东方向。

(3)城市道路平面图所采用的绘图比例较公路路线平面图大，因此，车行道、人行道的分布和宽度可按比例画出。由图可看出：两侧机动车道宽度为8.25 m，非机动车道宽度为5 m，人行道宽度为4.75 m，中间分隔带宽度为6 m。机动车道与非机动车道之间的分隔带宽度为0.5 m，所以该路段为“四块板”断面的布置形式。

(4)图中与南平路平面交叉的东山东路，约为西偏南走向。

2. 地形和地物情况

(1)城市道路所在地区的地势一般比较平坦。地形除用等高线表示外，还用大量的地形点表示高程。

(2)本段道路是郊区扩建的城市道路，原有道路为宽约5 m的水泥路。新建道路占用了沿路两侧一些工厂、民房、学校用地。该地区的地物和地貌情况可在表 8-1-1 和表 8-1-2平面图图例中查知。

## 三、纵断面图

城市道路纵断面图也是沿道路中心线剖切并展开的断面图。其作用与公路路线纵断面图相同，内容也是由图样和资料表两部分组成，如图 8-3-4 所示。

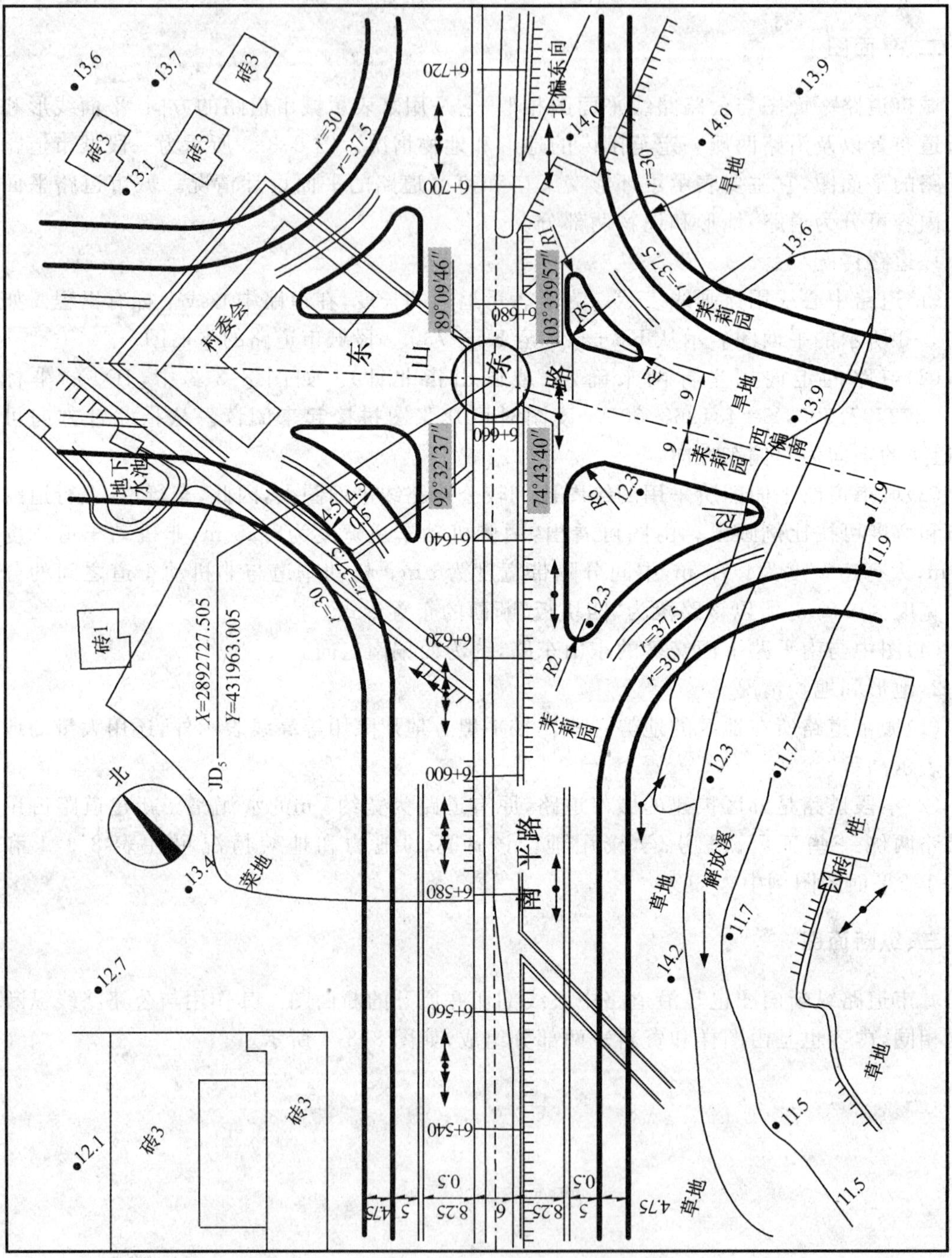


图8-3-3　某城市道路路线平面图

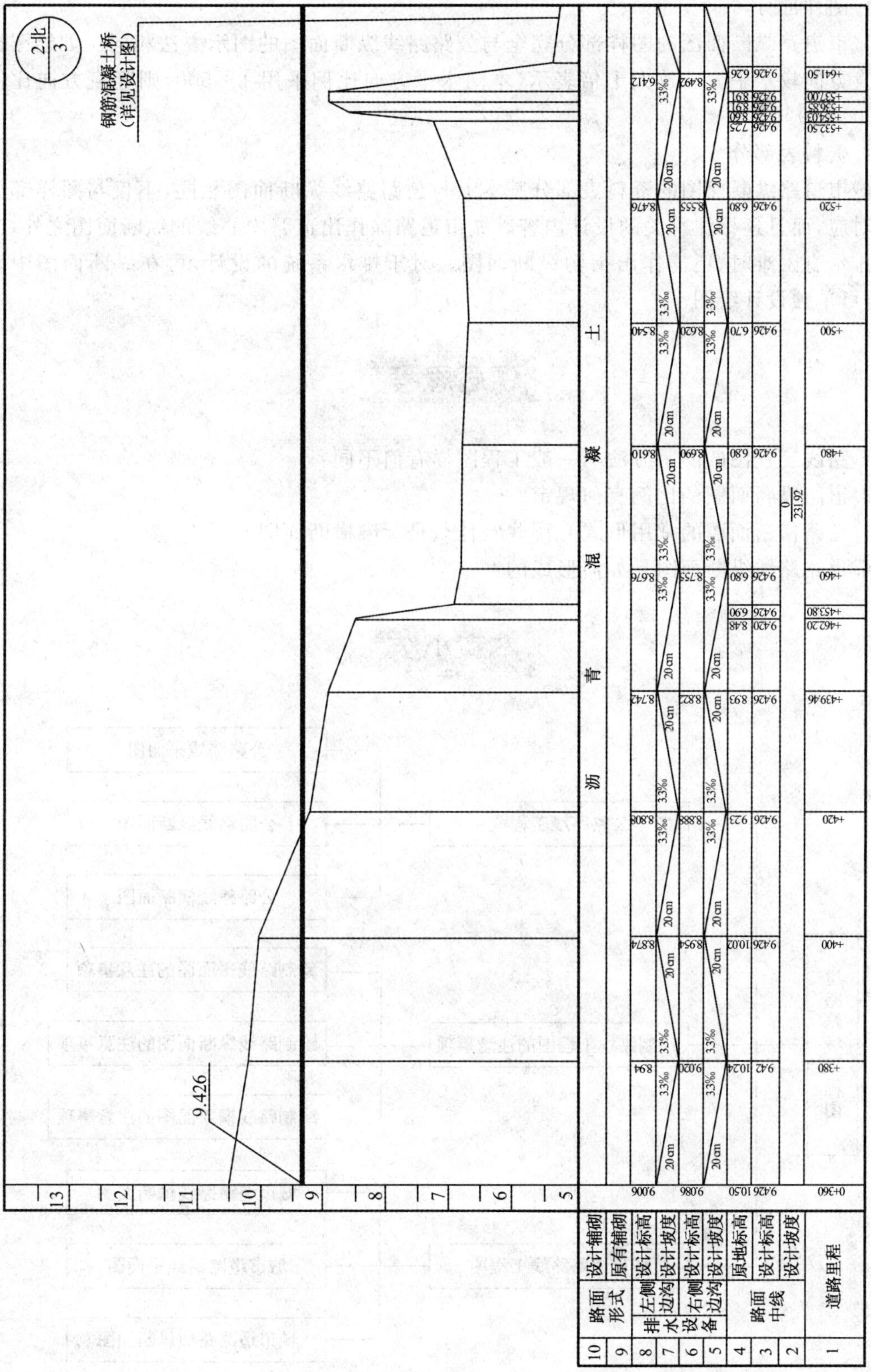

图8-3-4 某城市道路路线纵断面图

1. 图样部分

城市道路纵断面图的图样部分完全与公路路线纵断面图的图示方法相同。如绘图比例竖直方向较水平方向放大十倍表示（本图水平方向比例采用 1∶500，则竖直方向比例采用 1∶50）等。

2. 资料表部分

城市道路纵断面图的资料表部分基本上与公路路线纵断面图相同，不仅与图样部分上下对应，而且还标注有关的设计内容。城市道路除作出道路中心线的纵断面图之外，当纵向排水有困难时，还需作出街沟纵断面图。对于排水系统的设计，可在纵断面图中表示，也可单独设计绘图。

## 课后思考

1. 路线工程图的图示方法与一般工程图样有何不同？
2. 道路纵断面图的比例有何规定？
3. 道路横断面图的常用形式有哪些？什么是标准横断面图？
4. 道路路线纵断面图是如何形成的？

## 本章小结

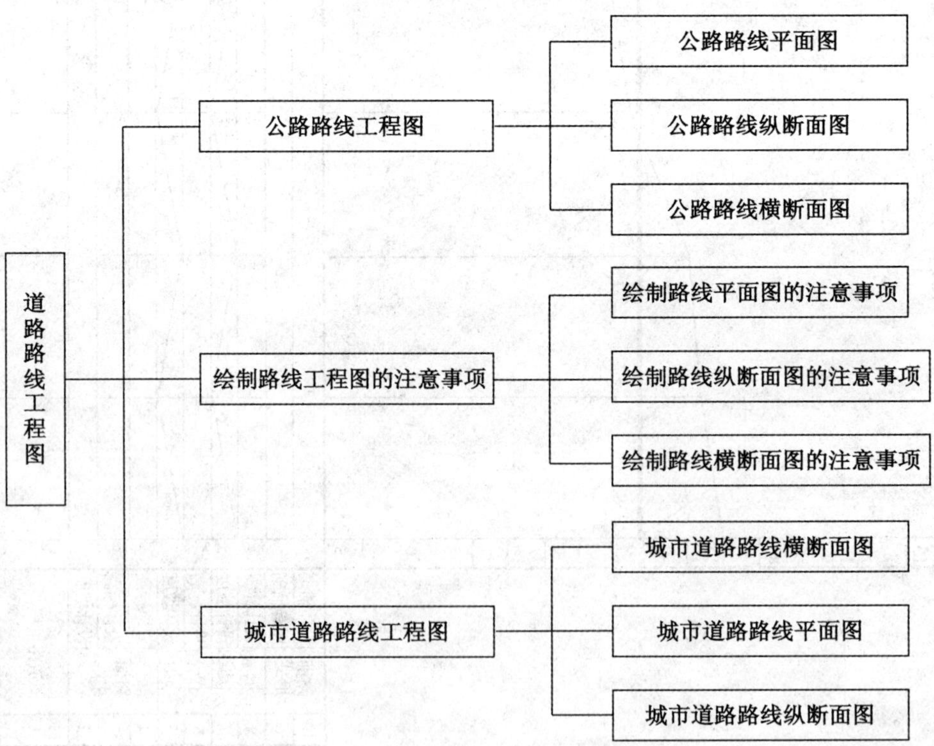

# 第九章　涵洞与通道工程图

## 知识目标

1. 了解涵洞的分类方法。
2. 了解涵洞的组成。
3. 掌握涵洞与通道工程的图示方法及表达内容。
4. 掌握涵洞与通道工程图的阅读方法。

## 能力目标

能读懂涵洞与通道工程图。

**课堂引入**

涵洞是宣泄路堤下水流的工程构筑物，它与桥梁的主要区别在于跨径的大小和填土的高度。根据《公路工程技术标准》(JTGB 01—2003)中的规定，凡是单孔跨径小于5 m，多孔跨径总长小于8 m，以及圆管涵、箱涵，不论其管径或跨径大小、孔数多少均称为涵洞。涵洞顶上一般有较厚的填土(洞顶填土大于50 cm)，填土不仅可以保持路面的连贯性，而且可以分散汽车荷载的集中压力，并减少它对涵洞的冲击力。

通道是指专供行人、车辆通行，跨径不大的结构物。其图示特点和图样表达与涵洞有许多类似之处。本章主要介绍涵洞与通道工程图。

## 第一节　涵洞的分类和组成

### 一、涵洞的分类

(1)按构造形式分，有圆管涵、拱涵、箱涵、盖板涵等。工程上多用此分类法。
(2)按建筑材料分，有钢筋混凝土涵、混凝土涵、砖涵、石涵、木涵、金属涵等。
(3)按洞身断面形状分，有圆形、卵形、拱形、梯形、矩形等。
(4)按孔数分，有单孔、双孔、多孔等。

(5)按洞口形式分,有一字式(端墙式)、八字式(翼墙式)、领圈式、走廊式等。

(6)按洞顶有无覆盖土分,有明涵、暗涵(洞顶填土大于50 cm)等。

## 二、涵洞的组成

涵洞是由洞口、洞身和基础三部分组成的排水构造物。图 9-1-1 为拱涵的立体示意图,从中可以了解涵洞各部分的名称、位置和构造。

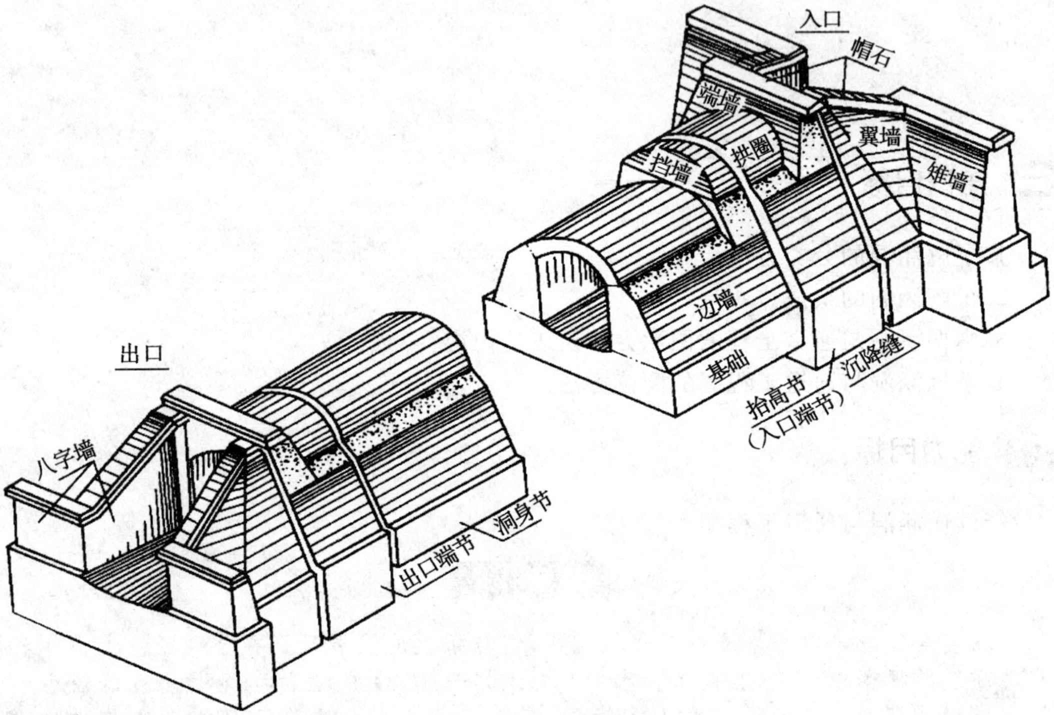


图 9-1-1 涵洞各部分组成示意图

1. 洞口

洞口包括端墙、翼墙或护坡、截水墙和缘石等部分,是洞身、路基、河道三者的连接,可保证涵洞基础和两侧路基免受冲刷,使水流顺畅。一般进、出水口均采用同一形式,位于涵洞上游侧的洞口称进水口,位于涵洞下游侧的洞口称出水口。

常用的洞口形式有八字式、端墙式、锥坡式、直墙式、扭坡式、平头式、走廊式、流线式等,如图 9-1-2 所示。设计时应根据实地情况选择上下游洞口的形式与洞身组合使用。

2. 洞身

洞身是涵洞的主要部分,它由若干节组成,靠近出入口的一节叫端节,中间的称为洞身节。端节和洞身节均由基础、边墙、拱圈组成。

洞身的主要作用是承受活载压力和土压力,将其传递给地基,并保证设计流量通过的必要孔径。常见的洞身形式有圆管涵、拱涵、箱涵、盖板涵,如图 9-1-3 所示。

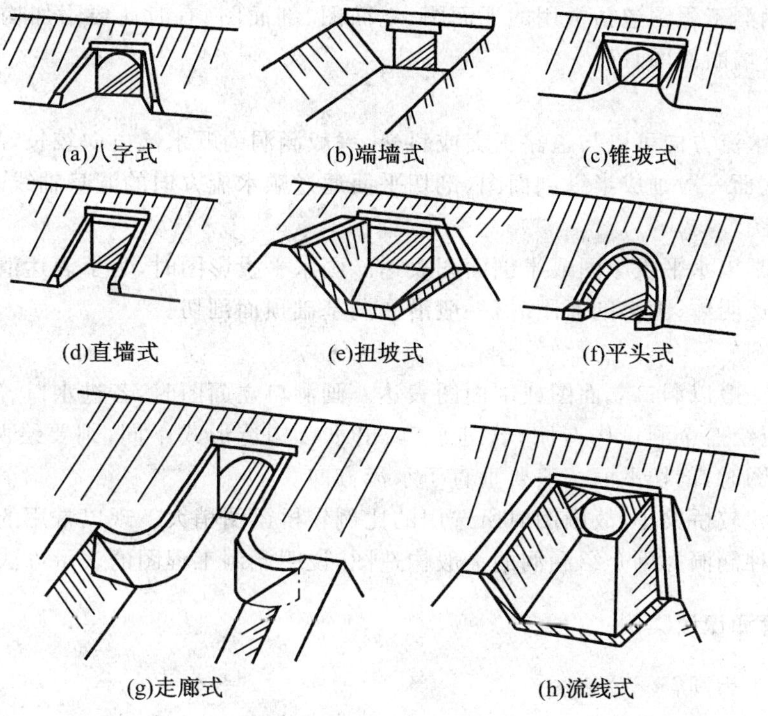


图 9-1-2　几种常见的洞口形式

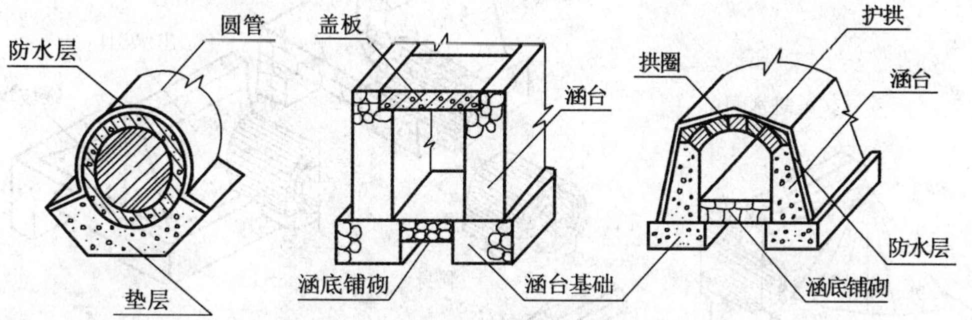


图 9-1-3　涵洞的断面形式

3. 基础

基础修筑在地面之下，承受整个涵洞的质量，防止水流冲刷而造成的沉陷和坍塌，保证涵洞的稳定和牢固。

## 第二节　涵洞工程图

### 一、涵洞的图示方法

涵洞是窄而长的构筑物，它从路面下方横穿过道路，埋置于路基土层中。根据涵洞的构造特点，涵洞工程图包括常用的平面图、立面图、剖面图（有时还要附加构件详图，如钢筋布置图、翼墙断面图）等。

1. 立面图

涵洞的水流方向可以与道路正交或斜交，一般涵洞的顺水流方向较长，故以顺水流方向为纵向，立面一般画成半纵剖面图，剖切平面通过顺水流方向的洞身轴线。

2. 平面图

平面图常以水平投影图或半剖面图表达。画水平投影图时，为了表达清楚，将洞顶覆盖的土看作透明体；画半剖面图时，一般沿涵洞基础顶面剖切。

3. 侧面图

侧面图一般以洞口立面图或剖面图表达。画洞口立面图时，若进水口、出水口构造形式相同，可只绘一个洞口构造图；若进水口、出水口构造形式不同，则要绘两个洞口构造图。绘剖面图时，剖切平面一般要垂直于水流方向。

涵洞体积较桥梁小，故画图时所选用的比例较桥梁图稍大。现以常用的圆管涵、盖板涵和拱涵三种涵洞为例介绍涵洞的一般构造图，说明涵洞工程图的表示方法。

## 二、圆管涵识读案例

图 9-2-1 为圆管涵分解图。

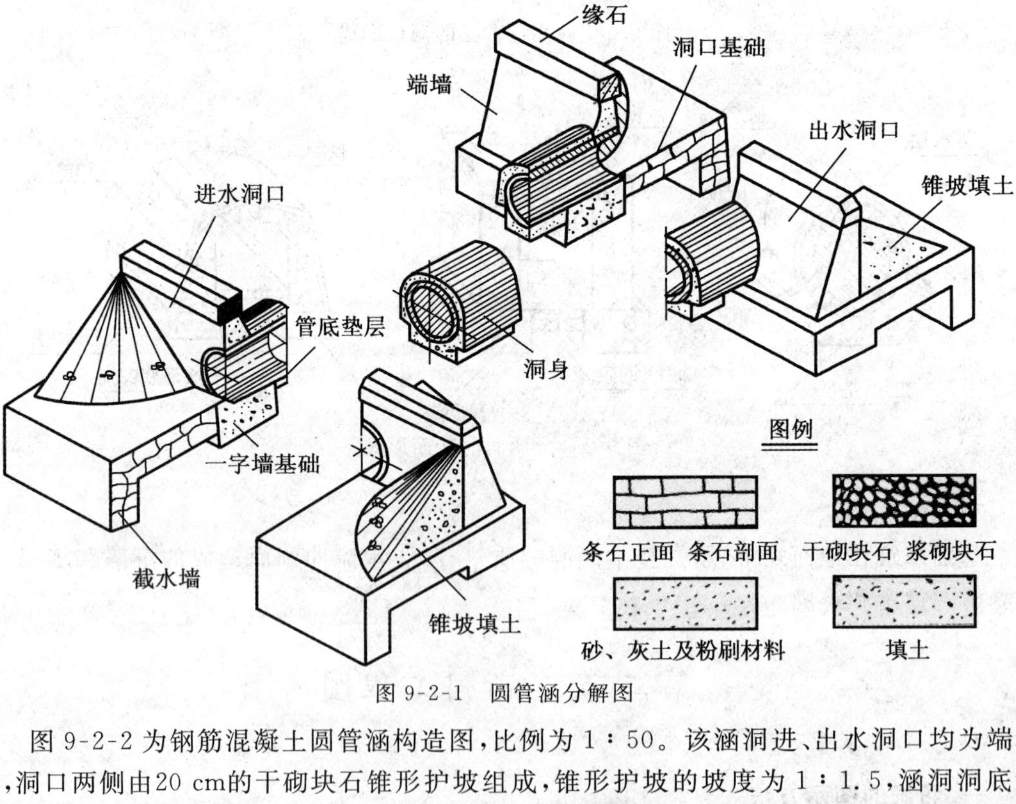


图 9-2-1　圆管涵分解图

图 9-2-2 为钢筋混凝土圆管涵构造图，比例为 1∶50。该涵洞进、出水洞口均为端墙式，洞口两侧由20 cm的干砌块石锥形护坡组成，锥形护坡的坡度为 1∶1.5，涵洞洞底设计流水坡度为 1%，涵洞总长为1335 cm。由于构造对称，故只绘出了该涵洞的半纵剖面图、半平面图和洞口立面图。

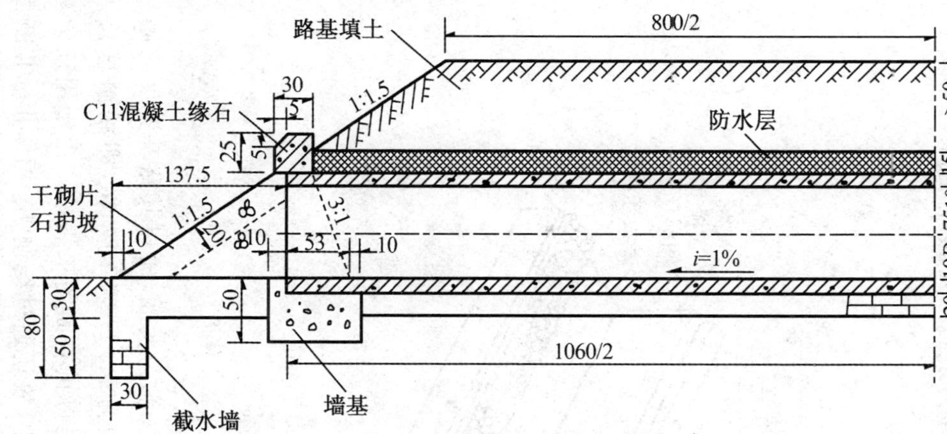


半纵剖面图

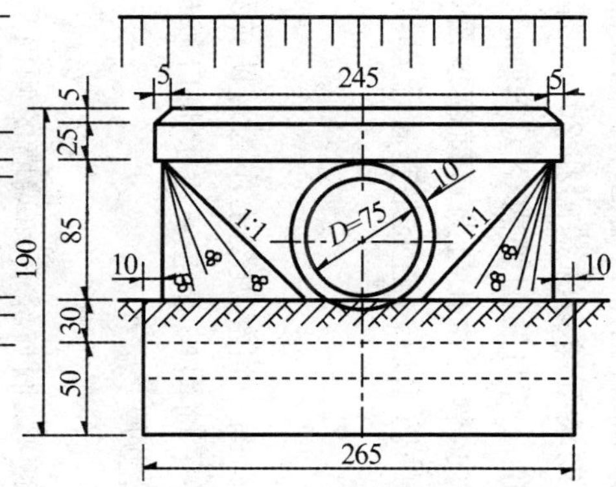


洞口正面图

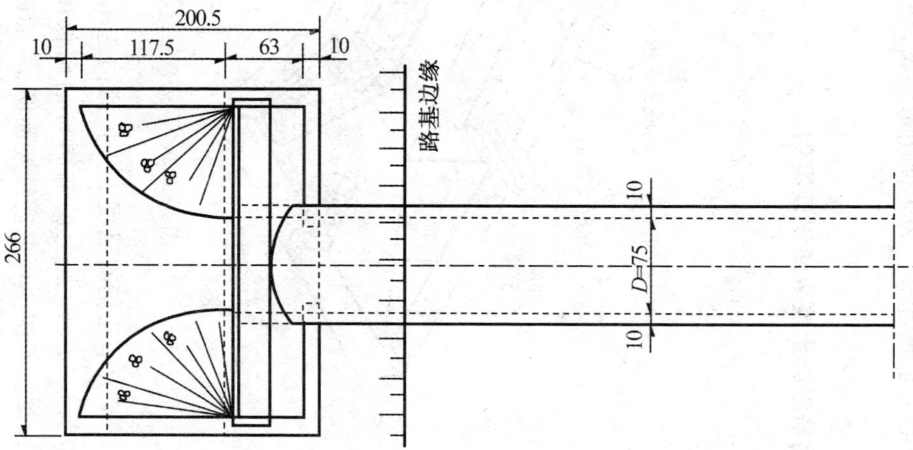


半平面图

洞口工程数量表（一端）

| 工程数量 项别 / 管径 | 11号混凝土缘石(m³) | 3号砂浆砌片石墙身(m³) | 3号砂浆砌片石基础(m³) | 干砌片石护坡(m³) |
|---|---|---|---|---|
| 75 | 0.191 | 0.552 | 2.200 | 0.275 |

注：
1. 图中尺寸以厘米为单位。
2. 洞口工程数量指一端，即一个进水口或一个出水口。
3. 护底部分土基太软时，加铺15 cm碎石垫层。

| 端墙式圆管涵 ($D$=75) | 比例：1:50 |
|---|---|
| 单孔构造图 | 图号 |

图9-2-2 某单孔钢筋混凝土圆管涵构造图

1. 半纵断面图

由于该涵洞左右基本对称，以对称中心线为分界线，布置图中只画出半纵断面图。从该图中我们可以读出：洞口由端墙、缘石、30 cm 厚浆砌块石铺砌的基础和 20 cm 厚干砌片石锥形护坡组成。基础顶面与洞口铺砌的顶面平齐。涵洞的圆管内径为 75 cm、壁厚为 10 cm，管长为 1060 cm，圆管的端部嵌于端墙墙身内，管内圆孔与洞口铺砌顶面相切；在圆管下铺砌 20 cm 浆砌片石，圆管外壁设 15 cm 厚的防水层。涵上路基覆土厚度大于 50 cm。按构造要求，圆管应纵向分节，图纸未表示出。

2. 半平面图

为使平面图与半纵剖面图相配合，故也只画一半。图中将涵顶覆土作为透明体处理，但画出了路基边缘线，并以示坡线表示路基边坡。半平面图中着重表达了洞口基础、端墙、缘石和护坡的平面形状和尺寸，以及管径尺寸与管壁厚度。

3. 侧面图

侧面图又称洞口正面图，主要表示圆管涵孔径和壁厚、洞口缘石和端墙的侧面形状及尺寸、锥形护坡的坡度等。为了使图形清晰，把土壤作为透明体处理，并且某些虚线未予画出。

### 三、钢筋混凝土盖板涵识读案例

图 9-2-3 为单孔钢筋混凝土盖板涵的立体图。

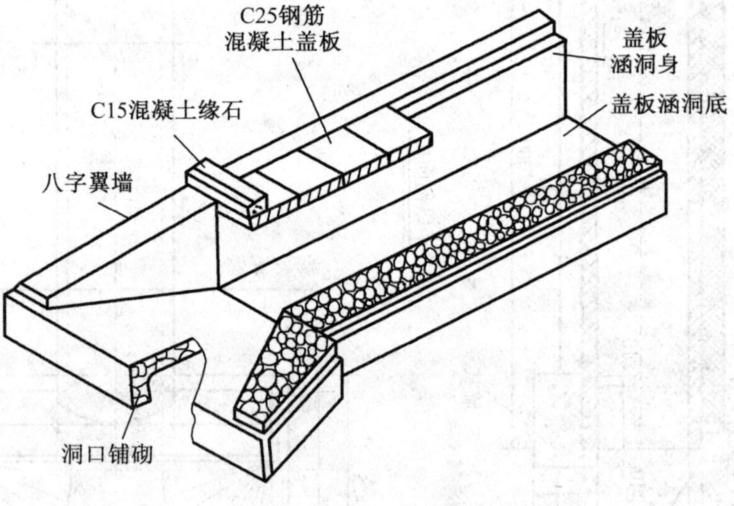


图 9-2-3 单孔钢筋混凝土盖板涵立体图

图 9-2-4 为单孔钢筋混凝土盖板涵构造图。该涵洞为明涵，所以其路基宽度与涵身长度相等，为1200 cm，加上两端洞口铺砌长度分别为240 cm和292 cm，即涵洞总长为 17.32 cm。该投影图主要采用纵断面图、平面图及洞口正立面图来表达。由于用三个基本视图不能清楚地反映翼墙、洞身的详细构造和尺寸，故还通过绘制Ⅰ—Ⅰ、Ⅱ—Ⅱ断面图和缘石大样图来表示。

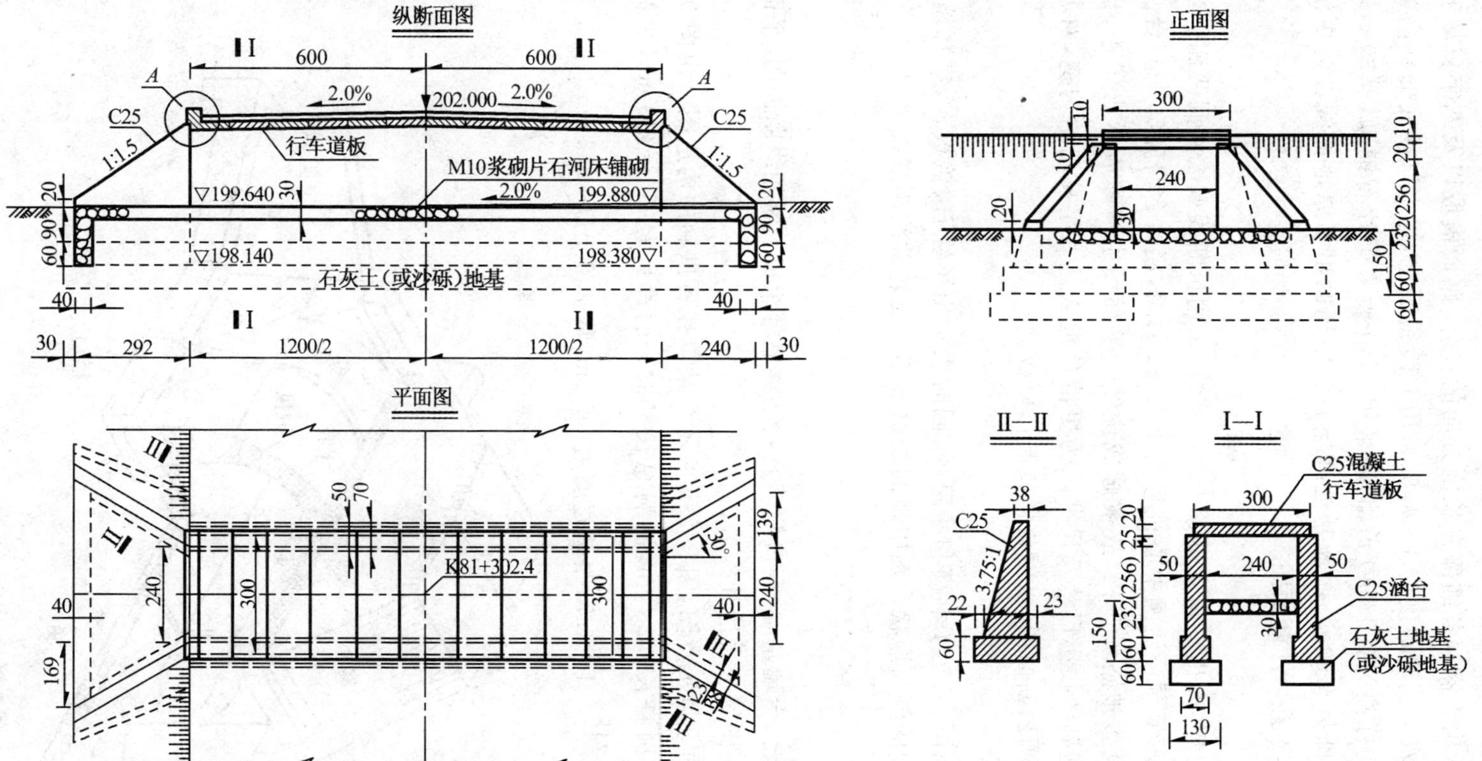


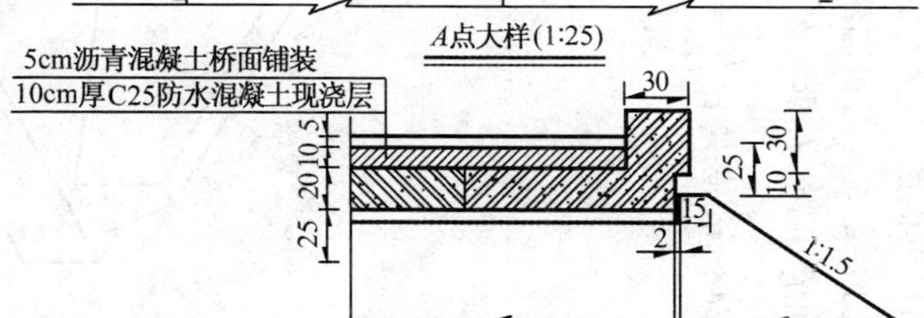


注：

1. 本图尺寸除标高以米计外，其余均以厘米计，比例为1:100。
2. 涵洞设计荷载等级：公路 — II 级荷载。
3. 括号内数字为出口向尺寸。
4. 行车道板一般构造及钢筋布置另图表示，本图中未示出。

图9-2-4　某单孔钢筋混凝土盖板涵构造图

1. 纵断面图

纵断面图中详尽表示出了涵洞各细部在长度方向的尺寸、路面横坡以及八字翼墙和其与洞身的连接关系等，八字翼墙坡度为 1∶1.5，采用 C15 混凝土，进水口涵底的标高为 199.880 m，出水口涵底的标高为199.640 m，洞底采用 M10 砂浆砌片石铺砌，厚30 cm，截水墙深150 cm，涵台基础另有60 cm厚地基处理层。图中还画出了原地面线。为更清楚地表达洞身构造，还画出了 I—I 断面图。

2. 平面图

平面图与纵断面图对应，画出了路肩边缘线及示坡线，采用折断线截去涵洞两侧适当位置以外的部分，突出表示涵洞。涵洞中心桩号为 K81＋302.4，涵台台身宽50 cm，台身基础宽70 cm，因其水平投影被路堤遮挡，故被画成虚线。平面图中清晰表示出了进、出水洞口的八字翼墙及其基础的投影形状及尺寸。为更清楚地表达八字翼墙的构造，对其Ⅱ—Ⅱ位置进行剖切，并画出断面图，以便放样或制作模板。

3. 侧面图

侧面图也称洞口立面图，表达了洞高和净跨径，同时表示出了缘石、盖板、八字冀墙、基础等的相对位置和它们的侧面形状。图中地面线以下不可见轮廓线用虚线画出。

**四、石拱涵识读案例**

石拱涵由主拱圈、涵台、台墙基础、洞口侧墙及八字冀墙等组成。常用纵断面图、平面图、洞口正面图、洞身断面图等来表达其构造。

图 9-2-5 为石拱涵的立体示意图，图 9-2-6 所示为某单孔石拱涵的构造图。由图 9-2-6 可看出，该石拱涵的洞身长3888 cm，涵洞总长5533 cm，净跨径 $L_0=400$ cm，矢高 $f_0=248$ cm，矢跨比$\frac{f_0}{L_0}=\frac{248}{400}\approx 1:1.7$，路基宽度为700 cm，路基覆土厚 1072 cm。

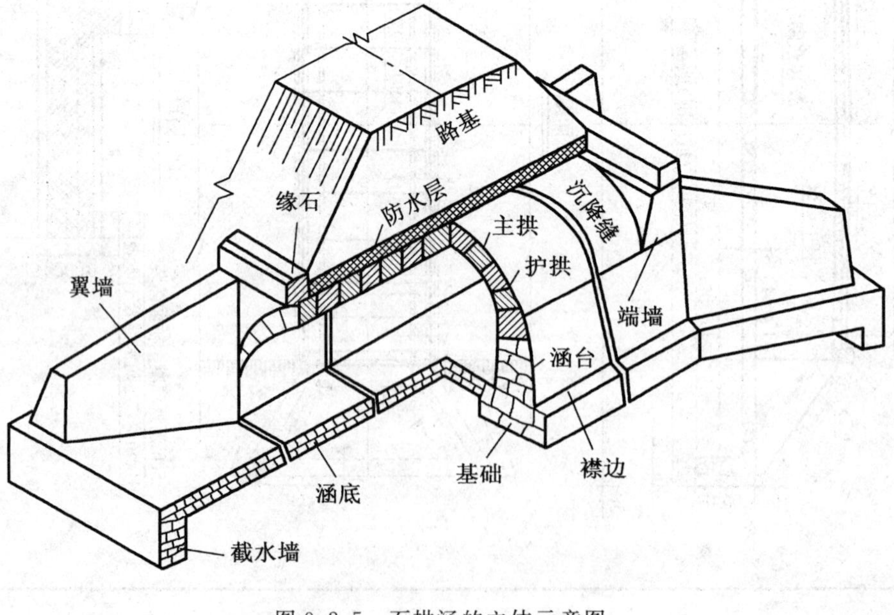


图 9-2-5　石拱涵的立体示意图

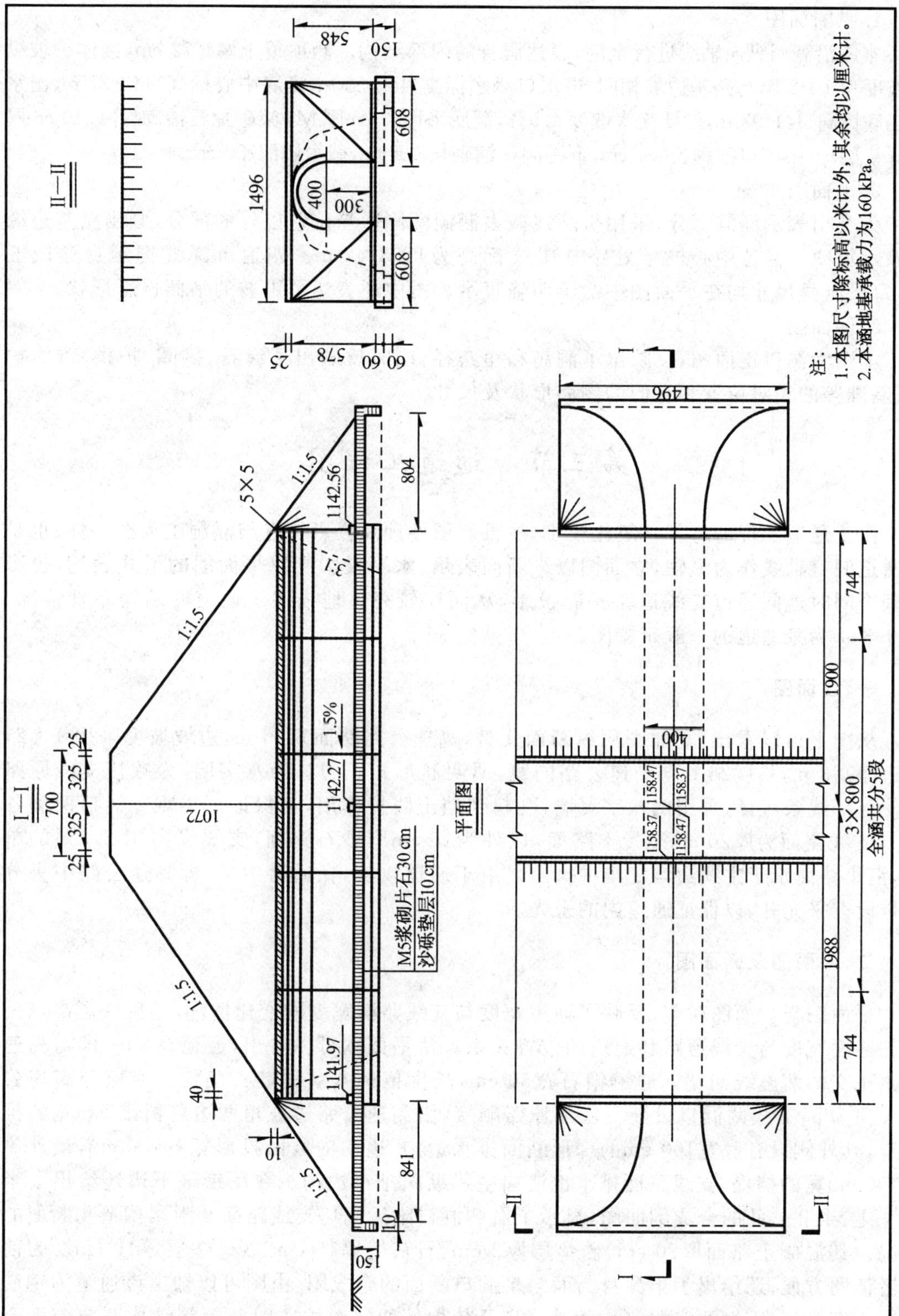


图9-2-5 某单孔石拱涵构造图

1. 纵断面图

本图沿涵洞纵向轴线进行全剖，表达洞身的内部结构。涵顶覆土厚1072 cm，锥体护坡纵向坡度为1∶1.5，与路基边坡相同；进水口涵底标高1142.56 m，涵底中心标高1142.27 m，出水口涵底标高1141.97 m，设计流水坡度1.5%，洞底采用30 cm厚M5浆砌片石铺砌，并以10 cm厚沙砾垫层；上游洞口铺砌长804 cm，下游洞口铺砌长841 cm，截水墙深150 cm。

2. 平面图

为突出表示涵洞部分，采用折断线截去涵洞两侧适当位置以外的部分，画出路基边缘线及示坡线。涵位中心桩号处路基中线标高为1158.47 m。四道沉降缝把洞身分成五段，每段洞身尺寸均在平面图中给予明确表示。图中还表达了锥坡的平面投影形状。

3. 侧面图

本图为洞口正面图，反映出了洞高和净跨径，同时反映出了缘石、拱圈、护拱、锥体护坡、基础等的相对位置和它们的侧面形状及尺寸。

## 第三节 通道工程图

由于通道工程的跨径一般比较小，故投影图处理及投影特点与涵洞工程图一样，也是以通道洞身轴线作为纵轴，立面图以纵断面表示，水平投影则以平面图的形式表达，投影过程中同时连同通道支线道路一起投影，从而比较完整地描述了通道的结构布置情况。图9-3-1为某通道的一般布置图。

### 一、立面图

从图上可以看出，立面图用纵断面代替，高速公路路面宽26 m，边坡坡度采用1∶2，通道净高3 m，长度26 m与高速公路同宽，属明涵形式。洞口为八字墙，为顺接支线原路及使外形线条流畅，采用倒八字翼墙，既起到挡土防护作用，又保证了美观。洞口两侧各20 m支线路面为厚20 cm混凝土路面，以外为15 cm厚砂石路面，支线纵向用2.5%的单坡，汇集路面水于主线边沟处集中排出。由于通道较长，在通道中部，即高速公路中央分隔带设有采光井，以保证通道内的采光。

### 二、平面图及断面图

平面图与立面图对应，反映了通道宽度与支线路面宽度的变化情况，还反映了高速公路的路面宽度与支线道路和通道的位置关系。从平面图可以看出，通道宽4 m，即与高速公路正交的两虚线同宽。通道帽石宽50 cm，长度依倒八字翼墙长确定。通道与高速公路夹角为$\alpha$，支线两洞口设渐变段与原路顺接，沿高速公路边坡角两边各留出2 m宽的护坡道，其外侧设有底宽100 cm的梯形断面排水边沟，边沟内坡面投影宽各100 cm，最外侧设100 cm宽的挡堤，支线路面排水也流向主线纵向排水边沟。在图纸最下边还给出了半Ⅰ—Ⅰ、半Ⅱ—Ⅱ的合成剖面图，显示了右侧洞口附近剖切支线路面及附属构造物断面的情况。其混凝土路面厚20 cm、砂垫层厚3 cm、石灰土厚15 cm、砂砾垫层厚10 cm。为使读者读图方便，还给出了半洞身断面与半洞口断面的合成图，由图可以知道该通道为钢筋混凝土箱涵洞身、倒八字翼墙。通道洞身及各构件的一般构造图及钢筋结构图与前面介绍的桥涵图类似，此处不再赘述。

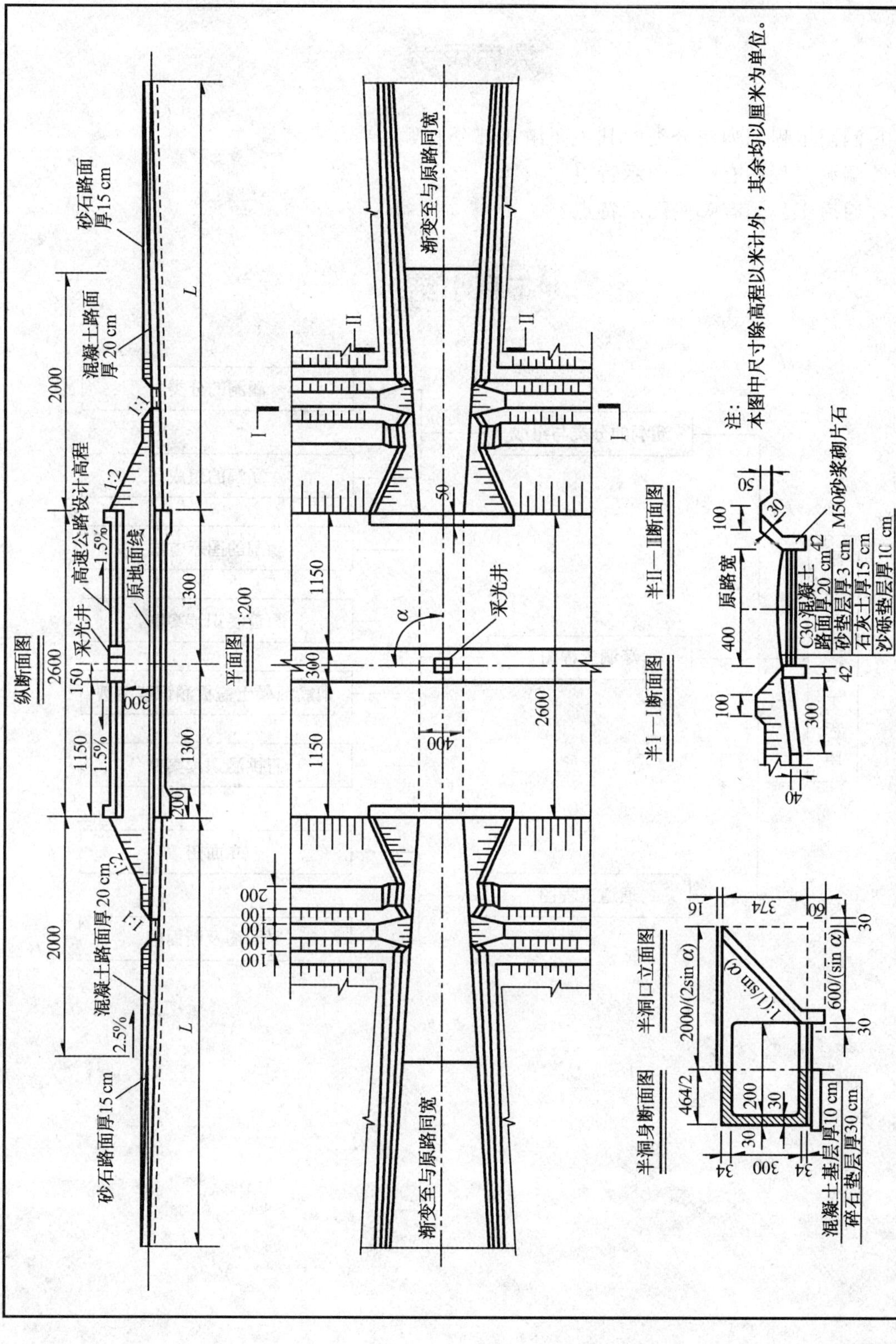


注：本图中尺寸除高程以米计外，其余均以厘米为单位。

图9-3-1 某通道的一般布置图

## 课后思考

1. 涵洞工程图如何分类？其主要组成部分有哪些？
2. 涵洞工程图有哪些图示特点？
3. 通道工程图有哪些图示特点？

## 本章小结

- 涵洞与通道工程图
  - 涵洞的分类与组成
    - 涵洞的分类
    - 涵洞的组成
  - 涵洞工程图
    - 涵洞的图示方法
    - 圆管涵识读案例
    - 钢筋混凝土盖板涵识读案例
    - 石拱涵识读案例
  - 通道工程图
    - 立面图
    - 平面图及断面图

# 第十章　桥梁、隧道工程图

## 知识目标

1. 了解桥梁的分类及组成。
2. 知道钢筋的作用及分类。
3. 掌握钢筋混凝土结构图的阅读方法。
4. 掌握钢筋混凝土桥梁工程图的形成、图示内容及阅读方法。
5. 熟悉桥梁桥型布置图的绘制步骤及标注方法。

## 能力目标

1. 能够读懂钢筋混凝土结构图。
2. 能够读懂桥梁、隧道工程图。

**课堂引入**

道路路线在跨越河流、山川以及道路互相交叉、与其他路线(如铁路)交叉时，为了保持道路的畅通，就需要修筑桥梁。它既可以保证桥上的交通运行，又可以保证桥下宣泄流水、船只的通航或公路、铁路的运行。另外，在山岭地区修筑道路时，为了减少土石方数量，保证车辆平稳行驶和缩短里程要求，可考虑修建公路隧道。本章介绍桥梁工程图和隧道工程图。

考虑到当前桥梁、隧道工程中广泛应用钢筋混凝土作为建筑材料，故先介绍有关钢筋混凝土的基本知识及图示特点，为学习桥梁、隧道工程图打好基础。

# 第一节　桥梁基本知识

## 一、桥梁概述

1. 基本组成

由图 10-1-1 可知，桥梁由上部桥跨结构（主梁或主拱圈和桥面系）、下部结构（桥台、桥墩和基础）及附属结构（栏杆、灯柱、护岸、导流结构物等）三部分构成。

上部结构又称桥跨结构，主要包括承重结构（主梁或主拱圈）、桥面系，是路线遇到障碍中断时跨越障碍的建筑物，它的作用是承受车辆荷载，并通过支座传给墩台。

下部结构是支承桥跨结构并将永久荷载和车辆等荷载传至地基的结构物，主要包括桥台、桥墩和基础。桥台设在桥梁两端，除支承桥跨结构外还承受路基填土的水平推力；桥墩则在两桥台之间，主要支承桥跨结构；桥墩和桥台底部的部分称为基础，承担从桥墩和桥台传来的全部荷载。

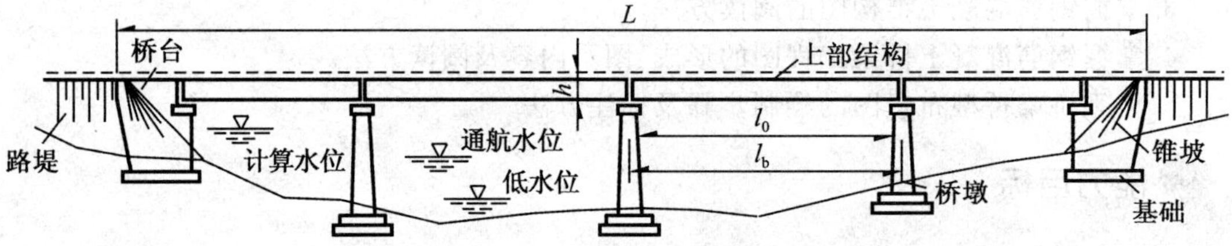


图 10-1-1　桥梁的基本组成

支座是设在桥墩和桥台顶面，用来支承上部结构的传力装置。

附属设施主要包括栏杆、灯柱、伸缩缝、护岸、导流结构物等。

在路堤和桥台的衔接处，一般还在桥台两侧设置石砌的锥形护坡，以保证迎水部分路堤边坡的稳定。

河流中的水位是变动的，在枯水季节的最低水位称为低水位，洪峰季节河流中的最高水位称为高水位。桥梁设计中按规定的设计洪水频率计算所得的高水位称为设计洪水位。

净跨径（$l_0$）是设计洪水位上相邻两个桥墩（桥台）之间的净距。

总跨径（$l$）是多孔桥梁中各孔净跨径的总和，它反映了桥下宣泄洪水的能力。

桥梁全长（桥长 $L$）是桥梁两端两个桥台的侧墙或八字墙后端点的距离。对于无桥台的桥梁，$L$ 为桥面行车道的全长。

2. 桥梁的分类

桥梁的形式有很多，常见的有：

(1)按结构形式分为梁式桥、拱式桥、刚架桥、桁架桥、悬索桥、斜拉桥等。

(2)按上部结构所用的建筑材料分为钢桥、钢筋混凝土桥、预应力混凝土桥、石桥、木桥等，其中以钢筋混凝土桥和预应力混凝土桥应用最为广泛。

(3)按用途分为公路桥、铁路桥、公路铁路两用桥、人行桥、运水桥(渡槽)等。

(4)按跨越障碍的性质分为跨河桥、跨线桥(立体交叉桥)、高架桥和栈桥。

(5)按桥梁全长和跨径的不同分为特殊大桥、大桥、中桥和小桥,如表 10-1-1 所示。

**表 10-1-1　桥梁的分类**

| 桥梁分类 | 多孔桥全长 $L$(m) | 单孔跨径(m) | 桥梁分类 | 多孔桥全长 $L$(m) | 单孔跨径(m) |
|---|---|---|---|---|---|
| 特大桥 | $L \geqslant 1000$ | $L_K \geqslant 150$ | 中桥 | $30 < L < 100$ | $20 \leqslant L_K < 40$ |
| 大桥 | $100 \leqslant L \leqslant 1000$ | $40 \leqslant L_K \leqslant 150$ | 小桥 | $8 \leqslant L \leqslant 30$ | $5 \leqslant L < 20$ |

(6)按上部结构的行车道位置分为上承式桥、下承式桥和中承式桥。桥面布置在主要承重结构之上的称为上承式桥,布置在主要承重结构之下的称为下承式桥,布置在主要承重结构中间的称为中承式桥,如图 10-1-2 所示。

(a)上承式桥

(b)下承式桥

(c)中承式桥

图 10-1-2　桥梁的分类

## 二、钢筋混凝土结构图

1. 钢筋混凝土结构的基本知识

混凝土是由水泥、砂、石子和水按一定的比例拌和硬化而成的一种人造石料。把它灌入定形模板中,经振捣密实和养护凝固后就形成坚硬如石的混凝土构件。混凝土的抗压强度较高,抗拉强度较低,容易因受拉而断裂。为了提高混凝土构件的抗拉能力,常在混凝土构件的受拉区内加入一定数量的钢筋,使两种材料黏结成一个整体,共同承受外力。这种配有钢筋的混凝土称为钢筋混凝土,它是目前最常用的建筑材料,桥梁工程中的许多构件都是用它来制作的,如梁、板、柱、桩、桥墩等。

2. 钢筋的基本知识

(1)钢筋的作用及分类

钢筋按其在整个构件中所起的作用不同,可分为下列五种:

①受力钢筋(主筋)——用来承受拉力或压力的钢筋,用于梁、板、柱等各种钢筋混凝土构件,如图 10-1-3 所示。

②箍筋(钢箍)——用于固定受力钢筋位置,并承受一部分剪力或扭力。

③架立钢筋——大多用于钢筋混凝土梁中,用来固定箍筋的位置,并与梁内的受力筋、箍筋一起构成钢筋骨架。

④分布钢筋——大多用于钢筋混凝土板或高梁结构中,用于固定受力钢筋位置,使荷载分布给受力钢筋,并防止混凝土收缩和温度变化出现的裂缝。

⑤构造筋——因构件的构造要求和施工安装需要配置的钢筋,如腰筋、预埋锚固筋、吊环等。

(2)钢筋的种类和符号

《混凝土结构设计规范》(GB 50010—2010)中将钢筋分为普通钢筋和预应力钢筋两类,普通钢筋是指用于钢筋混凝土结构中和预应力混凝土结构中的非预应力钢筋,按照牌号和强度的不同又分为四类(见表 10-1-2);预应力钢筋应采用预应力钢丝、钢绞线和预应力螺纹钢筋。

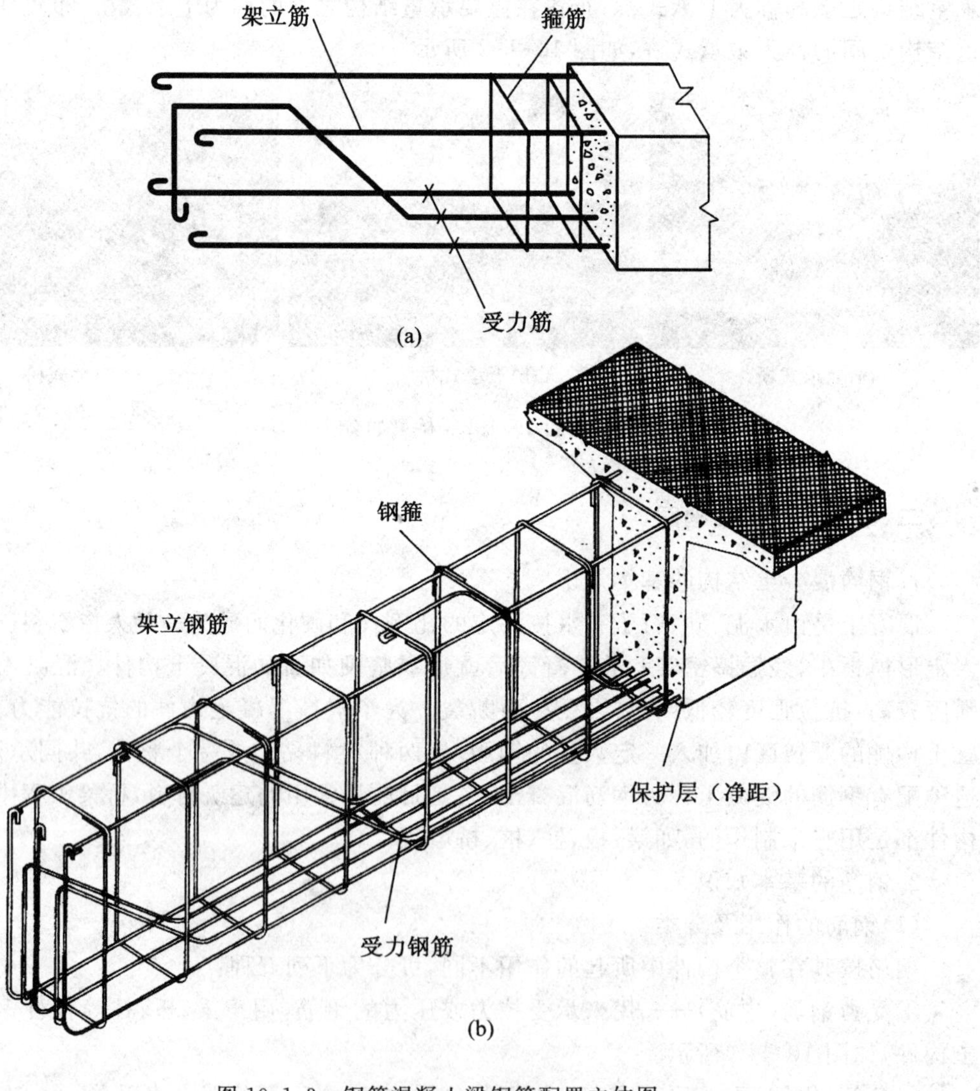


图 10-1-3　钢筋混凝土梁钢筋配置立体图

**表 10-1-2　　钢筋混凝土用普通钢筋的种类、符号、材料和直径范围**

| 钢筋品种 | 符号 | 屈服强度标准值 $f_{yk}$(N/mm²) | 极限强度标准值 $f_{stk}$(N/mm²) | 直径范围 $d$(mm) | 说明 |
|---|---|---|---|---|---|
| HPB300 | Φ | 300 | 420 | 6～22 | 热压光圆钢筋 |
| HRB335 | Φ | 335 | 455 | 6～50 | 热压带肋钢筋 |
| HRB400 | Φ | 400 | 540 | 6～50 | 热压带肋钢筋 |
| HRB500 | Φ | 500 | 630 | 6～50 | 热压带肋钢筋 |

表 10-1-2 中，光圆钢筋和带肋钢筋的形式如图 10-1-4 所示。

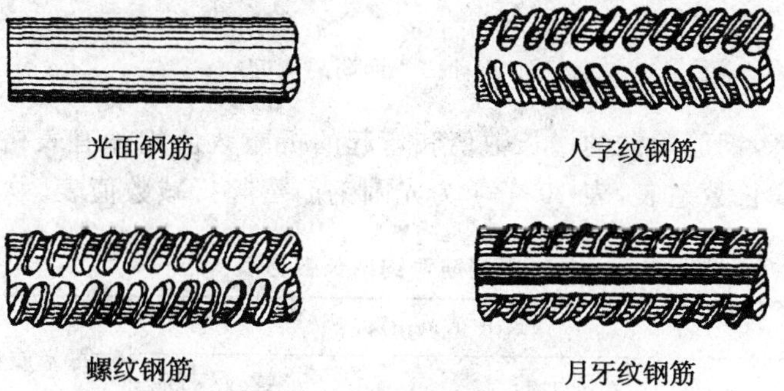


图 10-1-4　钢筋的形式

(3)混凝土的等级和钢筋的保护层

混凝土按其抗压强度不同分为 C15、C20、C25、C30、C35、C40、C45、C50、C55、C60、C65、C70、C75、C80 十四个等级。数字越大，混凝土的抗压强度越高。

为了防止钢筋锈蚀和保证钢筋与混凝土的紧密黏结，梁、板、柱等构件都应具有足够的混凝土保护层。最外层钢筋的外边缘到混凝土外边缘的最小距离，称为保护层厚度或净距。混凝土保护层的厚度视构件的不同、环境类别、混凝土强度等级而定。

(4)钢筋的弯钩和弯起

对于光圆外形的受力钢筋，为了增加它与混凝土的黏结力，将钢筋的端部做成弯钩，弯钩的形式有半圆弯钩、斜弯钩和直弯钩三种，如图 10-1-5 所示。根据需要，钢筋实际长度要比到端点长出 6.25$d$、4.9$d$ 或 3.5$d$。这时钢筋的长度要计算其弯钩的增长数值。

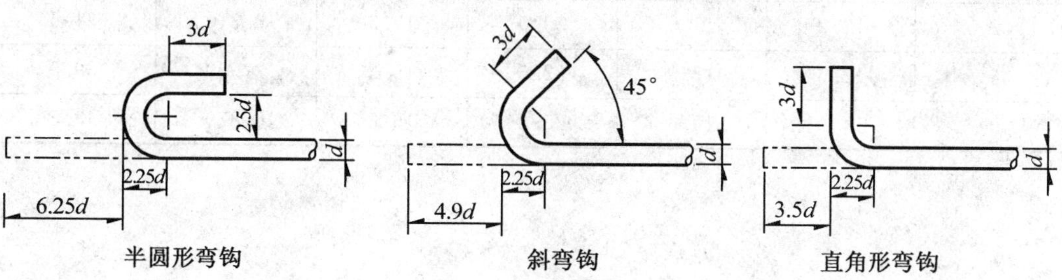


图 10-1-5　钢筋的弯钩

受力钢筋中有一部分需要在梁内向上弯起(见图 10-1-6),这时弧长比两切线之和短些,其计算长度应减去折减数值。

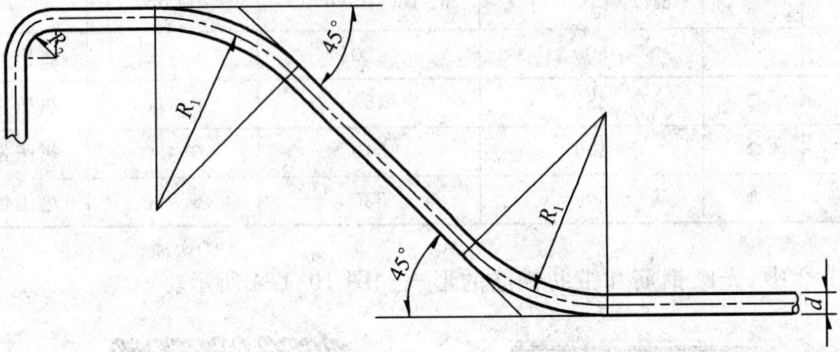


图 10-1-6　钢筋的弯起

为了简化计算,钢筋弯钩的增长数值和弯起的折减数值均编有表格备查。表 10-1-3 为光圆钢筋弯钩增长数值表,表 10-1-4 为光圆钢筋弯起折减数值表。

**表 10-1-3　　光圆钢筋弯钩增长数值表**

| 钢筋直径 $d$(mm) | 弯钩增长值(cm) | | | | 每米质量(kg/m) | 螺纹钢筋外径(mm) |
|---|---|---|---|---|---|---|
| | 光圆钢筋 | | | 螺纹钢筋 | | |
| | 90° | 135° | 180° | 90° | | |
| 10 | 3.5 | 4.9 | 6.3 | 4.2 | 0.617 | 11.3 |
| 12 | 4.2 | 5.8 | 7.5 | 5.1 | 0.888 | 13.0 |
| 14 | 4.9 | 6.8 | 8.8 | 5.9 | 1.210 | 15.5 |
| 16 | 5.6 | 7.8 | 10.0 | 6.7 | 1.580 | 17.5 |
| 18 | 6.3 | 8.8 | 11.3 | 7.6 | 2.000 | 20.0 |
| 20 | 7.0 | 9.7 | 12.5 | 8.4 | 2.470 | 22.0 |
| 22 | 7.7 | 10.7 | 13.8 | 9.3 | 2.980 | 24.0 |
| 25 | 8.8 | 12.2 | 15.6 | 10.5 | 3.850 | 27.0 |
| 28 | 9.8 | 13.6 | 17.5 | 11.8 | 4.830 | 30.0 |
| 32 | 11.2 | 15.6 | 20.0 | 13.5 | 6.310 | 34.5 |
| 36 | 12.6 | 17.5 | 22.5 | 15.2 | 7.990 | 39.5 |
| 40 | 14.0 | 19.5 | 25.0 | 16.8 | 9.870 | 43.5 |

表 10-1-4　　光圆钢筋弯起折减数值表　　单位:cm

| 类别 | | 钢筋直径(mm) | 10 | 12 | 14 | 16 | 18 | 20 | 22 | 25 | 28 | 32 | 36 | 40 |
|---|---|---|---|---|---|---|---|---|---|---|---|---|---|---|
| 弯折修正值 | 光圆钢筋 | 45° | — | −0.5 | −0.6 | −0.7 | −0.8 | −0.9 | −0.9 | −1.1 | −1.2 | −1.4 | −1.5 | −1.7 |
| | | 90° | −0.8 | −0.9 | −1.1 | −1.2 | −1.4 | −1.5 | −1.7 | −1.9 | −2.1 | −2.4 | −2.7 | −3.0 |
| | 螺纹钢筋 | 45° | — | −0.5 | −0.6 | −0.7 | −0.8 | −0.9 | −0.9 | −1.1 | −1.2 | −1.4 | −1.5 | −1.7 |
| | | 90° | −1.3 | −1.5 | −1.8 | −2.1 | −2.3 | −2.6 | −2.8 | −3.2 | −3.6 | −4.1 | −4.6 | −5.2 |

**【例题 10-1-1】** 如图 10-1-7 所示，φ10的光圆钢筋两端半圆钩端点的长度为126 cm，求下料长度(即某根钢筋在下料之前的剪切长度，就是剪切多长的钢筋能够完成该根钢筋的加工)。

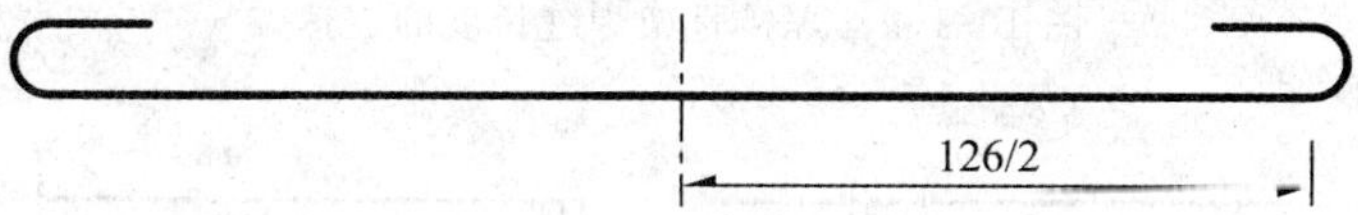


图 10-1-7　光圆钢筋弯钩

解：根据题意，钢筋的下料长度等于直钢筋部分与半圆弯钩所需要的钢筋长度之和。查表 10-1-3，得出弯钩的长度为63 mm，则下料长度为：

$$126+2\times6.3=126+12.6=138.6\approx139(\text{cm})$$

**【例题 10-1-2】** 如图 10 1-8 所示，4 号φ22 的光圆钢筋长度为 728＋65×2，求下料长度。

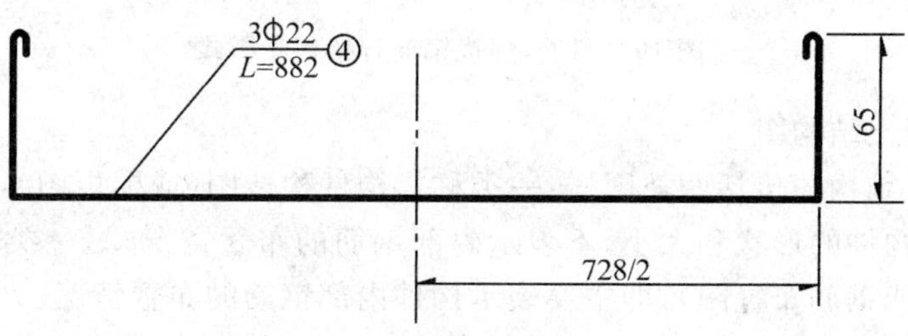


图 10-1-8　钢筋的弯钩与弯起

解：根据题意，查表 10-1-3、表 10-1-4 得出半圆弯钩长度为13.8 cm，90°弯起长度为−1.7 cm，则下料长度为：

$$728+65\times2+2\times(13.8-1.7)=882.2\approx882(\text{cm})$$

(5)钢筋骨架

为制作钢筋混凝土构件，需先将不同直径的钢筋按需要的长度截断，再根据设计要求进行弯曲，最后将成型的钢筋进行组装，构成钢筋骨架。

将钢筋组装成型，目前主要有三种方式。第一种是用细铁丝绑扎钢筋骨架。第二种是焊接钢筋骨架：先将钢筋焊接成平面骨架，然后用箍筋将平面骨架连接成空间骨架。对于焊接骨架，结点处固定主钢筋的焊缝长度应在图中予以表达，如图 10-1-9 所示。图 10-1-10 是焊接钢筋骨架的标注图式。第三种是钢筋的机械连接，它是一项新型钢筋连接工艺，被称为继绑扎、电焊之后的“第三代钢筋接头”。机械连接又包括直螺纹连接、锥螺纹连接和套筒挤压连接。

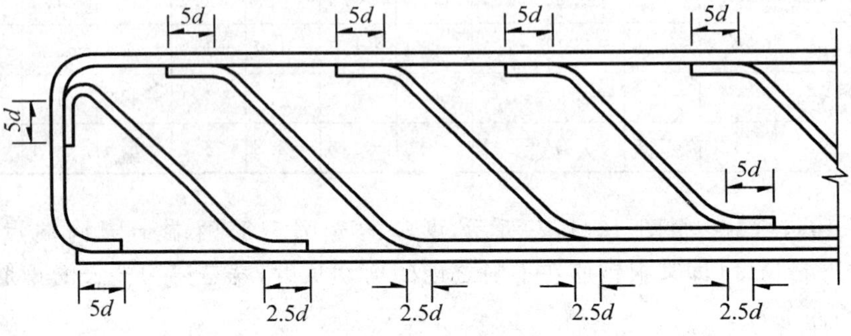


图 10-1-9　焊接骨架焊缝长度的表达

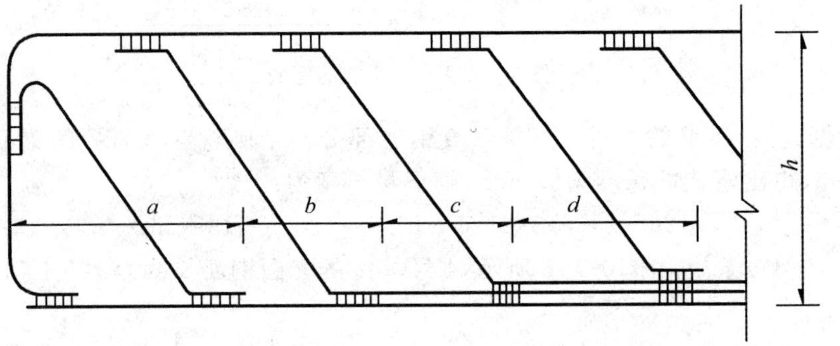


图 10-1-10　焊接钢筋骨架标注图式

3. 钢筋混凝土结构图

钢筋混凝土结构图包括两类图样：一类称为构件构造图（或模板图），即对于钢筋混凝土结构，只画出构件的形状和大小，不表示内部钢筋的布置情况；另一类称为钢筋结构图（或钢筋构造图或钢筋布置图），即主要表示构件内部钢筋的布置情况。

(1)钢筋结构图的图示特点

①为突出结构物中钢筋的配置情况，在绘制配筋图时，可假设混凝土是透明的，能够看清楚构件内部的钢筋。

②构件的外形轮廓用细线表示，钢筋用粗实线表示，若箍筋和分布筋数量较多，也可画为中粗实线。

③在构件的断面图中，不画出混凝土的材料符号，钢筋形象地用实心小圆点或空心小圆圈表示。

④对钢筋的级别、根数、直径、长度及间距等要加以标注。

⑤由于钢筋的弯钩和钢筋保护层的尺寸相对构件的尺寸较小，若严格按比例画则线条会重叠不清，这时可适当夸大绘制。同理，在立面图中遇到钢筋重叠时，也可在中间留

出空隙，使图面清晰。

⑥钢筋结构图不一定三个投影图都画出来，而是根据需要来决定。例如，画钢筋混凝土梁的钢筋图时，一般不画平面图，只用立面图和断面图来表示。

(2)钢筋的编号和尺寸标注方式

在钢筋结构图中，为了区分不同类型、不同直径、不同长度、不同形状的钢筋，应将不同类型的钢筋，按直径大小和钢筋主次加以编号并注明数量、直径、长度和间距。钢筋编号的标注通常有三种方法，如图 10-1-11 所示。

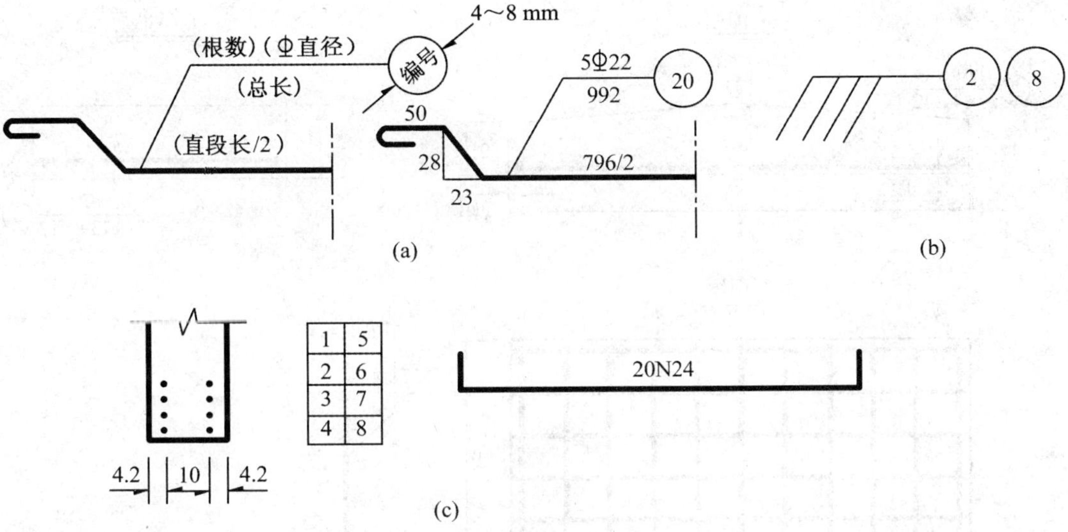


图 10-1-11 钢筋标注的方法

①编号标注在引出线右侧的细实线圆圈内，圆圈的直径为 4～8 mm。

②将冠以 N 字的编号，注写在钢筋的侧面，根数注在 N 字之前，编号注在 N 字之后。

③在钢筋断面图中，编号可标注在对应的方格内。在道路工程图中，钢筋直径的尺寸单位采用毫米(mm)，其余尺寸单位均采用厘米(cm)，图中无须注出单位。在建筑制图中，钢筋图中所有尺寸单位均为毫米(mm)。钢筋的数量、直径、长度和间距，通常采用如下格式标注：

$$\frac{n\phi d}{L@S}\ (m)$$

其中：$m$——钢筋的编号；

$n$——钢筋的根数；

$\phi$——钢筋直径符号，也表示钢筋的类型；

$d$——钢筋直径的数值(mm)；

$L$——钢筋的下料长度数值(cm)；

@——钢筋中心间距符号；

$S$——钢筋间距的数值(cm)。

如：$\frac{3\phi 22}{L=625@30}$ ② 中，“②”表示 2 号钢筋，“3 φ 22”表示直径为 22 mm 的 HPB235

钢筋有 3 根，"$L=625$"表示每根钢筋的下料长度为625 cm，"@30"表示相邻两根同编号钢筋轴线之间的距离为30 cm。

(3)钢筋结构图的图示内容

①配筋图。配筋图主要表明各种钢筋的配置，是绑扎或焊接钢筋骨架的依据。为此，应根据结构特点选用基本投影。如对于梁、柱等长条形构件，常选用一个立面图和几个断面图；对于钢筋混凝土板，则常采用一个平面图或一个平面图和一个立面图，如图 10-1-12 所示。

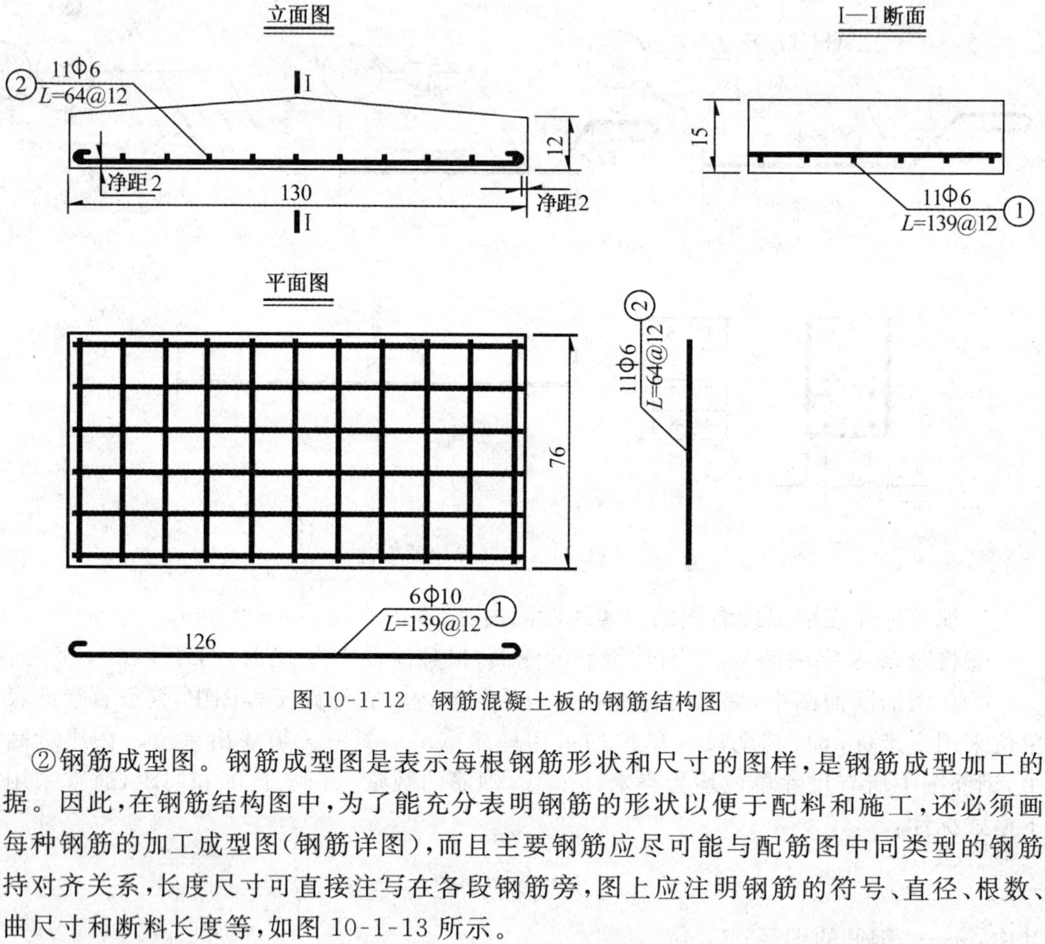


图 10-1-12　钢筋混凝土板的钢筋结构图

②钢筋成型图。钢筋成型图是表示每根钢筋形状和尺寸的图样，是钢筋成型加工的依据。因此，在钢筋结构图中，为了能充分表明钢筋的形状以便于配料和施工，还必须画出每种钢筋的加工成型图(钢筋详图)，而且主要钢筋应尽可能与配筋图中同类型的钢筋保持对齐关系，长度尺寸可直接注写在各段钢筋旁，图上应注明钢筋的符号、直径、根数、弯曲尺寸和断料长度等，如图 10-1-13 所示。

如图 10-1-13 所示，梁的钢筋布置情况是用立面图和断面图以及钢筋成型图表示的。由图可看出，该梁断面为矩形，宽38 cm，高45 cm，梁长420 cm。梁内共有五种钢筋，其中①②③号是受力筋，均为 HPB300 钢筋，直径为16 mm。①号是直筋，有两根，布置在梁的底部两侧。②号是弯起钢筋，也是两根，在跨中位于梁的底部，两端弯起后位于梁的上部。③号也是弯起钢筋，只有一根，弯起部位与②号钢筋稍有不同。④号是架立筋，为直径10 mm的 HPB300 钢筋，共有两根位于梁的上部两侧。⑤号是箍筋，为直径6 mm的HPB300 钢筋，沿梁的长度方向每隔30 cm布置一根，共有 15 根。在立面图中，箍筋可不全画出，只示意性画出几根即可。立面图中各钢筋的编号和数量可用简略形式标注，如

"1N3"表示 1 根③号钢筋,"2N1"表示 2 根①号钢筋,Ⅱ—Ⅱ是梁的端部断面图。在断面图中,钢筋的编号就标注在对应的小方格内,这样就清楚地表示出②号和③号钢筋在跨中是位于梁的底部,在两端是位于梁的顶部。该梁上下及侧面的保护层厚度(净距)均为 3 cm。

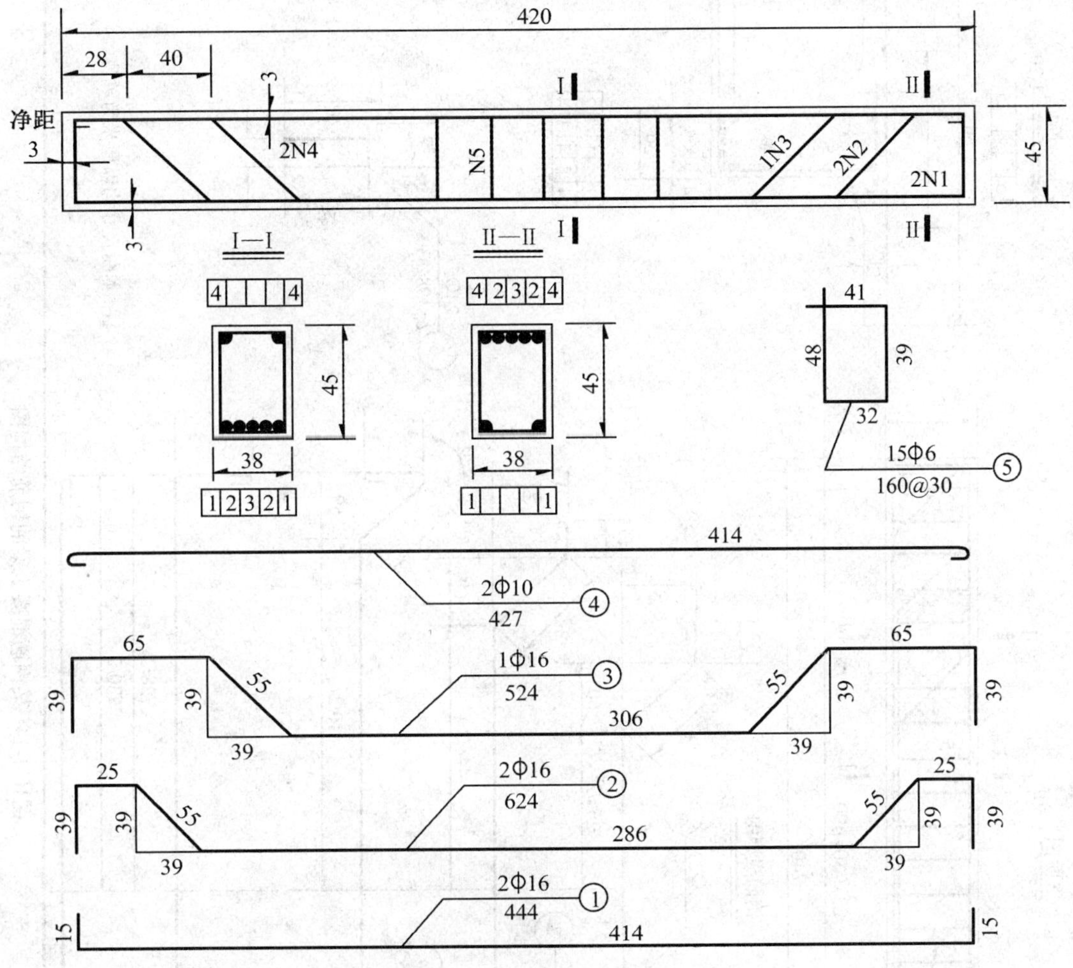


图 10-1-13　矩形梁的配筋图

③钢筋数量表。在钢筋结构图中,为了便于施工备料和计算工程数量,一般还附有钢筋数量表,内容包括钢筋的编号、直径、每根长度、根数、总长及质量等,必要时可加画略图,如图 10-1-14 及表 10-1-5 所示。有时为了节省图幅,可把钢筋成型图画成示意略图放在钢筋数量表内。

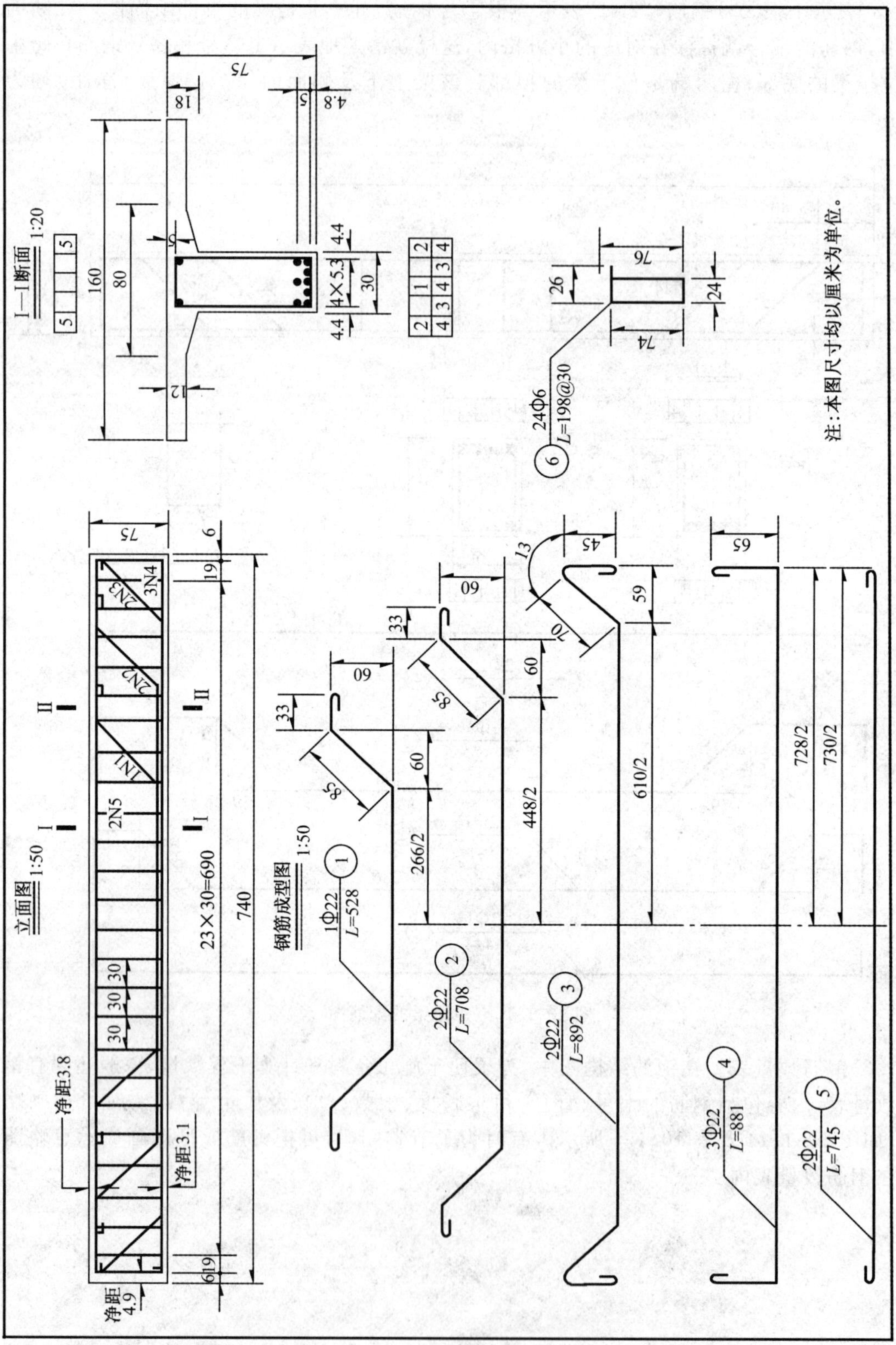


注：本图尺寸均以厘米为单位。

图10-1-14 某钢筋混凝土梁的钢筋结构图

(4)钢筋结构图举例

图 10-1-14 为一根钢筋混凝土梁的钢筋结构图，从Ⅰ—Ⅰ断面图可以看出梁的断面为 T 形，称为 T 形梁，梁内有六种钢筋，它的形状和尺寸在钢筋成型图上均已表达清楚。从立面图及Ⅰ—Ⅰ断面图中还可以看出钢筋排列的位置及数量。Ⅰ—Ⅰ断面图的上方和下方有小方格，格内注有数字，用于表明钢筋在梁内的位置及其编号。如立面图中的“2N5”表示有两根 5 号钢筋，安置在梁内的上部，对应在Ⅰ—Ⅰ断面图中则可以看出两根 5 号钢筋在梁钩的上部对称排列。立体图中还设有Ⅱ—Ⅱ断面位置线，Ⅱ—Ⅱ断面图的钢筋排列位置和Ⅰ—Ⅰ断面图不同，请读者思考。

表 10-1-5 是钢筋数量表，表中所列“每米质量(kg/m)”一栏数字，可以从有关工程手册中查得。表中所列铅丝是用来绑扎钢筋的，铅丝数量按规定为钢筋总质量的 0.5%。如不用铅丝绑扎而采用焊接时，则应注出焊接长度和厚度。

**表 10-1-5　　钢筋混凝土梁钢筋数量表**

| 编号 | 钢号和直径(mm) | 长度(m) | 根数 | 总长(m) | 每米质量(kg/m) | 总重(kg) |
|---|---|---|---|---|---|---|
| 1 | Φ22 | 528 | 1 | 5.28 | 2.984 | 15.76 |
| 2 | Φ22 | 708 | 2 | 14.16 | 2.984 | 42.25 |
| 3 | Φ22 | 892 | 2 | 17.84 | 2.984 | 53.23 |
| 4 | Φ22 | 881 | 3 | 26.43 | 2.984 | 78.87 |
| 5 | Φ22 | 745 | 2 | 14.90 | 0.888 | 13.23 |
| 6 | Φ6 | 198 | 24 | 47.52 | 0.222 | 10.55 |
| 总计 | | | | | | 213.89 |
| 绑扎用铅丝 0.5% | | | | | | 1.07 |

**课堂思考**

看懂图 10-1-14 所示的 T 形梁钢筋结构图，并补画 II—II 断面图。

## 第二节　桥梁工程图

虽然各种桥梁的结构形式和建筑材料不同，但图示方法基本是相同的。表示桥梁工程的图样一般可分为桥位平面图、桥位地质断面图、桥梁总体布置图、构件图、详图等。下面以某钢筋混凝土空心板梁桥、斜拉桥为例，结合桥梁专业图的图示特点来阅读和绘制桥梁工程图。

### 一、钢筋混凝土桥梁工程图

1. 桥位平面图

桥位平面图主要表明桥梁和路线连接的平面位置，通过实际地形测量绘出桥位处的道路、河流、水准点、地质钻孔位置、附近的地形和地物（如房屋、旧桥、旧路等），以便作为设计桥梁、施工定位的依据。其画法与路线平面图相同，只是桥位平面图一般采用较大的比例，如 1∶500、1∶1000、1∶2000 等。

图 10-2-1 为某桥的桥位平面图。除了表示路线的平面形状、地形和地物外，该图还表明了钻孔、里程、水准点的位置和数据。在桥位平面图中，由指北针或以坐标网格及坐标轴线代号与数字标定路线的走向，植被、水准符号等均应以正北方向为准，图中文字书写方向沿用路线工程图的要求及总图标方向确定。

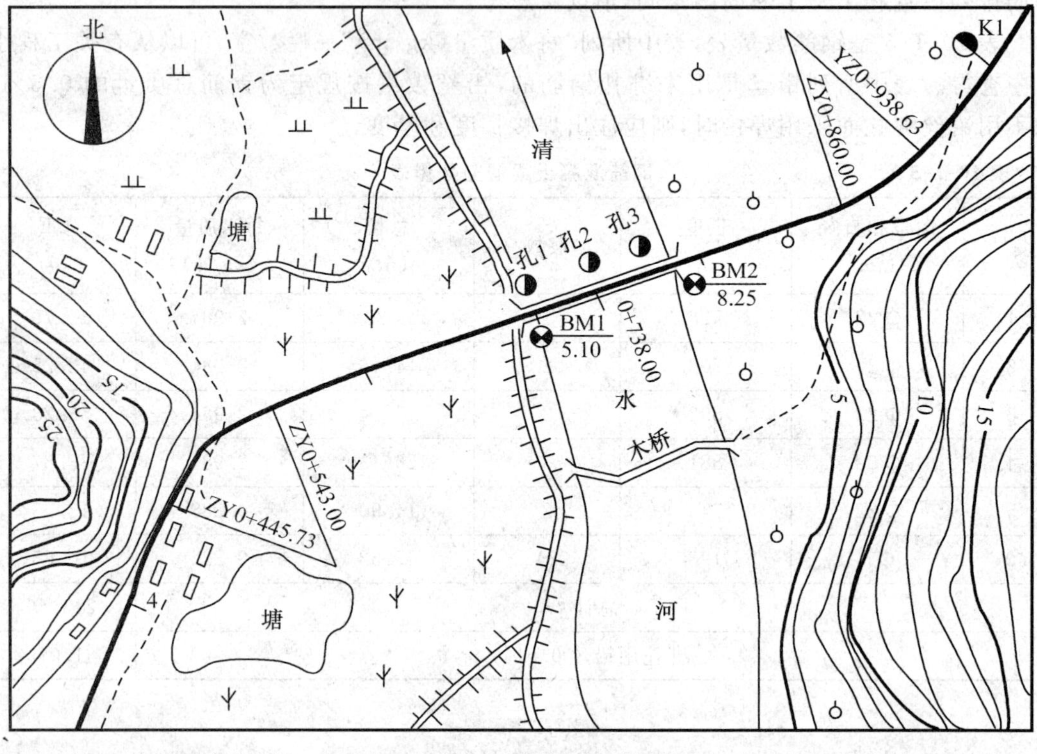


图 10-2-1　某桥位平面图

2. 桥位地质断面图

桥位地质断面图是由水文调查和地质钻探所得资料绘制的河床地质断面图，表示桥梁所在位置的地质水文情况，包括河床断面线、最高水位线、常水位线和最低水位线，作为桥梁设计和计算土石方工程数量的依据。为准确表明桥位处地质变化情况，断面图还应附公路里程桩号及地面高程表。图 10-2-2 为某桥位地质断面图。

地质断面图为了显示地质和河床深度变化情况，特意把地形高度（标高）的比例较水平方向比例放大数倍画出。例如，图 10-2-2 中地形高度方向比例为 1∶200，水平方向则采用 1∶500。

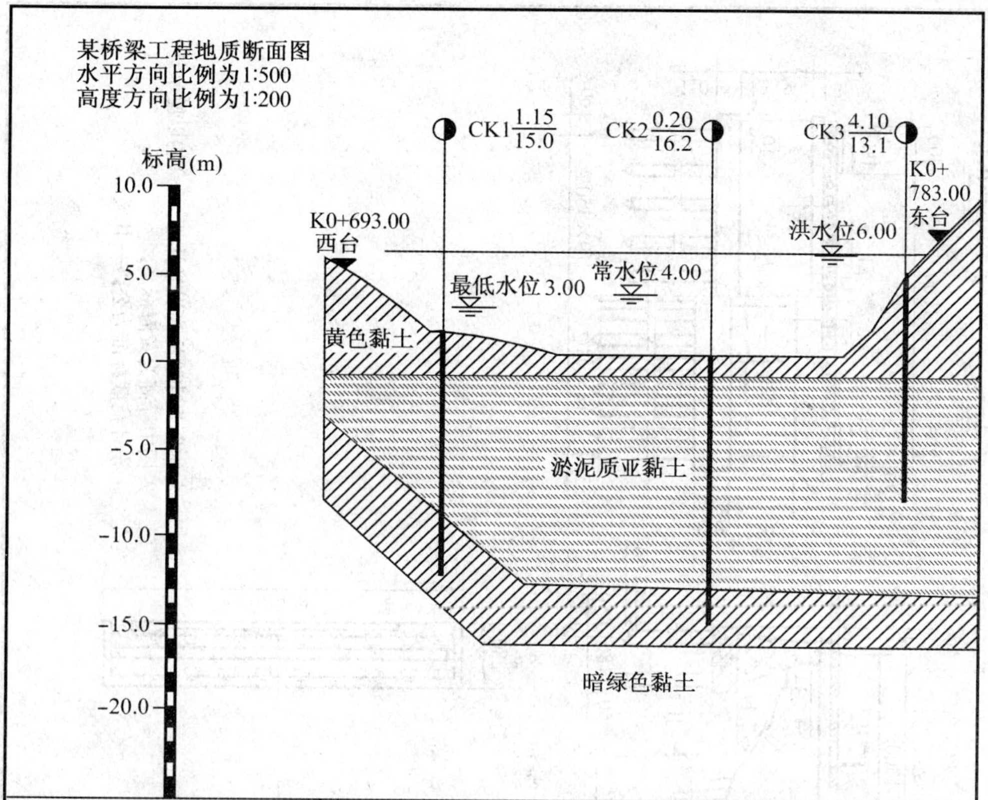


| 钻孔编号 | 1 | | 2 | | 3 | |
|---|---|---|---|---|---|---|
| 孔口标高(m) 钻孔深度(m) | 1.15 | 15.0 | 0.20 | 16.2 | 4.10 | 13.1 |
| 间距(m) | 40.00 | | 38.00 | | | |

图 10-2-2　某桥位地质断面图

3. 桥梁总体布置图

桥梁总体布置图和构件图是指导桥梁施工的最主要图样，它主要表明以下内容：

①桥梁的形式、孔数、跨径、总长以及桥面标高、桥面宽度等。

②各主要构件的构造形式、标高和相互位置。

③总的技术说明等。

总体布置图可作为施工放样、确定墩台水平位置及各部分标高、构件预制、架高安装的依据，主要由立面图、平面图和剖面图组成。

图 10-2-3 为某钢筋混凝土空心板简支梁桥的总体布置图，它包括立面图、平面图、横剖面图三个视图，它们均采用了合成视图。绘图比例为 1：200，桥梁全长为34.90 m，总宽度为14 m，中孔跨径为13 m，边孔跨径为10 m。桥梁上部承重构件为钢筋混凝土空心板梁，桥中部设有两个柱式桥墩，桥两端设重力式混凝土桥台，桥墩和桥台的基础采用钢筋混凝土预制打入桩。

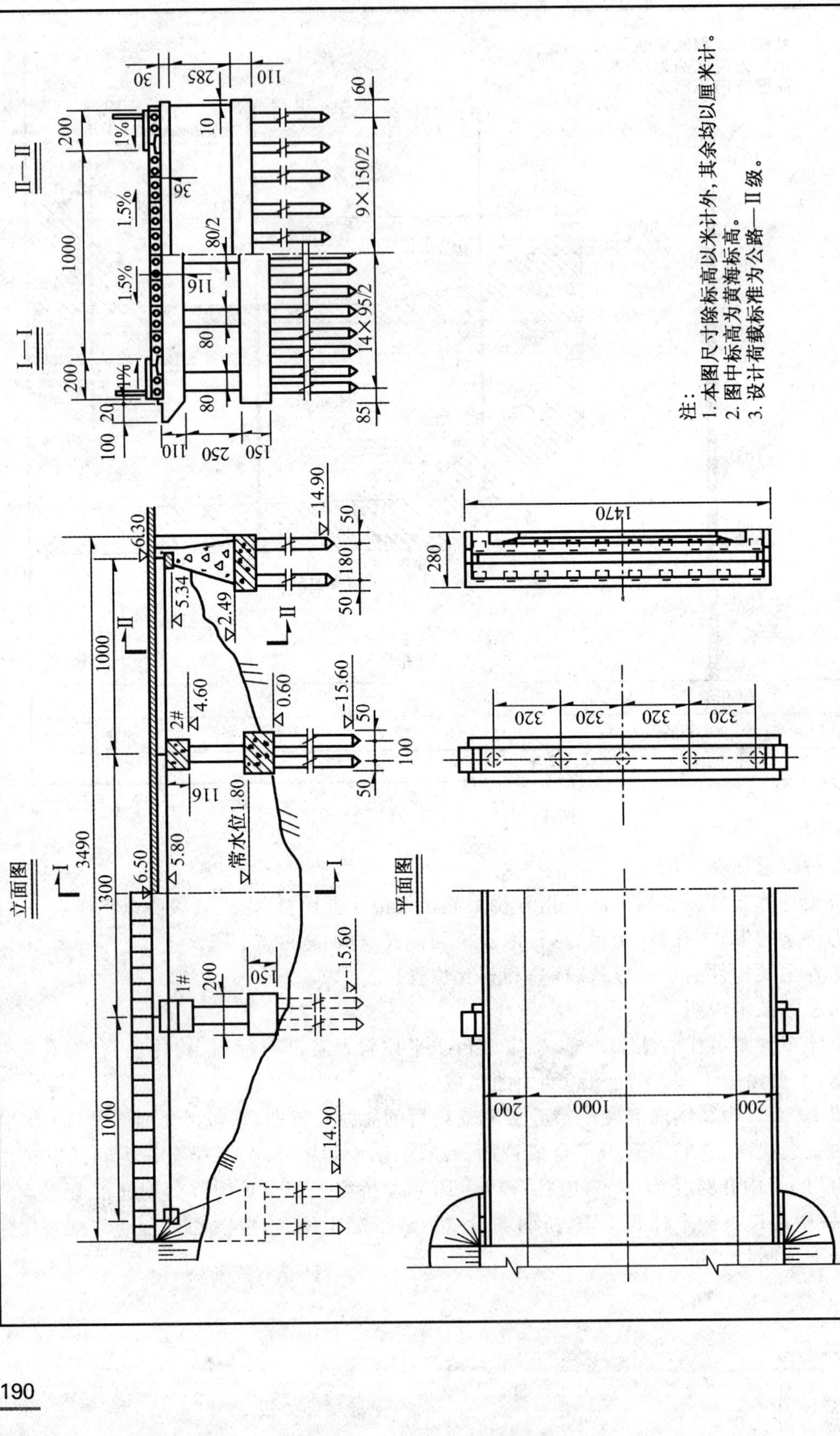


注：
1. 本图尺寸除标高以米计外，其余均以厘米计。
2. 图中标高为黄海标高。
3. 设计荷载标准为公路—II级。

图10-2-3　某钢筋混凝土空心板简支梁桥的总体布置图

①立面图。因为桥梁左右对称，故本桥梁立面图由半立面图和半纵剖面图拼合而成，并习惯将半纵剖面图绘在右边。从图中可知：桥梁的总长为34.90 m，共3孔，中孔跨径为13 m，两边孔跨径为10 m。左半立面图为左侧桥台、1号桥墩、板梁、人行道栏杆等主要部分的外形视图；右半纵剖面图是沿桥梁中心线纵向剖开而得到的，2号桥墩、右侧桥台、板梁和桥面均应按剖开绘制。图中还画出了河床的断面形状，在半立面图中，河床断面线以下的结构如桥台、桩等用虚线绘制，在半剖面图中地下的结构均画为实线。由于预制桩打入到地下较深的位置，不必全部画出，为了节省图幅，采用了断开画法。桥梁各部分的标高已在图中示出，可作为桥梁施工定位的依据。

②平面图。桥梁的平面图与立面图对应，也常采用分层局部剖切的形式。左半平面图是从上向下投影得到的桥面俯视图，主要画出了车行道、人行道栏杆等的位置。由所注尺寸可知，桥面车行道净宽为10 m，两边人行道各2 m。右半部采用的是分层剖切画法，假想把上部结构移去后，画出了2号桥墩和右侧桥台的平面形状和位置。桥墩中的虚线圆是立柱的投影，桥台中的虚线正方形是下面方桩的投影。

③横剖面图。根据立面图中所标注的剖切位置可以看出，Ⅰ—Ⅰ剖面是在中跨位置剖切的，Ⅱ—Ⅱ剖面是在边跨位置剖切的，桥梁的横剖面图是左半部Ⅰ—Ⅰ剖面和Ⅱ—Ⅱ剖面拼成的。桥梁中跨河边跨部分的上部结构相同，桥面总宽度为14 m，是由10块钢筋混凝土空心板拼接而成的，图中由于板的断面形状太小，故没有画出其材料符号。在Ⅰ—Ⅰ剖面图中画出了桥墩各部分，包括墩帽、立柱、承台、桩等的投影。在Ⅱ—Ⅱ剖面图中画出了桥台各部分，包括台帽、台身、承台、桩等的投影。

4. 构件图

由于总体布置图所用的比例较小，不能将桥梁的所有构件都详细地表示清楚，为方便施工，还必须根据总体布置图采用较大的比例画出构件结构图，如主梁结构图、桥台结构图、桥墩图、桩基图和防撞护栏图等。构件结构图常采用的比例为1∶10～1∶50。当构件的某一局部在构件中不能清晰、完整地表达时，还应采用更大的比例，如采用比例为1∶3～1∶10等画出局部详图。

图10-2-4为某桥梁各个构件的立体示意图。因篇幅所限，下面讲述桥台、桥墩、钢筋混凝土空心板等桥梁主要构件图的画法特点。

(1)桥台图

桥台属于桥梁的下部结构，主要支承上部的板梁，并承受路堤填土的水平推力。桥台的形式很多，常见的主要有三种：重力式U形桥台（又称实体式桥台）、肋板式桥台、柱式桥台，如图10-2-5所示。

下面以重力式混凝土桥台为例说明桥台的构造。

图10-2-6为重力式混凝土桥台的构造图，用剖面图、平面图和侧面图表示。该桥台由台帽、台身、侧墙、承台和基桩组成。桥台的台身和侧墙均用C30混凝土浇筑而成，台帽和承台的材料为钢筋混凝土。桥台的长为280 cm，高为493 cm，宽为1470 cm。

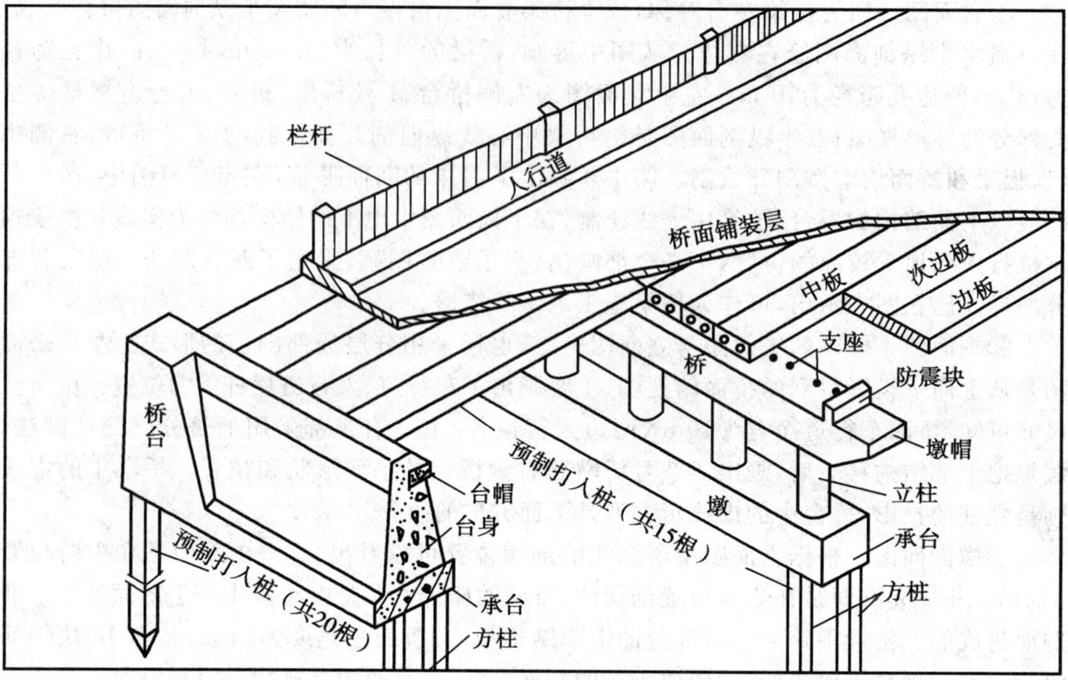


图 10-2-4 某钢筋混凝土空心板梁桥各构件的立体示意图

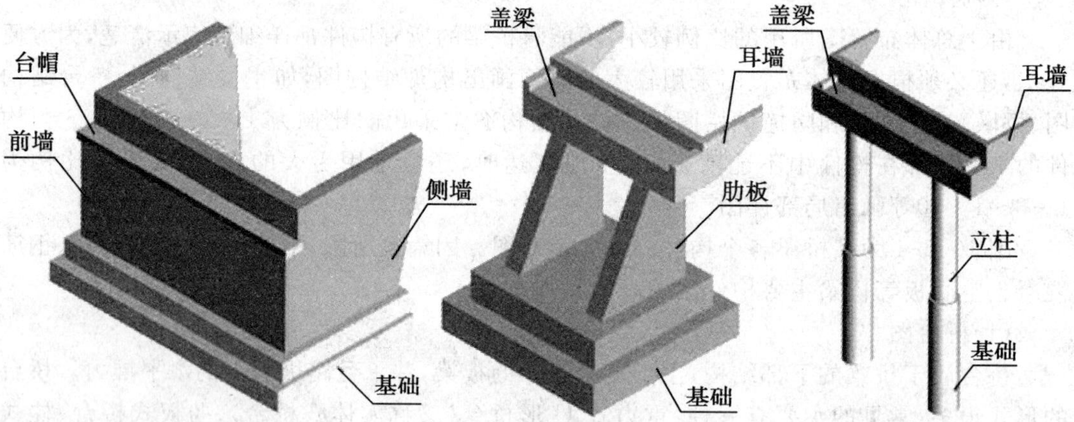


图 10-2-5 桥台的三种常见形式

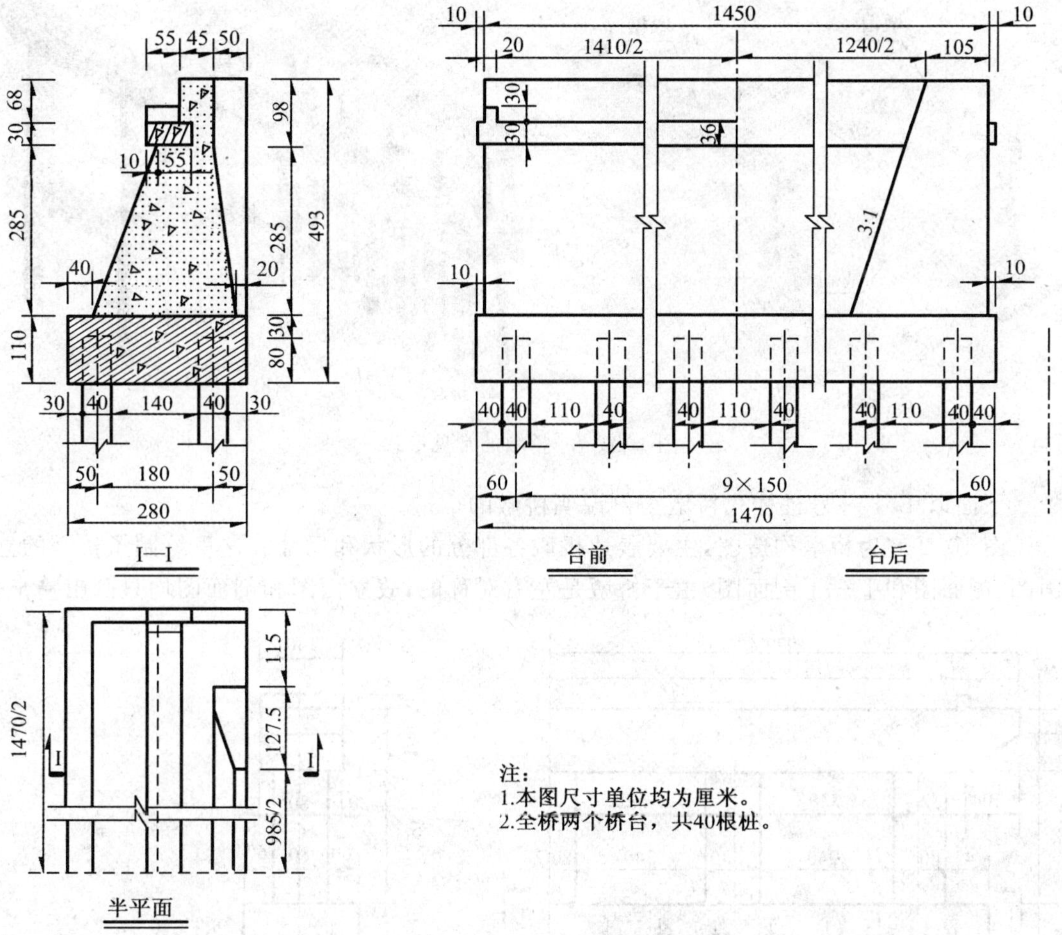


图 10-2-6　重力式混凝土桥台结构图

①纵剖面图。采用纵剖面图代替立面图，显示了桥台内部构造和材料。

②平面图。设想主梁尚未安装，后台也未填上，这样就能清楚地表示出桥台的水平投影。由于宽度尺寸较大且对称，所以平面图只画出一半且折断表示。

③侧面图。由 1/2 台前和 1/2 台后两个图合成。所谓台前，是指人站在河流的一边顺着路线观看桥台前面所得的投影图；所谓台后，是指人站在堤岸一边观看桥台背后所得的投影图。

为了节省图幅，平面图和侧面图都采用了断开画法。桥台下的基桩分两排对齐布置，排距为180 cm，桩距为150 cm，每个桥台有 20 根桩。桥台的各个部分均是钢筋混凝土结构，应绘制钢筋布置图，但由于篇幅限制，桥台各部分的钢筋布置图省略。

(2)桥墩图

桥墩和桥台同属于桥梁下部结构。道路桥梁常见的桥墩形式主要有重力式桥墩、桩柱式桥墩等，如图 10-2-7 所示。

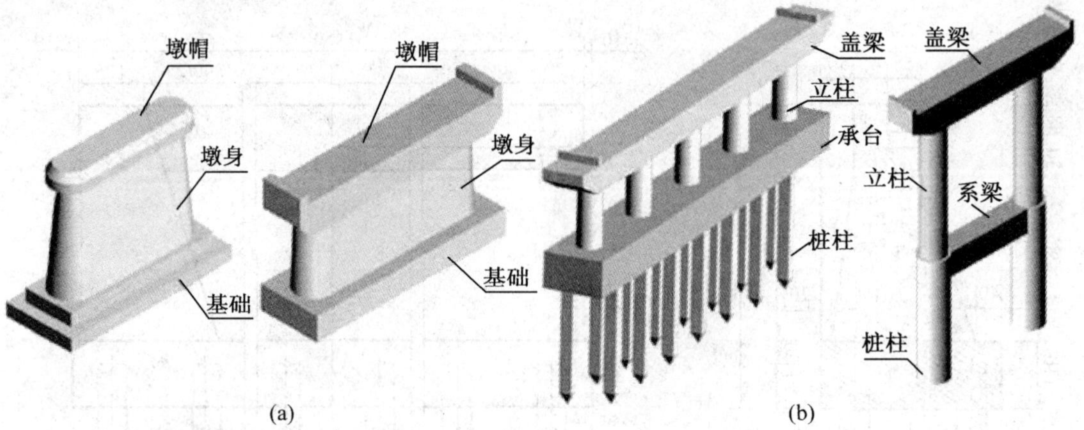


图 10-2-7　桥墩的常见形式

下面以 1 号、2 号桩柱式桥墩为例说明桥墩的构造。

图 10-2-8 为桥墩构造图，主要表达桥墩各部分的形状和尺寸。这里绘制了桥墩的立面图、侧面图和Ⅰ—Ⅰ剖面图，由于桥墩是左右对称的，故立面图和剖面图均只画出一半。

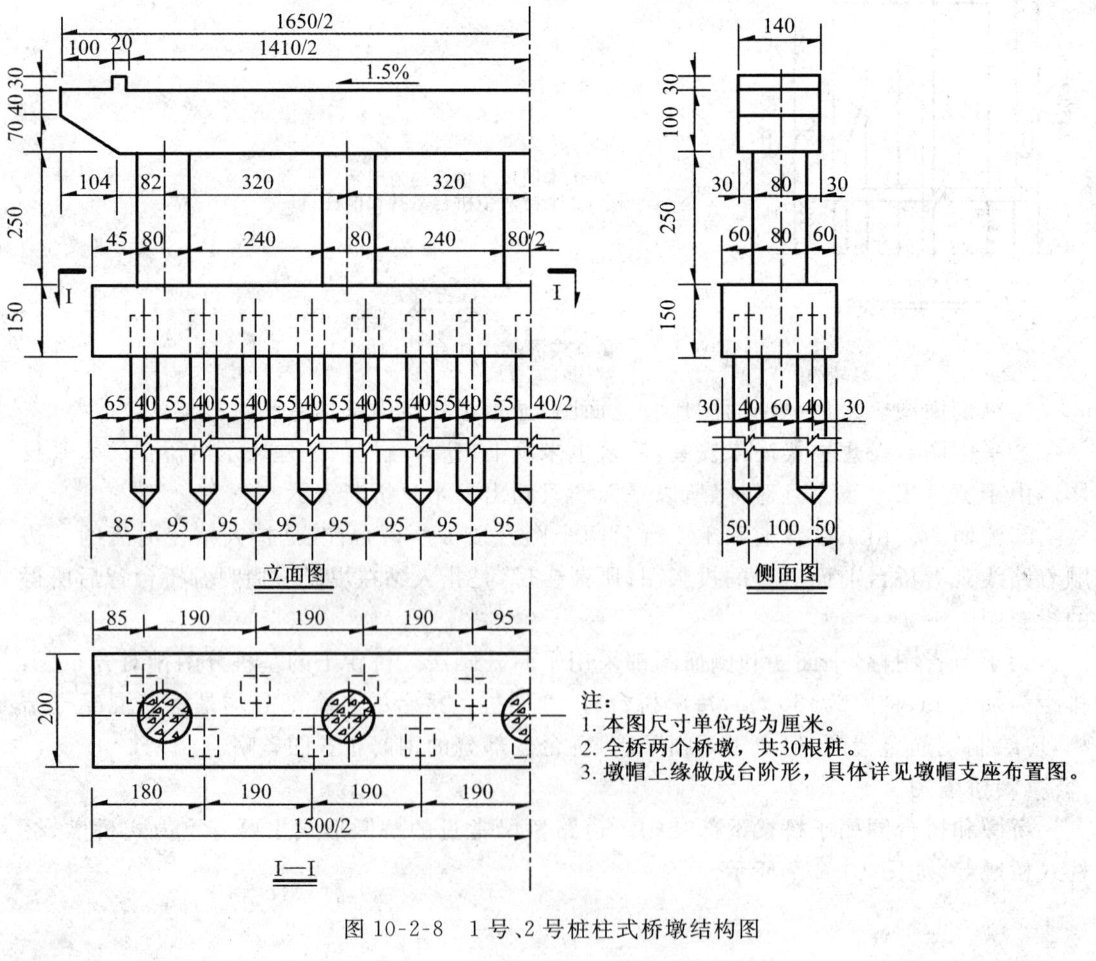


图 10-2-8　1 号、2 号桩柱式桥墩结构图

该桥墩由墩帽、立柱、承台和基桩组成。根据所标注的剖切位置可以看出，Ⅰ—Ⅰ剖面图实质上为承台平面图，承台基本为长方体，长1500 cm，宽200 cm，高150 cm。承台下的基桩分两排交错(呈“梅花”形)布置，施工时先将预制桩打入地基，下端到达设计深度(标高)后，再浇筑承台，桩的上端深入承台内部80 cm，在立面图中这一段用虚线绘制。承台上有5根圆形立柱，直径为80 cm，高为250 cm。立柱上面是墩帽，墩帽的全长为1650 cm，宽为140 cm，高度在中部为116 cm，在两端为110 cm，有一定的坡度，目的是使桥面形成1.5%的横坡。墩帽的两端各有一个20 cm×30 cm的抗振挡块，是防止空心板移动而设置的。由于篇幅限制，桥墩各部分的钢筋布置图省略。

(3)钢筋混凝土空心板图

①空心板结构图。钢筋混凝土空心板是该桥梁上部结构中最主要的受力构件，它两端搁置在桥墩和桥台上，中跨为13 m，边跨为10 m。图10-2-9为边跨10 m的空心板构造图，由立面图、平面图和断面图组成，主要表达空心板的形状、构造和尺寸。整个桥宽由10块板拼成，按不同位置分为三种：中板(中间共6块)、次边板(两侧各1块)、边板(两边各1块)。三种板的厚度相同，均为55 cm，故只画出了中板立面图。由于三种板的宽度和构造不同，故分别绘制了中板、次边板和边板的平面图。中板宽124 cm，次边板宽162 cm，纵向是对称的，所以立面图和平面图均只画出了一半。边跨板长名义尺寸为10 m，但减去板接头缝后实际板长为996 cm。三种板均分别绘制了跨中断面图，可以看出它们不同的断面形状和详细尺寸。另外，还画出了板与板之间拼接的铰缝大样图，具体施工做法详见说明。

②空心板钢筋布置图。每种空心板内都有钢筋，因此必须绘制钢筋布置图。图10-2-10为10 m板边板的配筋图。立面图使用Ⅰ—Ⅰ纵剖面图表示(既然假定混凝土是透明的，立面图和剖面图已无多大区别，这里主要是为了避免钢筋过多地重叠才这样处理)。由于板中有弯起钢筋，所以绘制图中横断面Ⅱ—Ⅱ和跨端横断面Ⅲ—Ⅲ，可以看出2号钢筋在中部时是位于板的底部，在端部时则位于板的顶部。为了更清楚地表示钢筋的布置情况，还画出了板的顶层钢筋平面图。

整块板共有10种钢筋，每种钢筋都绘出了钢筋详图。这样几种图互相配合，对照阅读，再结合列出的钢筋明细表，就可以清楚地了解该板中所有钢筋的位置、形状、尺寸、规格、直径、数量等内容，以及几种弯筋、斜筋与整个钢筋骨架的焊接位置和长度。

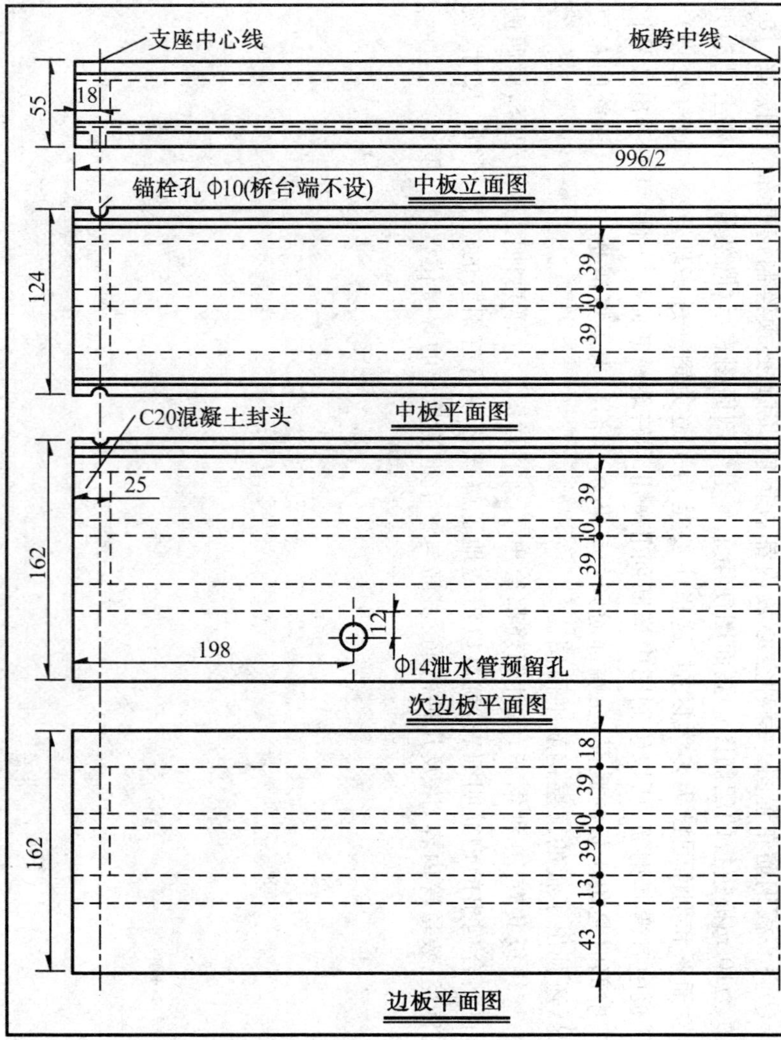


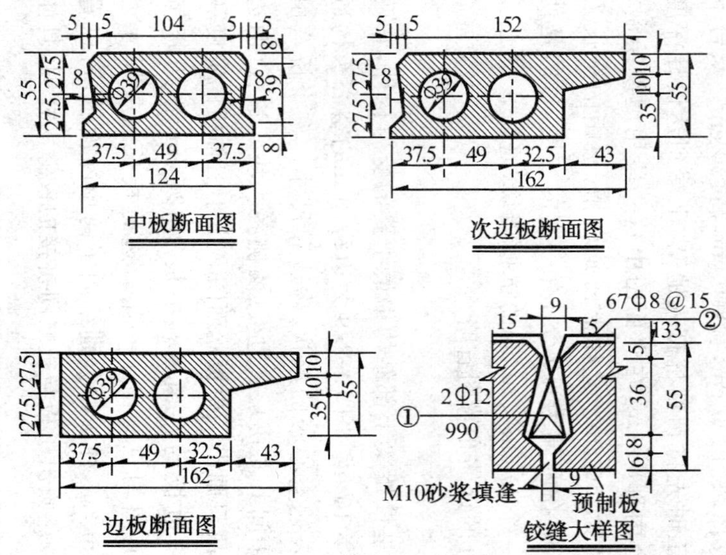


一块空心板混凝土数量表

| 封头 | 中板 | | 边板 | | 次边板 | |
|---|---|---|---|---|---|---|
| C20混凝土 ($m^3$) | C25混凝土 ($m^3$) | 安装质量 (t) | C25混凝土 ($m^3$) | 安装质量 (t) | C25混凝土 ($m^3$) | 安装质量 (t) |
| 0.119 | 3.874 | 9.762 | 4.081 | 13.3 | 4.523 | 11.44 |

注：

1.本图尺寸除钢筋直径以毫米计外，其余均以厘米计。

2.浇筑铰缝混凝土前先用M10水泥砂浆填底缝，待砂浆强度达50%后方可浇筑铰缝。

3.铰缝钢盘①②号先绑扎好再放入铰缝内，并与预制板中伸出的箍筋绑扎在一起，②号钢筋每隔15 cm扎一根。

图10-2-9 边跨10 m空心板构造图

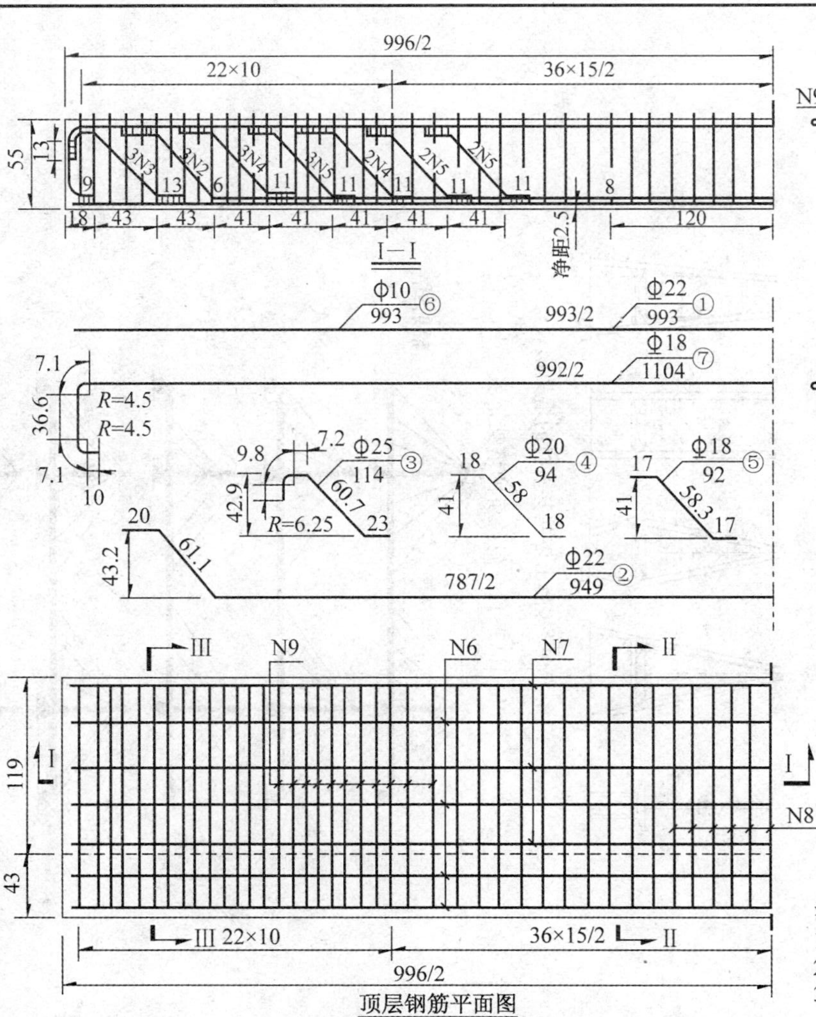


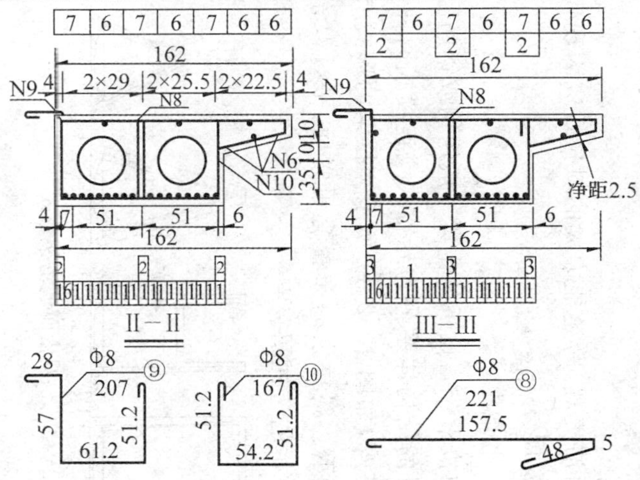


一块板钢筋明细表

| 编号 | 直径 | 每根长度（mm） | 根数 | 总长（mm） | 质量（kg） |
|---|---|---|---|---|---|
| 1 | Φ22 | 993 | 17 | 168.8 | 503 |
| 2 | Φ22 | 949 | 3 | 28.5 | 85 |
| 3 | Φ25 | 114 | 6 | 6.8 | 26 |
| 4 | Φ20 | 94 | 10 | 9.4 | 23 |
| 5 | Φ18 | 92 | 14 | 12.9 | 26 |
| 6 | Φ10 | 993 | 8 | 79.4 | 49 |
| 7 | Φ18 | 1104 | 3 | 33.1 | 66 |
| 8 | Φ10 | 22 | 81 | 179 | 71 |
| 9 | Φ8 | 207 | 81 | 167.7 | 66 |
| 10 | Φ8 | 167 | 81 | 135.3 | 53 |

注：
1.本图尺寸除钢筋直径以毫米计外，其余均厘米计。
2.焊接钢筋均采用双面焊，焊接长度按“公路桥规”办理。
3.N8与N9、N10钢筋对应设置，N9钢筋弯直伸入人行道。

图10-2-10　10 m板边板的配筋图

## 二、斜拉桥

随着材料及预应力技术的进步，外形轻巧、简洁美观、跨越能力大的斜拉桥成为现代桥梁的常见桥型之一。近几年以来，斜拉桥迅速发展。

1. 斜拉桥简介

斜拉桥与梁桥相比，除主梁外，增加了索塔和拉索。斜拉桥的主梁一般用钢或钢筋混凝土（或预应力钢筋混凝土）或混合制作。斜拉桥的结构体系分为悬臂式或连续式两种，桥塔的形式有门式塔、A 形塔、独立塔或双柱式塔等，如图 10-2-11 所示。拉索的形式有辐射式、平行式、扇式和星式等，如图 10-2-12 所示。斜拉索的布置有单索面、平行双索面、斜索面等，图 10-2-13 为一座双塔双索面斜拉桥的透视图。

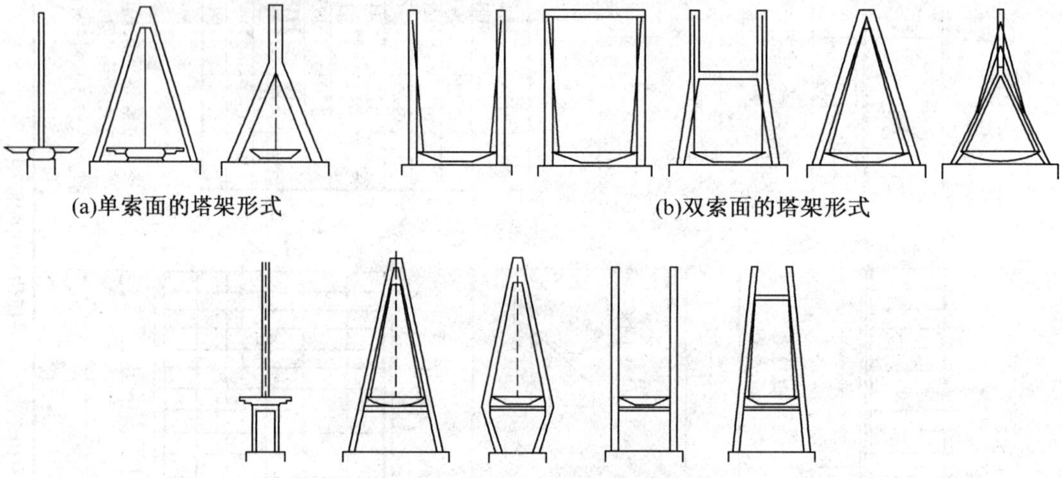

(a)单索面的塔架形式　(b)双索面的塔架形式

(c)梁体高出塔基甚多时的塔架形式

图 10-2-11　斜拉桥的塔架形式

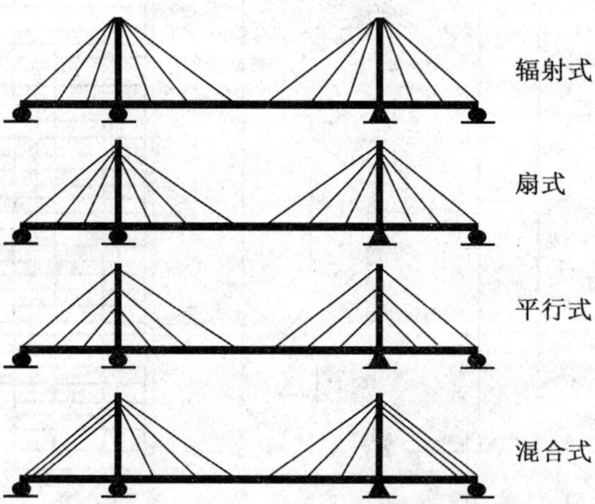


图 10-2-12　斜拉桥的拉索形式

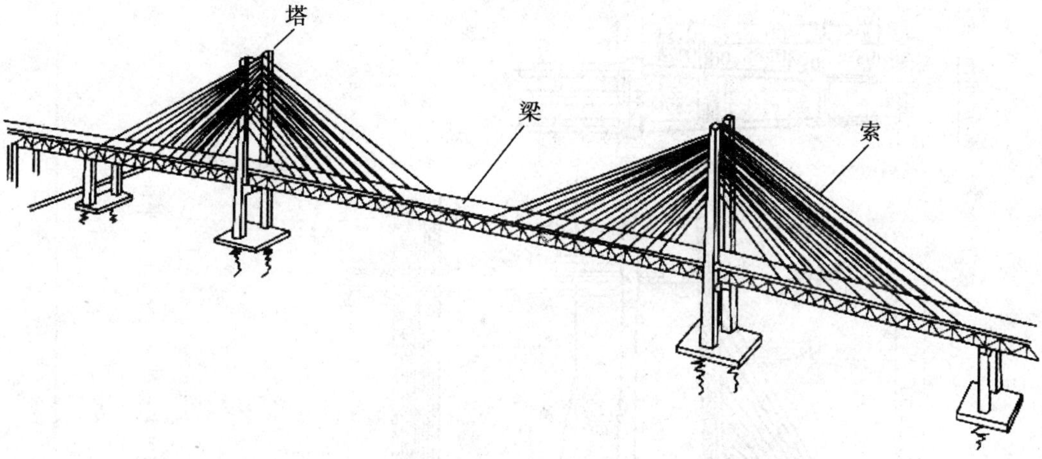


图 10-2-13 斜拉桥透视图

2.斜拉桥总体布置图

图 10-2-14 所示为一座双塔双索面钢桁组合双层斜拉桥总体布置图。其中主梁采用钢桁组合梁双层行车道体系,上层单箱 6 室箱形截面梁作为高速公路专用道,下层桁架梁用作一般公路的通行。高速公路的行车道为 6 车道,门式塔索、扇式拉索双索面布置。本桥主跨为460 m,两边跨各为200 m。为使图幅简洁,两边引桥部分断开未画。

(1)立面图

由于采用较小的比例 1∶2500,故仅画桥梁的外形而不画剖面。上层箱梁高用两条粗线表示,最上面加一条细线表示桥面高度,横隔梁和护栏均省略不画;下层仅画出了横梁各杆件的外形。从立面图可以看出主桥的分孔布置情况(即200 m+460 m+200 m),三跨连续双层桥面钢斜拉桥。本桥主孔也是主航道通航孔,通航净高55 m(55.903－0.903)。桥墩是由承台和混凝土基桩(井柱基础)组合而成的,它和上面的塔柱固结成一整体,使作用稳妥地传递到地基上。立面图上不仅反映了各墩的承台顶面到桩尖的高度及混凝土基桩在顺桥内的排列情况,还反映了河床起伏(地质资料另有图纸,此处略)及水文情况,根据标高尺寸可知桩和桥台基础的埋置深度、梁底、桥面中心和通航水位的标高与尺寸。

(2)平面图

平面图采用了分层揭掉画法,以中心线为界,左半画外形,显示了上层高速公路的桥面宽度以及塔柱断面和 1 号、2 号墩承台的水平投影;右半是把桥的上部分揭掉后显示下层的桥面桁梁行车道部分、桁梁下承纵联,下悬杆布置以及 3 号、4 号墩承台和桩位的平面布置情况。

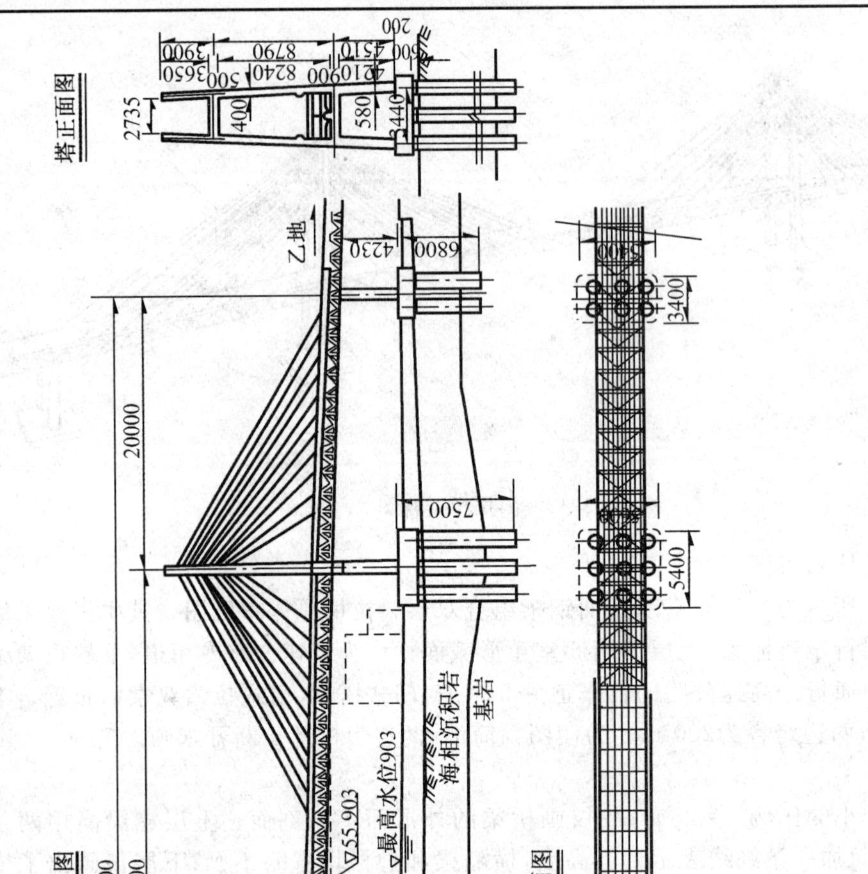


注：本图尺寸单位除标高以米计外，其余均以厘米计。

图10-2-14　斜拉桥总体布置图

(3)塔正面图及主梁横断面图

从图中可以看出塔的形式为门塔，塔的各部分尺寸也在图中作了表示，梁的上部结构与塔的位置关系，以及塔与承台基桩的位置关系也在图中作了表达；塔身分三段，第一段高39 m，第二段高87.9 m，塔柱顶端宽4 m，底宽5.8 m，塔身顶部内侧净距为27.350 m，塔身底内侧净距为34.40 m，承台厚6 m，第三段高45.10 m，塔柱总高为172.0 m；在塔身顶部还表示出了拉索在塔柱上的分布情况，对基础标高、水位标高、基桩位处的河床标高和混凝土基桩的埋置深度等也予以表达。

主梁的横断面图用较大的比例画出，显示出了整个桥垮结构的断面细部尺寸及相互位置关系。从图上可以看出，上层高速公路桥为单箱 6 室断面，桥面为 2%的双向横坡，中间设2.5 m宽中央分隔带，两边设防护栏，箱梁厚3 m，梁两翼各为3.3 m宽的三角形截面板，桥面总宽40.2 m，其中车道安排为双向隔 3×3.5 m＝10.5 m，每边护轮带0.5 m的行车部分。图中对下层梁行车部分的建筑限界也作了表示，上层梁底至下层主桁净高8 m，下层主桁厚1 m，其顶面设 2×5 道纵梁，其间距为(2.44 m＋33.6 m)×2，图中未标尺寸数值，用于支承下层行车道，可以看出，主梁总高12 m，主桁下弦轴线宽31.0 m。

## 三、桥梁工程图的读图和画图步骤

1.读图的方法与步骤

(1)读图的方法

①读桥梁工程图的基本方法是形体分析法。桥梁虽然是复杂的建筑物，但是它是由许多构件所组成的，我们需要了解每个构件的形状和大小，再通过总体布置把它们联系起来，弄清彼此之间的关系。

②读图时要注意由整体到局部，再由局部到整体的这一反复的过程。

③运用投影规律弄清整体。看图的时候，决不能单看一个投影图，而是要同其他投影图，包括总体图、构件结构图等图联系起来。

(2)读图的步骤

读图时可按如下顺序进行：

①看图纸的设计说明及标题栏和附注，了解桥梁名称、种类、主要技术指标、施工措施及注意事项、比例、尺寸单位等。

②看桥位平面图、桥位地质断面图，了解所建桥梁的位置、水文、地质状况。

③看总体布置图，弄清各投影图的关系，如有剖面、断面，则要找出剖切线位置和观察方向。看图时，应先看立面图(包括纵剖面图)，了解桥梁类型、孔数、跨径大小、墩台数目、总长、总高，以及河床断面及地质情况。再对照看平面图和侧面、横剖面等投影图，了解桥的宽度、人行道的尺寸和主梁的断面形式等。这样，对桥梁的全貌便有了一个初步的了解。

④分别阅读各构件的构造图、大样图及钢筋图，搞清构件的详细构造。

⑤了解桥梁各部分所使用的建筑材料，并阅读工程数量表、钢筋明细表及说明等。

⑥看懂桥梁结构图后，再读尺寸，进行复核，检查有无错误或遗漏。

⑦各构件图看懂之后，再回过头来阅读总体图，了解各构件的相互配置及装配尺寸，

看是否有矛盾或不对应之处，直至全部看懂为止。

2. 画图的方法与步骤

桥梁工程图的绘制基本上与其他工程图样的绘制方法类似，有共同的规律。首先是布置和画出各个投影图的基线；其次是画出各构件主要轮廓线；再画构件的细部；最后，加深或上墨，并注写字符和检查全图。在绘制桥梁工程图时，要确定视图数目（包括剖面、断面图）、比例和图幅大小。

各类图样由于要求不一样，采用的比例也不同。表 10-2-1 为桥梁工程图常用比例参考表。

**表 10-2-1　　桥梁工程图常用比例参考表**

| 序号 | 图名 | 说明 | 比例 | |
|---|---|---|---|---|
| | | | 常用比例 | 分类 |
| 1 | 桥位图 | 表示桥位路线的位置及附近地形、地物的情况，对于桥梁房屋、农作物等只画出示意性符号 | 1∶500～1∶2000 | 小比例 |
| 2 | 桥位地质断面图 | 表示桥位处的河床、地质断面及水文情况，为了突出河床的起伏情况，高度方向的比例较水平方向的比例放大数倍画出 | 高度方向比例<br>1∶100～1∶500<br>水平方向比例<br>1∶500～1∶2000 | 普通比例 |
| 3 | 桥梁总体布置图 | 表示桥梁的全貌，长度、高度尺寸，通航及桥梁各构件的相互位置，横剖面图可较立面图放大1～2倍画出 | 1∶50～1∶500 | 普通比例 |
| 4 | 构件构造图 | 表示梁、桥墩、桥台、人行道、防撞护栏、栏杆等构造 | 1∶10～1∶50 | 大比例 |
| 5 | 大样图（详图） | 钢筋的弯曲和焊接、预应力锚具、支座等细部 | 1∶3～1∶10 | |

下面说明总体布置图的绘制方法和步骤，如图 10-2-15 所示。

（1）布置和画出各投影图的基线或构件的中心线

根据所选择的比例及各投影图的相对位置，把它们均匀布置在图框内。布置时应注意空出图标、说明、投影图名称和标注尺寸的地方。当投影图位置确定后，便可画出各投影图的基线或构件的中心线。首先画出三个图形的中心线，其次画出墩台的中心线，立面图的水平线是以梁顶作为水平基线的。

（2）画出各构件的主要轮廓线

以基线或中心线为出发点，根据标高或各构件尺寸，画出构件的主要轮廓线。

(3)画出各构件的细部

根据主要轮廓线从大到小画出全部构件的投影,画图时应注意投影关系,即“长对正、高平齐、宽相等”,并把剖面、栏杆、坡度符号线的位置、标高符号及尺寸线等画出来。

(4)加深或上墨

加深或上墨前要详细检查底稿有无错误或遗漏,并按规定线型要求加深或上墨,最后画断面符号,标注尺寸和书写文字等。

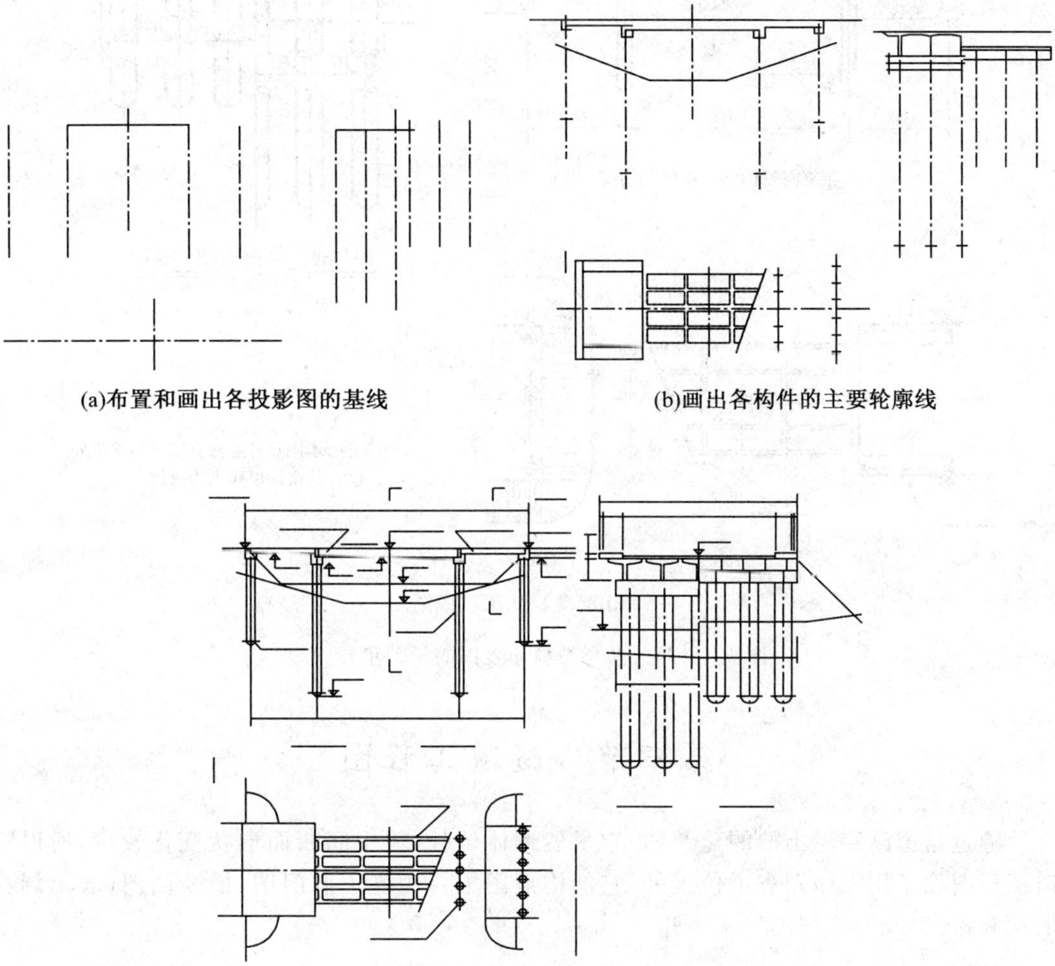

(a)布置和画出各投影图的基线

(b)画出各构件的主要轮廓线

(c)画出各构件的细部

图 10-2-15 桥梁总体布置图的画图步骤(一)

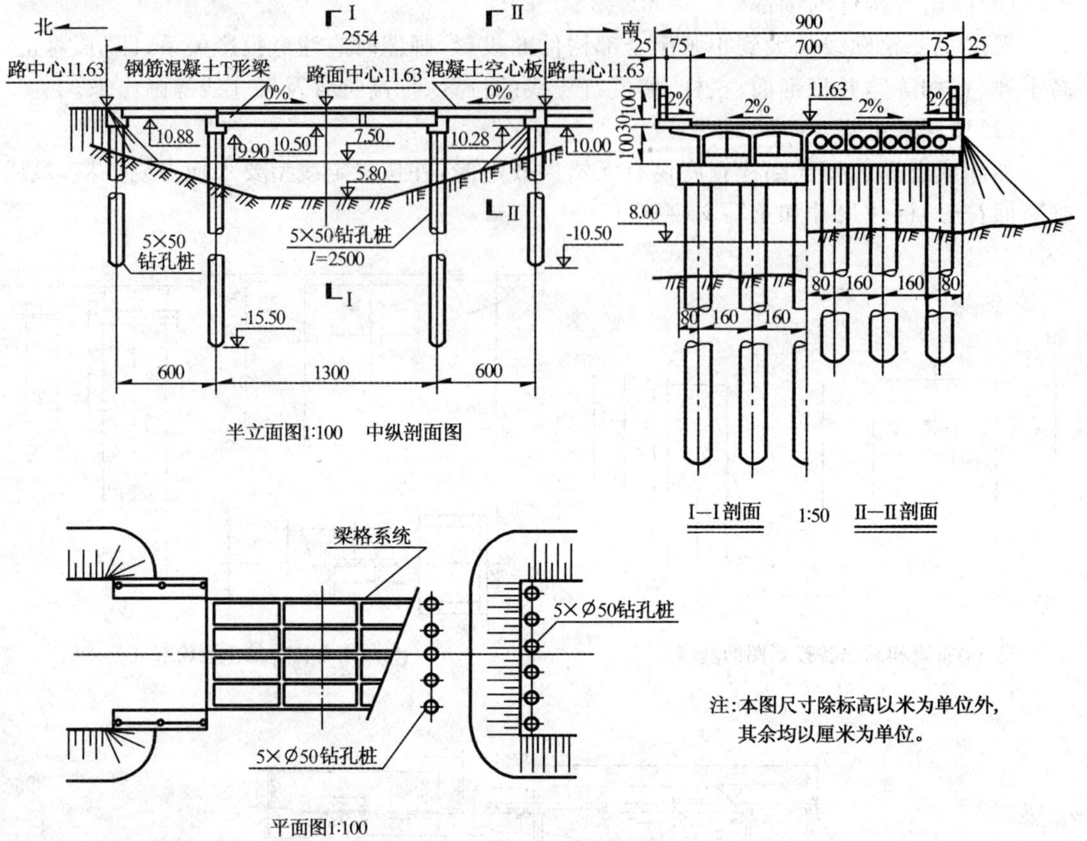


(d)清理、加深、成图

图 10-2-15　桥梁总体布置图的画图步骤(二)

## 第三节　隧道工程图

隧道是道路穿越山岭的建筑物,它虽然形体较长,但中间断面形状变化较少,所以隧道工程图除了用平面图表示位置外,它的构造图主要用隧道洞门图、横断面图(表示洞身形状和衬砌)及避车洞图等来表达。

### 一、隧道洞门图

隧道洞门图的形式虽然很多,但使用较多的主要是端墙式和翼墙式两种,如图 10-3-1 所示。其中,图 10-3-1(a)是端墙式洞门立体图,图 10-3-1(b)是翼墙式洞门立体图。

隧道洞门的视图一般采用三面投影图来表达。在视图配置上,以洞门正面作为立面图,洞门在正常工作位置的水平投影图作为平面图,侧面图通常用剖面图来代替。现以图 10-3-2 所示的端墙式洞门为例,说明其各部分的构造和表达方法。

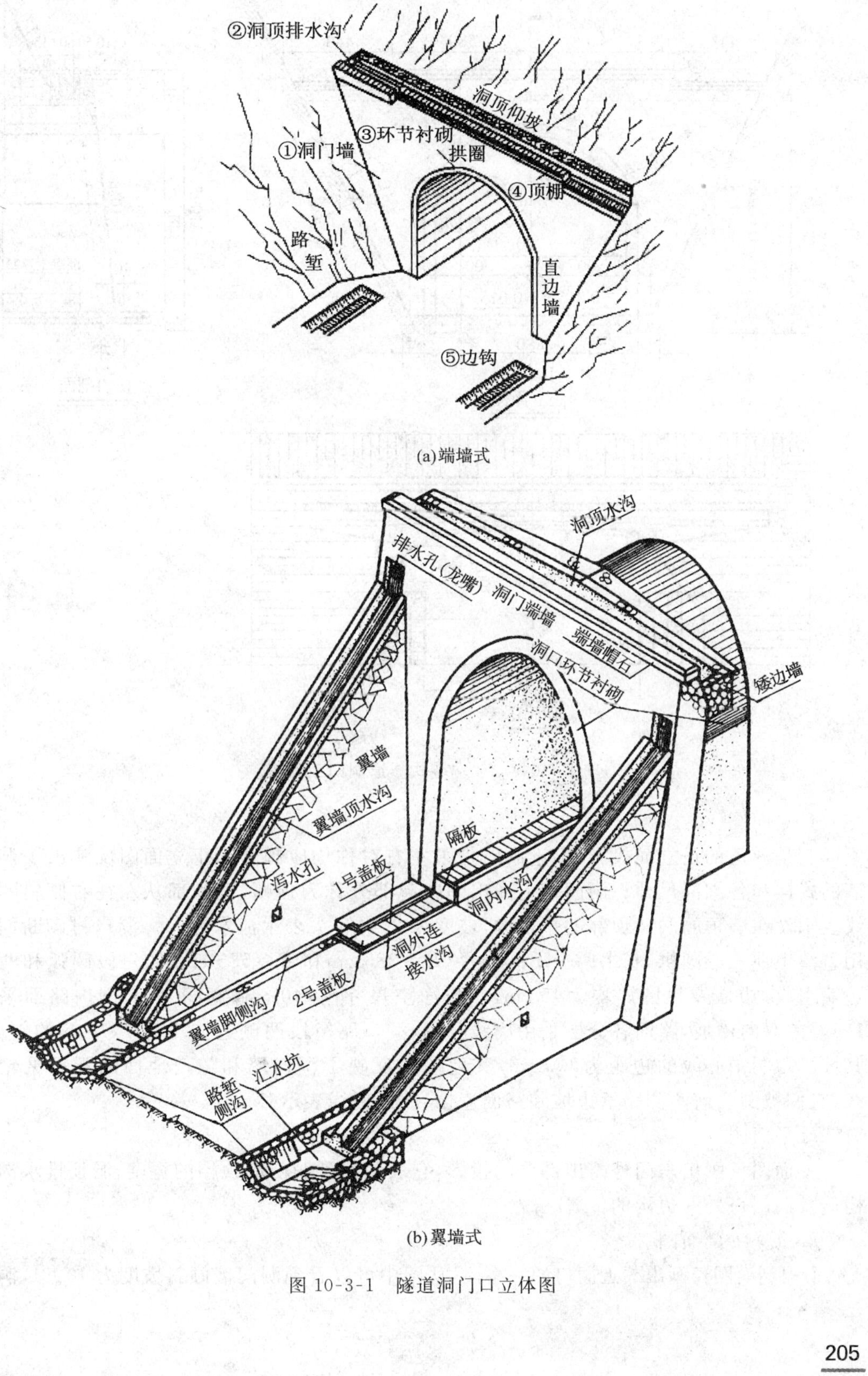


(a)端墙式



(b)翼墙式

图 10-3-1　隧道洞门口立体图

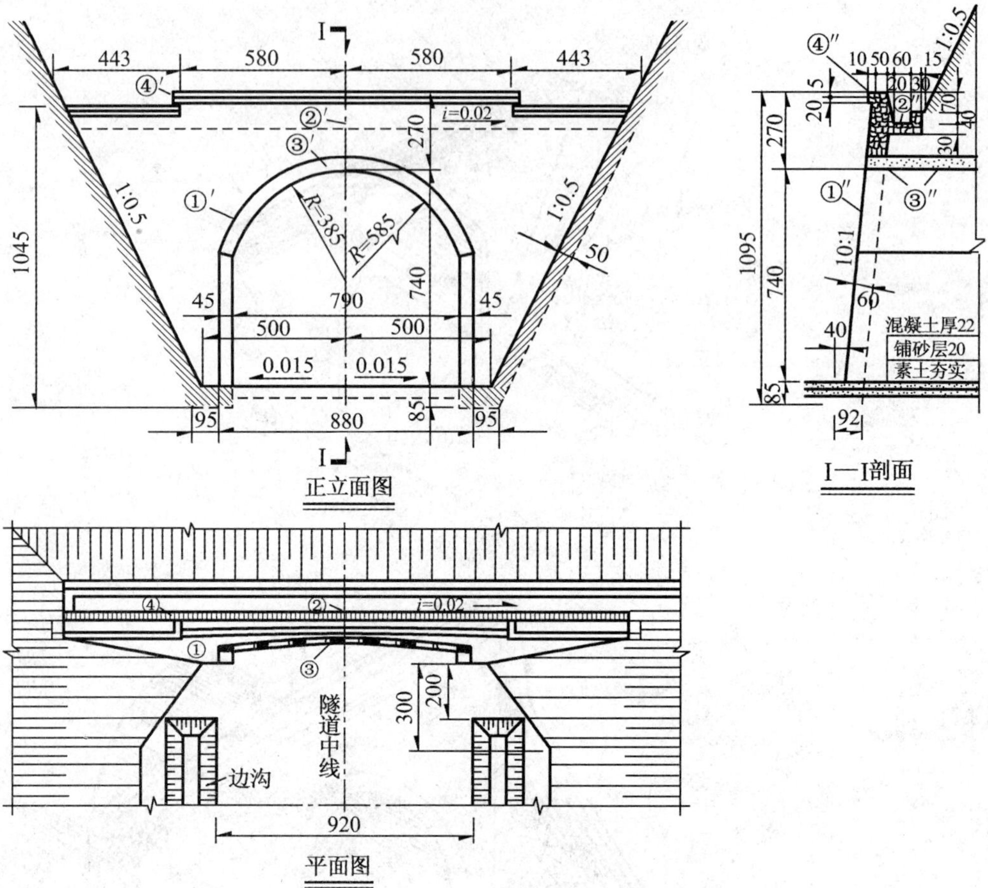


图 10-3-2　端墙式隧道洞门工程图

1. 立面图

它是隧道的正立面投影，不论洞门是否左右对称均应画全。正立面图反映出了洞口墙的式样和各细部尺寸。洞门墙上高出的凸起部分称为顶帽，墙顶部从左往右倾斜的虚线表示设在墙顶的洞口顶部的排水沟，坡度为 2%，箭头表示流水方向。洞口衬砌断面采用直墙坦顶三心圆拱，它由两个不同半径（$R=385$ cm和 $R=585$ cm）的三段圆弧和两直边墙组成，边墙及拱圈厚均为45 cm，洞口净空尺寸高740 cm，宽790 cm，洞内路面采用1.5%的双向横坡，路面各分层采用虚线分隔，洞口路堑段两侧边坡均为 1∶0.5 的斜面，其坡脚距洞中心线的边距为500 cm，其他虚线反映了洞门墙和隧道地面的不可见轮廓线，它们被洞门前两侧路堑边坡和路面遮挡，故用虚线表示。

2. 平面图

平面图仅画出东门外露出部分的投影，它表示出了洞门墙顶帽的宽度、洞顶排水沟的构造及洞门口外两边沟的位置。

3. Ⅰ—Ⅰ剖面图

Ⅰ—Ⅰ剖面图仅画出靠近洞口的一小段，从图中可以看到洞门墙倾斜坡度为 10∶1，洞门墙厚度为60 cm。另外，排水沟的断面形状、拱圈厚度及材料断面符号等均可从图中读出。

为读图方便，图 10-3-2 还在三个投影图上对不同的构件分别用数字标注。如洞门墙为①′、①、①″，洞顶排水沟为②′、②、②″，拱圈为③′、③、③″，顶帽为④′、④、④″等。

## 二、避车洞图

避车洞有大小两种，是供行人和隧道维修人员及维修小车避让来往车辆而设置的，它们沿路线方向交错设置在隧道两侧的边墙上。通常小避车洞常每隔30 m设置一个，大避车洞则每隔150 m设置一个。为了表示大、小避车洞的相互位置，采用位置布置图来表示。

如图 10-3-3 所示，由于这种布置图图形比较简单，为了节省图幅，纵、横方向可采用不同比例，纵方向常采用 1∶2000，横方向常采用 1∶200 等比例。

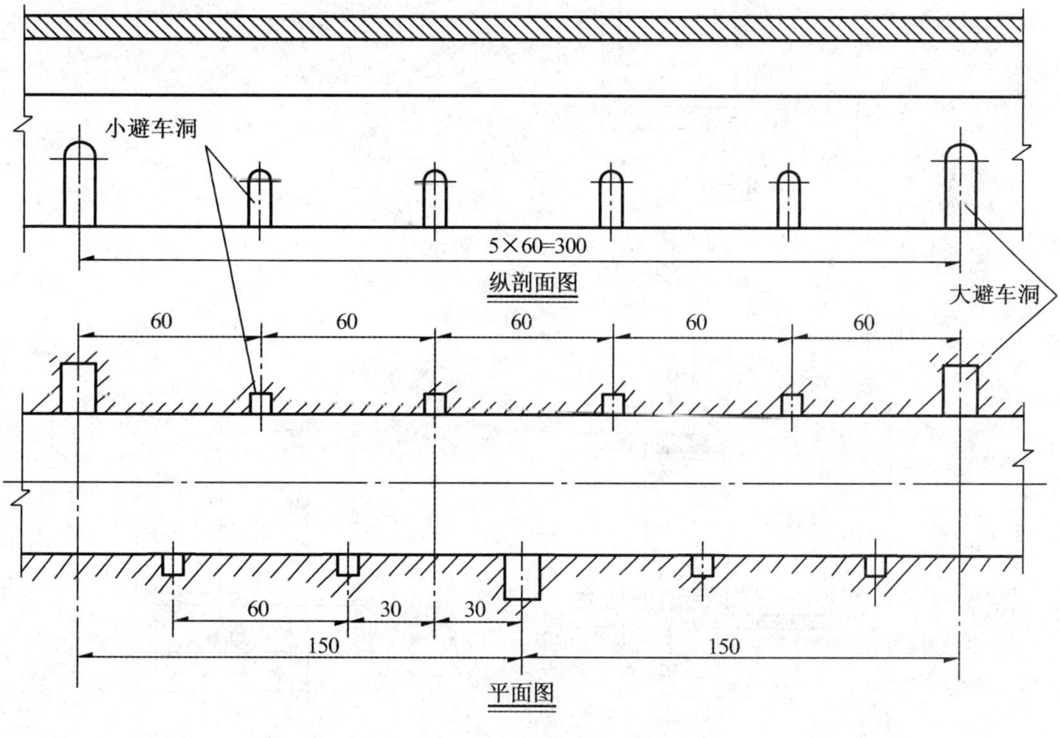


图 10-3-3　避车洞布置图(单位:m)

图 10-3-4 为大避车洞示意图，图 10-3-5 和图 10-3-6 则分别为大、小避车洞详图，洞内底面两边做成斜坡以供排水之用。

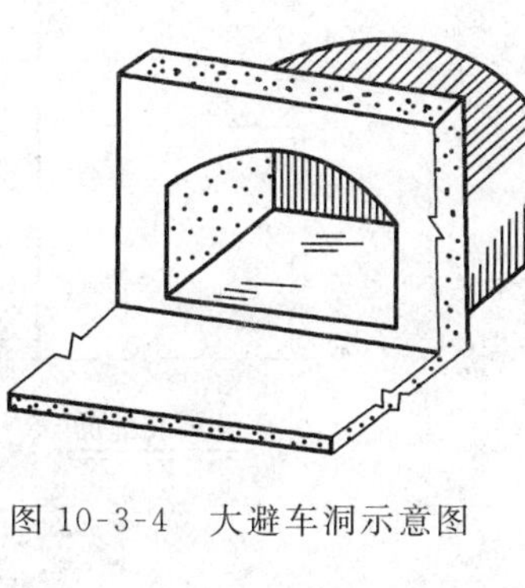

图 10-3-4　大避车洞示意图

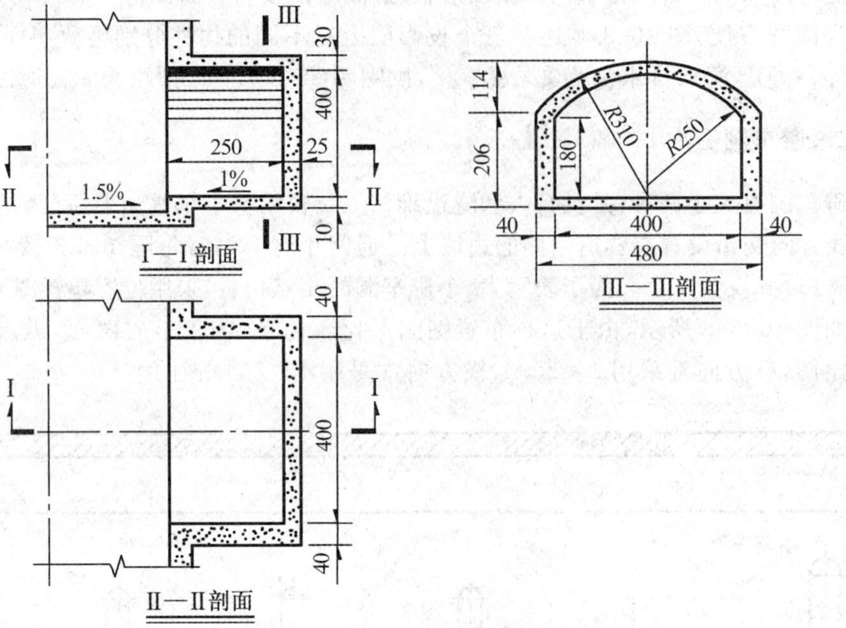


图 10-3-5　大避车洞详图

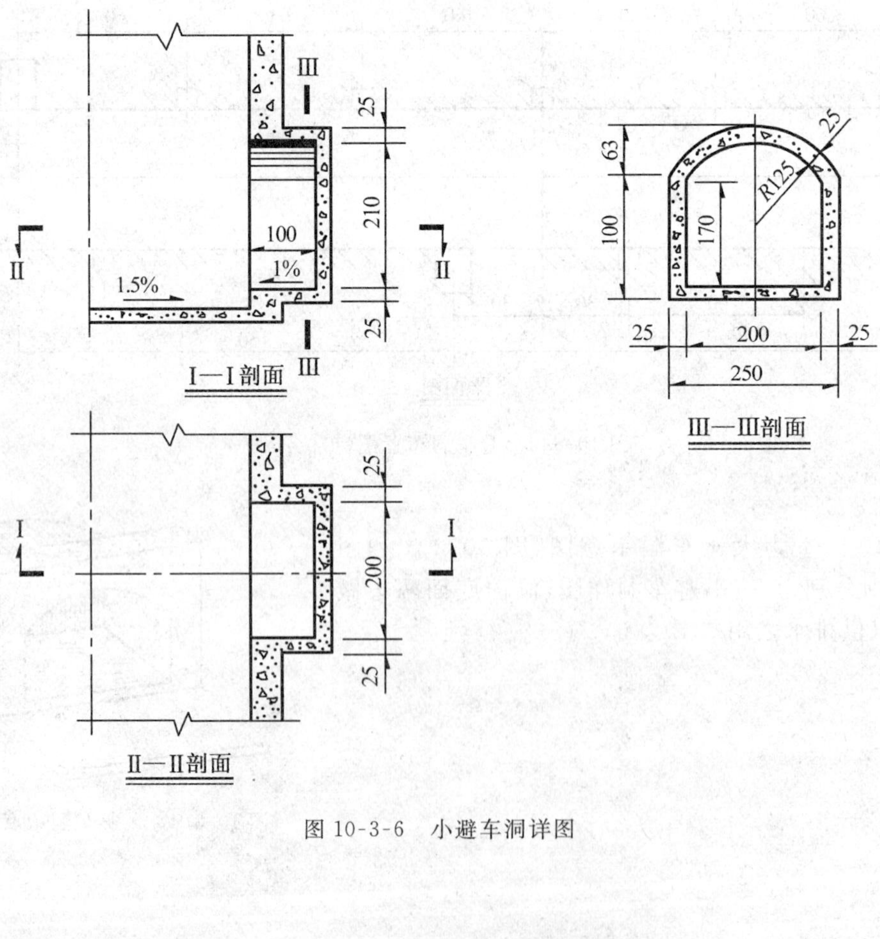


图 10-3-6　小避车洞详图

## 课后思考

1. 钢筋的种类有哪些？各自的作用是什么？
2. 桥梁由哪几部分组成？有哪几种分类方式？
3. 钢筋混凝土结构图的图示特点是什么？
4. 一般桥梁工程图由哪些图样组成？
5. 隧道工程图的主要内容有哪些？

## 本章小结

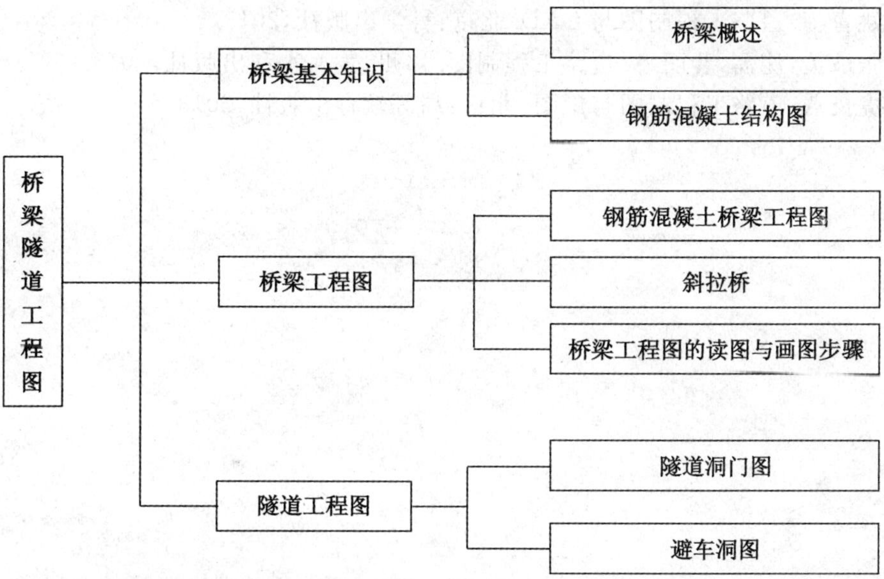

# 主要参考文献

[1]刘松雪,樊琳娟.道路工程制图.北京:人民交通出版社,2005.

[2]刘松雪,姚青梅.道路工程制图. 北京:人民交通出版社,2012.

[3]姚青梅.道路工程制图与CAD.北京:科学出版社,2013.

[4]张淑英,沈磊,裴丽娜.道路工程制图.郑州:黄河水利出版社,2013.

[5]虎良燕.道路工程制图与识图.北京:高等教育出版社,2013.